日系アメリカ人
強制収容からの〈帰還〉

日系アメリカ人
強制収容からの〈帰還〉

人種と世代を超えた戦後補償《リドレス》運動

油井大三郎 *Yui Daizaburo*

岩波書店

目次

プロローグ——リドレス運動の壁

一　なにが問題なのか

　世界各地でマイノリティが不当な差別や抑圧をうけている事例は多数存在する。しかし、そのマイノリティが政府から謝罪や補償を獲得できた例は稀である。その稀な例が、第二次世界大戦中にアメリカ合衆国(以下、米国と略)の市民権をもっていた二世も含めて、米国西海岸から強制収容所に入れられた日系アメリカ人である[1]。彼らは、一九七〇年代に入って、政府に対する謝罪と補償を求めるリドレス運動[2]を起こし、一九八八年には連邦議会が制定した「市民的自由法(リドレス法)」によって、大統領による公式謝罪と一人二万ドルの補償、さらに日系人の福祉と国民教育のための基金の設立を実現した。

　一九八〇年時点の日系アメリカ人の人口は七一万六〇〇〇人で、米国の総人口の〇・三%を占めるにすぎなかった。そのような極少マイノリティがなぜリドレス法の制定を実現できたのであろうか。この疑問を解くには、まずそもそも、日系人がリドレス運動を始めるまでに、いくつもの壁があったとの確認が必要である。

まず、第一の壁は、第二次世界大戦中の日系人を代表した日系アメリカ人市民協会(Japanese American Citizens League, 以下、日系市民協会かJACLと略)が日系人の立ち退き・収容に協力していたことであった。日米戦争が勃発した直後に多くの一世指導者が逮捕された関係で、一世中心の「日本人会(Japanese Association)」は機能停止に陥り、代わって、日系人社会の主導権は若い二世を中心とする日系市民協会に移っていた。当時、日系市民協会の事務局長であったマイク・マサオカは、西海岸の軍事地域からの立ち退き問題を検討する連邦議会下院のジョン・トーランを委員長とする委員会の公聴会でこう述べた。「軍事上、ないし国家の安全上の必要によるものであれば、いかなる退去措置に対しても我々は完全に同意する」と(正岡/細川、九九頁)。つまり、日系市民協会は、政府による日系人の立ち退き・収容に協力する立場を表明していたのである。

その上、日系人の収容を担当した戦時転住局(War Relocation Authority)[3]の長官であったディロン・マイヤーの退任にあたって、日系市民協会は一九四六年五月に感謝の夕べを開催している。また、マイク・マサオカは、マイヤーの自伝に序文を寄せ、「一九六〇年代、全米のありとあらゆるところで日系アメリカ人はうけ入れられていますが、これはかつて思いも寄らなかった事態であります。これこそ、戦時転住局の政策と実践にみられた正しさと洞察力とを証し立てるものでなくて、なんでありましょう」と書いた(マイヤー、一頁)。

このように日系市民協会は、米国政府による立ち退き・収容に協力する立場を選択していた。そのため、一九七〇年代になって若い二世や収容体験を持たない三世からリドレス運動が提起されると、内部で深刻な論争が発生したのであった。

第二の壁は、日系人の収容を担当した戦時転住局の側が、収容の「強制性」を否定していたことである。例えば、戦争直後に戦時転住局が発行した報告書の中で、収容は「人種偏見の嵐や総力戦の混乱からの避難所(refuge)」を日系人に提供するものであったと主張した(WRA, 1946A, p. 184)。

同様の認識は、一九八〇年に連邦議会が設置した戦時民間人転住・抑留に関する委員会(Commission on Wartime Relocation and Internment of Civilians)の公聴会での、マクロイ元陸軍次官補の証言でも繰り返された。彼は、「当時米国に居た日本人に対するローズヴェルト大統領と我が政府の行動は、理性的に考案され、思慮深く、人道的に実施された」と証言した(CWRIC, Public Hearings, Vol. 1, November 3, 1981, pp. 13–14)。つまり、戦時中の米国政府関係者は収容の「強制性」を否定していたのだから、謝罪や補償の必要性も認めなかったのである。

第三の壁は収容された日系人の間に大きな分裂があったことである。一九四三年二―三月に、日系人は米国への忠誠を問う「忠誠登録」への回答を迫られた。特に問題になった項目は、米軍への従軍の意思をたずねた第二七問と、米国政府に忠誠を誓い、日本の天皇とその政府への忠誠を否認するかを問うた第二八問であった。この両方に「ノー・ノー」、すなわち従軍の意思も米国政府への忠誠もないと回答した者を戦時転住局は「親日の厄介者」と見て、ツールレイク転住所に隔離した。他方、日系市民協会は「イエス・イエス」、すなわち従軍の意思も米国政府への忠誠もあると回答するように奨励し、多くの若者が従軍することになった。

戦後の日系人社会ではこのイエス・イエス組が正統派とみなされ、ノー・ノー組は異端視されてきたので、ノー・ノー組の間では長く日系市民協会への不信が滞留していた。それ故、日系人社会でリドレス運動が起こる上では、このノー・ノー組の見直しが必要になった。

例えば、ポストン転住所において徴兵を拒否したジョージ・S・フジイは徴兵拒否の理由をこう述べている。「アメリカうまれの日系市民のさまざまな権利と特権が連邦政府によって明確に確立されるまで、日系青年は徴兵検査をぜひ拒否せよ」と(森田、一三四頁)。元来、フジイは、第二七問と第二八問の両方に「イエス・イエス」と答えた米国忠誠派であったが、強制収容によって市民としての権利が剝奪されている状況下では徴兵の義務を負う必要はないという考えであった。つまり、フジイは、「親日派」というより、「市民的抵抗派」の立場をとった数少ない日系人であった。ほかにも、強制収容の違憲性を訴えて裁判で争ったミノル・ヤスイ、ゴードン・ヒラバヤシ、フレッド・コレマツなどもこの市民的抵抗派に属していた。

戦後、日本に送還された者の中にも「市民的抵抗派」は存在した。一九四二年一二月にマンザナール転住所で発生した暴動を主導した疑いをもたれたジョセフ・Y・クリハラがこのタイプである。ハワイ生まれの二世で、忠誠登録に「ノー・ノー」と回答したクリハラは、ツールレイク隔離転住所に入れられた後、自ら日本への送還を希望し、こう語った。「私は、一〇〇%のジャップとなり、かつてのように米国がこの戦争を戦うのを助けるような仕事をしないことを誓う。私の市民権を放棄するという決心はどこでもいつでも絶対的なものである」と(Thomas/Nishimura, 1946, p. 369)。

このクリハラは、戦後、日本にゆき、占領軍の仕事をしたが、同調圧力の強い日本社会になじめず、一九六二年にロバート・ケネディ司法長官に手紙を出し、米国政府が第二次世界大戦中に日系人に対して行った「誤り」を正す意思があるのであれば、市民権を回復したい旨を連絡した。しかし、米国政府から満足のゆく回答は得られないままに、一九六五年に日本で亡くなった(Tamura, pp. 140-145)。つまり、クリハラの場合、ノー・ノー組ではあるが、米国政府に強制収容の謝罪を一九六二年という早い時点で求めていたという点でリドレス運動の先駆者とも評価できるだろう。

従来、忠誠登録で「イエス・イエス」と回答した者は「親米派」と呼ばれ、「ノー・ノー」と回答した者は「親日派」という形で、専ら国家への帰属に単純化して解釈することが多かったが、市民的抵抗派の存在が浮き彫りになることにより、ノー・ノー組の再評価が必要になったのである。

強制収容された日系人は、その管理にあたった戦時転住局の報告によると、最終的に総計で一二万三一三人であり、収容所で死亡した者は一八六二人、日本送還が四七二四人(他の機関からも含めると約八〇〇〇人との説もある)とされる(WRA, 1947, p. 11)。また、一七歳以上に実施された忠誠登録では、総数七万七九五七人中、米国政府に忠誠を誓う二八問にイエスと回答した者は六万八〇一八人で、総数の八七・三%となる。それに対して、ノー回答や回答拒否、登録拒否をしたものは八八六四人で、一一・四%であった(WRA, 1946A, p. 199)。つまり、忠誠回答をしなかった者、九〇〇〇人弱の内、日本送還を希望した者は四七〇〇人強であるから、半分ほどは米国に残留したことになる。また、日本に戻った者の中には、敗戦後の日本での生活苦から再び米国に戻った者もいた。さらに、徴兵を拒否した者は、ヒラ・リバーとマンザナール転住所を除く八転住所で三一五人(森田、一二七頁)であり、彼らは刑務所に送られている。

このように、強制収容された日系人の約九割は米国に忠誠を誓ったが、約一割は米国への忠誠を拒否した。しかし、米国への忠誠拒否者の動機は、単純な「親日」ではなく、強制収容を憲法違反と考え、市民としての権利を守るために拒否したケースもあった。

本書は、強制収容それ自体ではなく、収容所からの出所＝再定住に焦点をあてるものだが、戦時転住局は再定住の支援をイエス・イエス組に限定して行い、ノー・ノー組を「親日の厄介者」として扱い、ツールレイク隔離転住所に収容して、取り締まりを強めた。しかし、ノー・ノー組の半分は戦後も米国に残留したのであり、彼らの見直しも必要になる。いずれにしても、戦後の日系人社会ではイエス・イエス組とノー・ノー組の間で相互不信が長く続くことになった。

このような三つの壁を乗り越えることが、リドレス運動の成功に不可欠であったが、その成功因を考える上では、幾つかの課題や方法論的な工夫が必要となる。

その第一は、日系人収容が「強制収容」であったか否かの評価の問題である。強制収容所という表現は、ナチスの「デス・キャンプ」のようにユダヤ人などの大量殺戮を連想させるだろう。しかし、米国の日系人収容所は、大量殺戮を目的としていなかったので、この語は当てはまらないという意見が、米国では現在でも存在する。

先述したとおり、日系人の収容管理を担当した戦時転住局は、日系人の収容を「人種的不寛容」に基づく「戦時の誤り」と認めつつも、戦時転住所は、人種偏見の嵐や総力戦による破壊を避けるための「避難所」であったと主張している(WRA, 1946A, pp. 175, 184)。また、戦時転住局で働いていた人類学者などによる報告書では、転住所は、主流の米国社会に統合されるまでの「一時的な滞在所(temporary stopping places)」と位置付けられていた(Spicer/Hansen/Luomala/Opler, 1969, p. 277)。なぜ、このような認識ギャップが発生したのか、それが第一の検討課題となる。

第二に、第二次世界大戦後、カリフォルニア州に戻ろうとした日系人を阻止するために、日系人排斥グループは、外国籍である日系一世の土地所有を禁止する条項を州憲法に明記する住民提案第一五号を一九四六年一一月の選挙の折に提起した。結果は、反対一一四万票に対して賛成七九万票でこの発議は否決された(マイヤー、二七一―二七二頁)。日系市民協会は、反差別委員会を組織して反対運動を展開したが、日系人票だけでこの発議を否決できるわけがなかった。この否決の背景には、第二次世界大戦中の西海岸における軍需産業の急拡大に吸引され、多くのアフリカ系や白人が南部から流入したという「第二次ゴールド・ラッシュ」といわれる人口変動や、労働運動における産業別労働組合会議(Congress of Industrial Organization, 以下、CIOと略)の台頭などがあった。つまり、戦後の日系人に対する差別撤廃の動きは、アフリカ系の動向や労働運動における変化といった多人種・多エスニック集団的なアプローチで考える必要性がある。このようなアプローチは、近年、アフリカ系研究で提唱されている「インターセクショナリティー(Intersectionality)」の概念にも関連している[4]。この多人種・多エスニック集団的アプローチが第二の課題である。

第三に、一九八八年に米国政府が日系人収容を誤りと認め、損害を補償するリドレス法を成立させるが、連邦議会で多数の賛成を得るためには白人議員の賛同が不可欠であった。従来、日系人の収容過程は、日系人対白人という人種対立で描かれる傾向が強かったが、収容当時でも少数ながら日系人を支援した白人が大学や教会を中心に存在していた。彼らは、米国市民である日系二世の集団収容には違憲の疑いがあるとみた、人権擁護派であった。つまり、白人の中には強制収容を提唱する人種差別派と人権擁護派の対抗が当時から存在したのであり、戦中にはごく少数であった人権擁護の主張が戦後には拡大をとげ、一九八八年には多数となるという大きな流れの中に日系人収容を位置付ける必要がある。これが第三の課題となる。例えば、リチャード・リーヴスの『アメリカの汚名』では、政府内で日系人収容に抵抗した人々の存在を強調して、日系人の収容史は「アメリカの最悪と最良の部分を示す物語」であると評価している(リーヴス、一七頁)。なお、当時の米国政府の内部でも、この二派の対立があったが、日系人の再定住を促進したディロン・マイヤー戦時転住局長官などは人権擁護というより、日系人の同化促進に力点を置いていたと評価すべきであろう。それは、マイヤーがイエス・イエス組の援助には積極的であったが、ノー・ノー組には極めて冷淡であったからである。

第四に、リドレス運動は、幼少期に収容体験をした若い二世や、そもそも戦後生まれで、全く収容体験のない三世が主導して始まったが、収容体験が希薄であったり、全くない世代がなぜ主導したのか、という点の解明も必要である。彼らの親である二世や祖父母である収容体験者は戦後長い間、収容体験を「恥」として、自らの体験を封印してきた。一九六〇年代末になってその封印が解かれ、体験者が続々と証言していく上で、若い二世や三世が大きな役割を果たした。この収容体験の封印から証言への変化も重要な研究課題となる。この点は記憶研究の重要な論点でもある。

このように、リドレス法成立後の現在では、少なくとも以上の四点からの日系人収容・再定住史の見直しが必要になっている。そこで、次に、日系人収容・再定住研究史を振り返り、新たな研究課題の一層の明確化を図ってみたい。

二　どのように研究されてきたか

第一期（一九四五―一九六九年）

研究史はおおきく三期に分けられる。第一期は、一九四五年の終戦から、日系の一世や二世が三世や若い二世の求めに応じて収容体験を語りだすきっかけとなる「マンザナール巡礼」が行われた一九六九年までである。

この時期には、戦時転住局が終戦直後に刊行した全一一巻もの報告書や関与した研究者が繰り返した、日系人収容所は「避難所」であり、米国の主流社会に統合されるまでの「一時滞在所」であるという解釈が通説となっていた。しかも、この解釈は、戦後の日系人社会で中心的な団体となる日系市民協会系の出版物でも継承されたという点は、すでに述べたとおりである。

同様の解釈は、カリフォルニア大学バークリー校の農業社会学者、ドロシー・トーマスを中心として組織された「日系アメリカ人立ち退き・再定住研究（Japanese American Evacuation and Resettlement Studies, 以下、JERSと略）」の報告書でも継承された。トーマスは、日系人の立ち退き・収容研究を人口移動の恰好のテーマと考え、ロックフェラー財団などからの資金援助を得るとともに、戦時転住局の協力を得て、白人と日系人の研究者を転住所に派遣し、「参与観察」をさせ、そのデータを基に三冊の本を刊行した。第一は、「ノー・ノー組」を集めたツールレイク隔離転住所を分析した『The Spoilage（阻害された人々）』（一九四六年）、第二作は、転住所を出所してシカゴに再定住した日系人の分析とライフ・ヒストリーを収録した『The Salvage（救助された人々）』（一九五二年）である。

三冊目としては、日系人の集団収容を扇動した西海岸の政治家や団体を分析した本で、モートン・グロージンズの『American Betrayed（裏切られたアメリカ人）』の刊行が予定されていた。しかし、この著書は、二世も含めた日系人の集団立ち退きを主張したアール・ウォーレン（強制収容決定時はカリフォルニア州司法長官、一九四三年からカリフォルニア州知事、戦後は最高裁判所長官として人種隔離教育を違憲とするブラウン判決を主導した人物として知られる）の責任を厳しく追及するものであったため、カリフォルニア大学の教授であるトーマスはプロジェクトの成果としての出版を拒否した。そのため、グロージンズは一九四九年にシカゴ大学出版部から刊行することになった（Ichioka, ed., pp. 17–19）。代わってカリフォルニア大学出版部から、ジェイコブ・テンブロックらの『Prejudice, War and the Constitution（偏見・戦争・憲法）』が一九五四年に出版されている。このようにトーマスの「日系アメリカ人立ち退き・再定住研究」プロジェクトでは、収容所の実態を詳細に調査しながらも、強制収容を決定した政治家などの責任追及を避ける傾向を示していた。

この時期には、戦時転住所で調査し、政策提言を行った人類学者などの報告書、例えば、エドワード・スパイサーなどによる『Impounded People（囲われた人々）』（一九六九年）も出版されたが、この本では収容所の「一時滞在所」的性格が強調されていた。

このように第一期での研究では、日系市民協会が戦時転住局の解釈を受け入れていた上、一般の日系人も、米国の主流社会に同化するため、収容体験を封印する傾向が強かった。その上、一九六六年になると、白人研究者の中からは、ウィリアム・ピーターセンのように、社会批判をせずに黙々と勤勉に働いて地位上昇を実現した日系人を「モデル・マイノリティ」と称賛する論文が登場した。このような論調は、この時期に多発していたアフリカ系の人種暴動を念頭に、アフリカ系に対して日系人を「見習う」ように促す効果を狙うものでもあった。

しかし、日系人作家の中には、例外的に収容体験を作品として発表するものが現れた。例えば、ミネ・オークボの場合は、一九四六年という早い時期に『市民一三六六〇号』という画集を出し、トパーズ転住所の生活模様を描いた。また、モニカ・ソネは、一九五三年に『Nisei Daughter(二世娘)』を刊行し、出所後の二世女性の同化過程を描いている。この時期に刊行された作品は日系人の収容生活を描写することに重点があり、米国政府や戦時転住局を批判する姿勢は弱かった。ただし、ジョン・オカダの『ノー・ノー・ボーイ』(一九五七年)は、タブーとなっていた米国への忠誠拒否者を扱った作品で、それ自体が挑戦的な意味をもった。しかし、米国では出版できず、日本の出版社から英語版が刊行されたものの、一九七四年に再発見されるまで、ほとんど黙殺状態にあったという(植木ほか、二五―二六、六七―七四、八七―九〇頁)。

第二期(一九六九―一九八八年)

第二期は、マンザナール転住所への巡礼を通じて収容体験者が沈黙を破り始め、リドレス運動が始まり、一九八八年に連邦議会で補償法が成立するまでの時期である。

この時期には、日系市民協会の正史的な出版物としてビル・ホソカワの『二世』(原著一九六九年、邦訳一九七一年)や、ロバート・ウィルソンとビル・ホソカワの共著『ジャパニーズ・アメリカン』(原著一九八〇年、邦訳一九八二年)が刊行された。また、同じくビル・ホソカワによって『一二〇%の忠誠』(原著一九八二年、邦訳一九八四年)が、次いで、マイク・マサオカの自伝『モーゼと呼ばれた男　マイク正岡』(原著一九八七年、邦訳一九八八年)が出版されている。

このように日系市民協会系による日系人の「正史」は出版の度に邦訳され、日本ではこの「正史」が主流の解釈となる傾向を生んだ。これらの書物では、米国の主流社会に同化する日系人イメージが強調されたが、このような論調からは、日系人収容を違憲として追及するようなリドレス運動が発生する余地はなく、一九七〇年代になると、日系市民協会の中ではリドレス運動への参加をめぐって激しい論争が展開されることになる。

他方で、一九六〇年代に入り、アフリカ系の公民権運動やベトナム反戦運動が高揚するようになると、日系人収容所が「強制収容所」であったとする批判的研究が出始めた。最初に強制収容所の語をタイトルに使用したのは、アラン・ボズワースの『アメリカの強制収容所』(原著一九六七年、邦訳一九七二年)であるが、この本では収容命令を下した人物の責任があいまいにされていた。一九七一年にロジャー・ダニエルズが『米国強制収容所(Concentration Camps: U. S. A.)』を刊行して以来、「強制収容所」との表現が浸透してゆくことになる。ダニエルズは、「転住所は鉄条網で囲われ、憲兵の小隊に守られた準恒常的な施設と考えられた」と主張した。そして、その背景には、三世紀以上に及ぶ白人の非白人に対する差別が存在したと指摘した(Daniels, 1971, pp. xiv, 95)。

一九七三年には、ヒューストン夫妻による『マンザナールよさらば』(邦訳一九七五年)が出版され、ジャンヌ・ワカツキ・ヒューストンの幼い日々の収容体験が克明に描かれた。仕切りのないトイレ、劣悪な食事、バラバラになる家族、酒びたりになる父親など、そのリアルな筆致に読者は圧倒された。ベストセラーになったこの本は、テレビドラマにもなり、強制収容という受け止めが定着しゆく。

さらに、一九七六年には収容過程の公文書を丹念に読み込んだミチコ・ウェグリンの『アメリカ強制収容所』(原著一九七六年、邦訳一九七三年)が刊行され、リドレス運動の実証的な根拠が提供された。また、先住民政策との比較を試みたリチャード・ドリノンは、一九八七年にマイヤーの伝記を刊行したが、その題名は『Keeper of Concentration Camps(強制収容所の管理者)』であった。この著作は、日系人収容は「強制的同化政策」という点で先住民政策と類似していたと主張した(Drinnon, p. 269)。さらに、ピーター・アイロンズは、『Justice at War(戦時下の正義)』(一九八三年)の中で強制収容の法的問題点を掘り下げ、大戦中の裁判では「軍事的必要性」から合憲とされた日系人収容の再審請求に有力な武器を提供した。

こうした著作の積み重ねによって日系人収容が「強制収容」であったとの認識が広がっていったが、その結果、忠誠登録で「ノー・ノー」と回答した不忠誠組をむしろ「抵抗者」として見直す研究が登場するようになった。ゲイリー・オキヒロは一九七三年に発表した論文で、一九四二年末にポストンやマンザナール転住所で発生した暴動の首謀者は従来、「親ファシスト的なトラブル・メーカー」とされてきたが、実際は不当な収容政策に対する「抵抗者」と位置付けるべきと主張した。

また、日系人収容関係者のオーラル・ヒストリーを主導したアーサー・ハンセンとミッソンは、一九七四年に『Voices Long Silent(長く語られなかった声)』を出版し、長い間沈黙してきた「抵抗者」の貴重な証言を明らかにした。さらに、ジョン・タテイシは、一九八四年に『And Justice for All(そしてすべての人のための正義)』を刊行し、抵抗者の証言を発掘した。

このように第二期においては、収容体験を封印してひたすら米国社会に同化して地位上昇を図った日系人イメージと、不当な「強制収容」に抵抗した日系人イメージとが競合する状況にあった。そうした中で、リドレス運動の成果として一九八〇年に連邦議会が設置した「戦時民間人転住・抑留に関する委員会」が全米各地で公聴会を開催し、多数の日系人の収容体験者を含む延べ七五〇〇人もの証言が聞かれることになる。その証言は全米にテレビ中継され、多くの米国民に日系人収容の真実を伝える上で大きな役割を果たした。委員会はその後も、多数のスタッフを動員して膨大な公文書を調査し、一九八三年二月に報告書『拒否された個人の正義』を発表した。

その報告書の要約部分の結論として委員会はこう述べた。「行政命令九〇六六号(注・西海岸の軍事地域からの立ち退きを命令した大統領令)は軍事的必要によって正当化されるものではなく、それに続く、収容、収容の終了、立ち退きの終了などの決定は、軍事的条件の分析によって導入されたものではなかった。これらの決定を形成した広範な歴史的要因は人種偏見、戦時ヒステリーと政治指導の誤りにあった」のだと(邦訳では省略、原文p. 18)。

日系人の西海岸の軍事地域からの立ち退き・収容は、当時、「軍事的必要」として肯定されていたのだから、連邦議会が設置した委員会がそれを完全に否定した意義は絶大であった。この委員会は日系人収容を「強制収容」と表現することは避けたが、立ち退き・収容が不当な措置であったことを明確に認めたのである。この報告書に基づいて連邦議会は、一九八八年に市民的自由法を制定し、収容された日系人に対する公式謝罪と一人二万ドルの補償などを決定したのであった。

第三期(一九八八年―現在)

第三期は、このリドレス法が成立した一九八八年から現在までの時期となる。第一の特徴は、リドレス法の成立によって、研究がリドレスの実現という目標から解放されて、対象を複眼的にみる成果が出てきている点である。また、研究主体の面でも、日系人収容に関わった白人の証言など多様な白人研究者による研究のほか、日系でないアジア系研究者の成果が出るようになった。つまり、研究の主体と内容の両面で多面的な性格をもつようになったのである。

その点に関連して、ロン・クラシゲは、リドレスが実現した後の研究では、リドレスの実現という「戦略的な必要性という枠組みにとらわれないで思考すること」が可能になったと指摘している(ミューラー編、二〇一四年、一〇七頁)。その例として、アリス・ヤン・マレーという韓国系二世の研究者が二〇〇八年に出した『Historical Memories of the Japanese American Internment and the Struggle for Redress(日系アメリカ人収容の歴史的記憶とリドレス闘争)』を挙げている。その著作でマレーは、強制収容という表現を避け、収容所の多様な性格に注目している。また、ケヴィン・レオナードは戦時転住局の役割を南北戦争後に奴隷解放を援助した解放民局と対比している。つまり、戦時転住所を強制収容の文脈ではなく、日系人を「援助」したという側面に注目した研究が出てきているのである(ミューラー編、二〇一四年、一〇五―一〇六頁)。

第二に、戦時転住所の調査を行ったカリフォルニア大学バークリー校の「日系アメリカ人立ち退き・再定住研究」プロジェクトに参加した白人や日系人の研究者の役割が注目されるようになっている。一九八七年には、このプロジェクトに関するシンポジウムが開催され、その成果が『Views from Within(内側からの観察)』(一九八九年)として出版されている。シンポジウムを企画したユージ・イチオカは、このプロジェクトが収容所の秩序維持に協力した面に加えて、参与観察やライフ・ヒストリーの作成によって、日系人収容者の生活史に関する貴重な資料を残した点を評価している(Ichioka, ed., p. 22)。また、このプロジェクトに動員された日系人の若手研究者の役割の再評価も進んだ。

この問題をもっと大きな文化史の文脈で考えると、第二次世界大戦における米国の社会科学者の戦争協力をどう評価するか、という問題に関わるだろう。特に米国の人類学や社会学は、そのフィールドワークから抽出した分析を先住民の統治や日系人収容の政策提言に役立てようとした。その際、マイノリティを米国の主流社会に統合する「同化主義(Assimilationism)」の立場をとるか、マイノリティの独自の文化を尊重する「文化多元主義 Cultural Pluralism)」の立場をとるかが大きな対立点となった。

第三に、少数ながら日系人を支援した、教会や大学関係の白人たちの足跡の発掘も進んだ。例えば、シズエ・シーゲルの著作は、軍の情報部で活動した元日系兵の組織が白人の支援者への感謝を表す企図で出版されたものである。その中には、日本で宣教活動をした後、収容所の日系人に様々な差し入れや荷物の運搬といった支援を行ったニコルソン牧師などが描かれている(Seigel, Ch. 4)。また、強制収容への反発から市民権を放棄した人々を支援し、訴訟を通じて市民権の回復を援助したウェイン・コリンズ弁護士に関する研究もある(Collins, 1985)。

第四に、第二期から始まったノー・ノー組の見直しが本格化し、聞き取り調査が進んだ。例えば、アーサー・ハンセンを中心とするカリフォルニア大学フラートン校のオーラル・ヒストリー・プロジェクトでは、マンザナール暴動の首謀者とされたハリー・ウエノの聞き取りが「抵抗者」の一つの証言として一九九五年に刊行された。また、ツールレイク隔離転住所の福祉部門で働いたバーニー・シャリットは、ユダヤ系移民の子供だけに、日系人収容に批判的な証言を刊行した。また、一九六〇年代にマルコム・Xとの交流などを通じて、日系人の公民権運動に大きな影響を及ぼしたユリ・コチヤマは、「ノー・ノー組」について、彼らの「苦闘とは、アメリカ政府が日本人の両親の公民権をいっさい認めないことに対する抵抗する戦いだ」としている(コチヤマ、六四―六五頁)。

日本に送還された人々の研究は、史料的にも困難を極めるテーマだが、そうした中でも、村川庸子・粂井輝子の『日米戦時交換船・戦後送還船「帰国」者に関する基礎的研究』(一九九二年)や村川庸子の『境界線上の市民権』(二〇〇七年)が刊行されている。関連して、収容所からの徴兵を拒否した人々の研究も進展した。エリック・ミューラーの『祖国のために死ぬ自由』(原著二〇〇一年、邦訳二〇〇四年)や森田幸夫『アメリカ日系二世の徴兵忌避』(二〇〇七年)がその代表であるが、ともに、当事者の聞き取りに裏づけられた、重厚な成果である。

第五に、収容所内で発行された日本語新聞についての研究も進んだ。日本語新聞は、日系人収容者の意識分析に不可欠であるだけでなく、戦時転住局側の検閲という米国民主主義の限界を知る上でも重要である。その成果として水野剛也の『有刺鉄線内の市民的自由』(二〇一九年)が貴重である。

第六に、収容所から出所した後の日系女性の歩みについても成果が出ている。メイ・ナカノ『日系アメリカ女性』(原著一九九〇年、邦訳一九九二年)は、収容所では一世の父親の権威が低下した上に、戦後は二世女性が事務職などに就職して家計を支えるケースが増加したため、戦後の日系人世帯では女性の地位が向上した点などを指摘した。また、ヴァレリー・マツモトも、再定住では女性が先導する傾向があったことや、収容で家父長的な一世の父親の権威が失墜したため、収容には女性「解放」的な側面があった点を指摘した。さらに、ダイアナ・バーの『The Unquiet Nisei(物言う二世)』(二〇〇七年)では、マンザナール巡礼を主導したスエ・クニトミ・エンブリーの伝記が描かれている。

確かに、沈黙を破って、収容体験を語り始める上でも、女性の主導性が重要であった。ミネ・オークボ、ヨシコ・ウチダ、ヒサエ・ヤマモト、モニカ・ソネ、ワカコ・ヤマウチなど、戦後初期に収容体験を素材にした作品を発表した作家には男性より女性が目立つ。また、一九七〇年代になって、日系人収容を「強制収容」と認識転換させるうえでも、ジャンヌ・ワカツキ・ヒューストンや、ミチコ・ウェグリンが果たした貢献は絶大である。このように、日系人の再定住過程が同時に二世女性の「解放」過程でもあった側面の検討は重要な課題であろう。

三　再定住とリドレス運動研究の始まり

本書が注目する再定住からリドレス実現までの過程に関してはまだ研究が始まったばかりである。日系人収容に関する研究は膨大に蓄積されてきたにもかかわらず、転住所を出所してからの日系人の歴史は長く未開拓の状況にあった。しかし、日系人収容に違憲の疑いを抱いていた戦時転住局は、早期に日系人収容を解消した方がよいと考えていたため、米国に忠誠を誓った日系人については早い時期から再定住を促進していた。そのため、公的な日系人収容史の記述には再定住史も含まれているケースが多々あった。本書の目的は、それらを「再定住史」として再構成することにある。

また、戦後の日系人史に関しては、主流社会に同化すべく必死に働いて地位上昇をとげ、「モデル・マイノリティ」とほめたたえられるような成功者イメージがある一方で、その成功者がなぜリドレスを要求したのか、この矛盾を解くことも再定住史研究の重要な課題となる。

この再定住史研究の先駆的な成果は、シカゴに再定住した日系人を研究したドロシー・トーマスの『救助された人々』であったが、西海岸に復帰した日系の再定住の研究は遅れていた。そうした中で、二〇〇〇年に全国日系アメリカ人博物館(Japanese American National Museum)がロサンゼルス、サンディエゴ、サンノゼ、シカゴの再定住過程に焦点を当てたオーラル・ヒストリーの四巻本を刊行し、再定住研究の開幕を告げた。その結果、二〇〇八年にはスコット・クラシゲが、ロサンゼルスを舞台とする戦後の日系人とアフリカ系の関係史を出版した。また、グレッグ・ロビンソンは『After Camp(収容所以後)』(二〇一二年)を刊行し、二世の意識変化や他のマイノリティとの関係の変遷に注目した。

以上を踏まえると、戦後の日系人の再定住史にはアフリカ系などの他のマイノリティとの関係が重要な側面として登場してくるので、多人種・多エスニック集団的アプローチが必要になってくる。

また、日本における再定住研究の先駆者である増田直子の二〇〇〇年の論文では、転住所にいた日系人の間では職や住居の確保が不安であった上、外部世界の敵対的反応が心配であり、出所をためらう状況が強かったことを指摘している。つまり、再定住を促進しようとした戦時転住局と日系人収容者の間に大きなギャップが存在していたのであり、このギャップがどう克服されたのかも重要な研究課題となる。

さらに、再定住の過程で日系人のエスニック・アイデンティティがどう変容したのかも重要な課題となる。戦時転住局は日系人収容所を、主流社会に日系人を同化させる「避難所」と位置付けたため、収容所の中でも英語教育や米国史・米国憲法教育を重視した。日系市民協会もその同化政策に協力したが、その過程を「市民ナショナリズム」として分析し、エスニシティと人種とナショナリズムの関係で日系人の収容から再定住過程を見直した仕事として、南川文里の『「日系アメリカ人」の歴史社会学』(二〇〇七年)がある。

エスニシティの分析には宗教意識の変化が重要な論点となるが、戦争中に出所した者の中ではキリスト教徒が多かったという。それは、再定住者を支援する団体にキリスト教会関係者が多く、彼らが日系人のキリスト教徒を歓迎したからであった。しかし、アニー・ブランケンシップのキリスト教会と日系人収容に関する研究によると、戦後、主流のキリスト教会は、日系人の同化を促進するため、日系人を白人教会に統合する方針を推進したものの、日系人の間では戦前からの日系教会を維持したいという意見が多かったという。吉田亮の『アメリカ日本人移民キリスト教と人種主義』(二〇二二年)もこの問題を扱っている。

また、仏教徒については、戦時転住局側では日本文化に結びつくものとして警戒する傾向が強かったが、ダンカン・ウイリアムズの第二次世界大戦中の仏教会に関する研究によると、戦後の日系人社会では依然として仏教会への信仰を継続する者が多かったという。社会的には米国の主流社会に同化する姿勢を強めた日系人が、宗教面では仏教信仰を維持した人が多かったことをどう理解するか、文化多元主義の問題にも関係して興味深い論点である。

次に、リドレス運動についてであるが、運動の当事者による証言に基づいた著作がでてきている。まずはウィリアム・ホーリの『Repairing America(アメリカの修復)』(一九八四年)で、これは、当初リドレス運動に消極的であった日系市民協会に対抗して、シカゴやシアトルを中心に発足した「リドレスを求める日系アメリカ人全国評議会(National Council for Japanese American Redress, 以下、NCJAR と略)」の記録である。次いで、方針転換してリドレスに積極的になった日系市民協会系の運動については、ジョン・タテイシの『Redress(リドレス)』(二〇二〇年)が詳しい。また、リドレスの立法過程については、ミッチェル・マキほかによる『Achieving the Impossible Dream(不可能な夢の実現)』(一九九九年)があり、日系人収容の記憶の変遷の中でリドレスを位置付けた研究として、先に挙げたアリス・ヤン・マレーの研究がある。

日本では、竹沢泰子の『日系アメリカ人のエスニシティ』(一九九四年、新装版二〇一七年)が、シアトルを中心とした聞き取り調査に基づきリドレスに向かう日系人の意識をリアルに再現した。この本は、英語版も出版され、米国でも高く評価される業績となった。また、土田久美子の『日系アメリカ人とリドレス運動』(二〇二一年)は、若い二世や三世を中心に結成された「リドレス・賠償を求める全国連合(National Coalition for Redress and Reparation, 以下、NCRRと略)」のリーダーたちの聞き取りやライフ・ヒストリーを通じて、日系人の若い世代がリドレスを要求するに至ったエスニック・アイデンティティの変化を分析した力作である。

リドレス運動の前史の役割を果たした一九五〇年の緊急拘禁法の撤廃運動については、和泉真澄の『日系アメリカ人の強制収容と緊急拘禁法』(二〇〇九年)が貴重である。関連して、リドレス運動の一環として展開された再審請求運動、つまり、第二次世界大戦中の裁判では敗訴した案件の再審を求める運動については、神長百合子の『法の象徴的機能と社会変革』(一九九六年)がある。日系人収容の法的側面の検討については山倉明弘の『市民的自由』(二〇一一年)が出ている。

リドレス運動が成功する上で、二世が収容体験を語り始めたことが重要であるが、そのきっかけを作った三世の役割に関する研究も近年目立っている。ジェリー・タカハシの『Nisei Sansei(二世・三世)』(一九九七年)やドンナ・ナガタの『Legacy of Injustice(不正義の遺産)』(一九九三年)がその例となる。特に、ナガタの研究では、収容体験のない三世にも親や祖父母世代のトラウマが移譲されていることをアンケート調査によって解明した点が興味深い。日本では、幼いころに収容体験をした野崎京子が『強制収容とアイデンティティ・シフト』(二〇〇七年)の中で日本に送還された父母のトラウマについて貴重な証言をしている。

また、米国における日系人によるリドレス運動の成功は、当然ながらカナダにおける日系人収容の問題や、中南米諸国からの米国への日系人強制移送問題への関心を喚起し、トランスナショナルな観点による日系人収容研究が始まった。そうした新しい問題関心から、竹沢泰子とゲイリー・オキヒロ編の論文集『Trans-Pacific Japanese American Studies(環太平洋日系アメリカ人研究)』が二〇一六年に出された。また、石井紀子・今野裕子編『「法—文化圏」とアメリカ』(二〇二二年)も同様の関心を共有している。

米国におけるリドレス運動の成功は、日本におけるアジア太平洋戦争による外国人被害者への謝罪と補償が未完であることを際立たせ、例えば、ホロコーストと日系人強制収容と奴隷制とアパルトヘイトを比較した、ジョン・トーピーの『歴史的賠償と「記憶」の解剖』(邦訳、二〇一三年)が出ることとなった。また、タカシ・フジタニの『共振する帝国』(二〇一一年、邦訳二〇二一年)では、日本軍に従軍した朝鮮人兵士と米軍に従軍した日系人兵士を「帝国」におけるマイノリティの問題として比較し、日本を「粗野なレイシズム」、米国を「上品なレイシズム」と対比する視点を提示している。

以上に述べた研究課題と研究史の流れを踏まえると、日系アメリカ人の再定住からリドレスまでの歴史研究はなによりも、トランスボーダーな視点で展開される必要があるだろう。従来の日系人史はともすると日系人だけの閉ざされた歴史になりがちであった。それは研究者の側が自分の関心を日系人だけに限定し、その部分だけを切り取って歴史叙述をした結果であった。しかし、研究対象を日系人だけに限定して再定住やリドレスの歴史をたどると、それは日系人が米国社会に統合され、米国民としての認知を実現したという「成功物語」、つまり、米国の市民ナショナリズムを評価するだけの研究に終わってしまう可能性がある。

例えば、第二次世界大戦中に強制収容された日系アメリカ人が米軍に従軍することで、米国への忠誠を命がけで示し、差別を撤廃させたとする歴史の語りがその典型である。というのも、それはたやすく、従軍によって米国民であることを立証し、国民としての「平等な権利」を獲得する物語となってしまうからである。リドレス運動の場合も、侵害された国民としての権利を回復させた物語として設定しただけでは、米国民主制の成功物語に終わってしまう。しかし、一世や二世が封印していた強制収容体験の重い口を開かせたのが、ベトナム反戦運動を通じて「第三世界」との連帯意識に目覚めた若い二世や三世であったという経過からは、米国ナショナリズムを乗り越える契機が見いだせるのではないか。強制収容が「人権」侵害であるとの批判意識がナショナリズムの論理に収斂するのではなく、トランスナショナルな人権意識への成長につながる側面の発見も重要な課題となると考える。

日系人の再定住とリドレスの歴史をトランスボーダーな形で展開する場合、第一に必要なのは、アフリカ系など他のマイノリティとの関係に注目する視点である。同時に、第二次世界大戦後の日系人は、白人の主流社会への同化志向と、人種差別を受けたマイノリティとの連帯の間での揺れを示してきたともいえるだろう。それゆえ、白人も含めて、多人種・多エスニック集団的なアプローチが重要になる。

第二に、従来の日系人史では日系人対白人という人種的な対立軸で分析されることが多かったが、それだけではリドレス運動の成功因は出てこない。そこで、白人の中での「人種差別派」と「人権擁護派」の対立に注目し、第二次世界大戦中にはごく少数であったが、日系人を支援した白人の活動があったことを発掘する必要がある。それは、人種対立を乗り越えるトランスボーダーな人権意識の発掘というアプローチにつながる視点でもある。

第三に、再定住からリドレスへの展開を考察するには、封印された記憶の再生という問題が極めて重要である。強制立ち退き・収容体験の封印が日系人にとってどのようなトラウマとなったのか、証言の開始がどのようにして自らの解放につながったのか、その解放過程で、世代差や性差、イデオロギー差がどのような役割を果たしたか、そうした点にも注目する必要がある。

四　本書の構成

本書は、三部で構成される。第一部は、「中西部・東部への再定住」と題して、大戦中から始まっていた中西部や東部への再定住過程を検討する。まず第一章で、日米開戦後の米国政府内で発生した日系人の立ち退き・収容をめぐる論争に注目する。当時の政府内部では、司法省などが主張した「親日的」な一部の日系人指導者だけの一部収容説と、陸軍省が主導した西海岸に居住する日系人全体を収容する一括収容説が対立していた。当初は、西海岸の排日系団体の圧力などが作用し、一括立ち退きが命令されたが、一括立ち退きに違憲の疑いがあるとの懸念から収容の管理は陸軍でなく、民事機関の戦時転住局に担当させることになった経緯を、第一章では解明する。第二章では、この戦時転住局の長官となったマイヤーが、市民権をもつ二世の収容には違憲の疑いがあると考え、中西部や東部への出所・再定住を早くから促進した過程を検討する。第三章では、戦時転住所に勤務した学者たちの役割を検討する。彼らは、日系人の調査を実施して、戦時転住局に様々な政策提言をおこなったが、その機能は収容所の「看守」的役割だったのか、それとも日系人の「支援者」だったのか、を分析する。当時の社会科学界ではマイノリティに対する「同化主義」と「文化多元主義」の対立があったが、この論争との関連にも注目する。

第二部は「西海岸への復帰と人種関係の変容」と題して、大戦末期から始まった西海岸への復帰過程を検討する。第四章では、西海岸への日系人復帰に反発して復活した排斥団体の活動が、日系人部隊の活躍や日本の敗北を機に沈静化した過程を分析する。第五章では、大戦中の西海岸で軍需産業が急拡大し、南部から大量のアフリカ系と白人が流入したことによって、西海岸の人種関係が重層化した状況を分析する。また、米国は第二次世界大戦を「反ファシズム・民主主義擁護の戦争」と位置付けたため、同盟国からの移民である中国系に対する差別法の是正に迫られた過程にも注目する。

第三部は「「成功物語」とトラウマの潜行――世代を超えたリドレス運動へ」と題して、戦後の日系人の社会的地位の変化とリドレス運動の展開を検証する。第六章では、戦後初期に各種の日系人差別法が撤廃されるとともに、収容の記憶を封印して、黙々と働く日系人を「モデル・マイノリティ」と称賛する議論が誕生したことを検証する。第七章では、戦後の日系人のアイデンティティの変化を主流社会との関係、宗教や家族の在り方から分析するとともに、例外的に収容体験を語った一部の日系人作家の作品に注目する。第八章では、長きにわたって、収容体験を封印してきた日系人が、一九六〇年代末から収容所への巡礼を通じて、重い口を開き始め、リドレス運動を組織してゆく過程を検討する。加えて、日系市民協会の内部ではリドレス運動をめぐって激しい論争が発生したこと、それを克服する過程で連邦議会に設置された調査委員会の公聴会で多数の日系人がこぞって証言をしたこと、その模様がテレビで中継され、米国民の意識が変容したことを経て、一九八八年にリドレス法が成立し、日系人が自己の尊厳を回復するまでの過程を検証する。

最後にエピローグでは、リドレス運動が勝利した要因を整理するとともに、その意義を考察する。通説的解釈としては、日系人が大戦中に命がけで米国に忠誠をつくしたため、米国政府は日系人に対する強制収容を「誤り」と認め、謝罪と補償をおこなったとする「愛国主義的解釈」がまかり通っていた。それに対して、リドレス運動が、一九六〇年代のブラック・パワー運動やベトナム反戦運動の影響を受けた若い二世や三世に主導された点に注目して、運動は憲法に規定された人権の回復という「市民ナショナリズム」に基づくだけでなく、第三世界との連帯を志向する「トランスボーダーな人権意識」にも根差す性格をもつことに注目した。(5)

注

(1) ここでいう「日系アメリカ人」には、米国生まれで米国市民権をもつ二世だけでなく、立ち退き・収容の時点では日本国籍であった一世も含めている。一世は、米国政府の差別的な帰化法によって市民権が取れなかったが、すでに数十年も米国に居住し、日米開戦までは米国を永住の地と思い定めていた者が多かったからである。また、二世の中には、初等・中等教育を日本で受けた後に米国に戻った「帰米」と呼ばれる人々がいたが、彼らも「日系アメリカ人」のなかに含めて検討する。

(2) リドレスとは不正を正し、損害を補償することを意味する。当初の運動では、損害賠償・補償運動と称していたが、謝罪や名誉回復の主張が台頭する中で「リドレス」という表現がとられるようになった。

(3) 戦時転住局では日系人を収容所にいれることを「転住(Relocation)」と呼び、収容所から出所して、米国各地で新生活を始めることを「再定住(Resettlement)」として区別するケースが多かったので、本書でも同様の区別で「再定住」を使用する。

(4) 土屋和代・井坂理穂編『インターセクショナリティ——現代世界を織りなす力学』東京大学出版会、二〇二四年。

（5） 日系人の再定住に関する一次史料に関しては、まずカリフォルニア大学バークリー校バンクロフト図書館が所蔵する Japanese American Evacuation and Resettlement Studies が重要である（登録番号 BANC MSS67/14c, マイクロフィルム版もある）。全部で五部に分かれており、第一部 Evacuation and Assembly Centers, December 7, 1941–December 1942, 第二部 Internment in Relocation Centers, 1942–1944, 第三部 Freedom and Individual Exclusion, 1944–1946, 第四部 Statistical Information, 1942–1946, 第五部 Japanese American Evacuation and Resettlement Study Records, 1930–1974 といった形で詳細な目録がある。次は、War Relocation Authority Papers（RG210), Washington Office Records, Community Analysis Section 文書で、File of Director, Resettlement Study, 1942–1946 文書などが含まれている。第三には、Papers of Dillon S. Myer, President's Commission on Immigration and Naturalization, Harry S. Truman Library がある。第四には、Earl Warren Papers, California State Archives がある。第五には、Papers of U. S. Commission on Wartime Relocation and Internment of Civilians（マイクロフィルム版）がある。第六には、公聴会の議事録として、Public Hearings of U. S. Commission "on Wartime Relocation and Internment of Civilians"（マイクロフィルム版、東京大学アメリカ太平洋地域研究センター図書館はプリントアウト版を所蔵）がある。第七には、日系市民協会の機関紙 *Pacific Citizen* があり、日系市民協会の軌跡を知る上で貴重な資料となる。第八には、強制収容された日系人の伝記的データが、Densho Encyclopedia (https://encyclopedia.densho.org) で検索できる。この組織は一九九六年に設立された。第九には、Japanese American National Museum が実施した再定住に関するオーラル・ヒストリーがある。*Re・gen・er・a・tions: Rebuilding Japanese American Families, Communities, and Civil Rights in the Resettlement Era, 2000*（以下、*Re・gen・er・a・tions* と略）.

第一部　中西部・東部への再定住

第一章　米国政府内部の対立——一部収容か一括収容か

一　日米開戦と日系人立ち退きをめぐる論争

パールハーバーの衝撃

一九四一年一二月七日(ハワイ時間)日曜日早朝、日本軍は、米国の太平洋艦隊基地が置かれたハワイのパールハーバーを奇襲攻撃した。同年春から続けられていた日米交渉の打ち切り通告は攻撃より遅れて提出されたため、米国民の間では「だまし討ち(Sneak Attack)」の印象が広まり、怒りが沸騰した。ローズヴェルト大統領は日本に対する宣戦布告を求めて議会で演説し、この日は以後「恥辱の日(Day of Infamy)」と記憶されるだろうと怒りを込めて宣言した。

多くの日系人にとってこの奇襲は文字通り「晴天の霹靂」であった。当時、七歳だったジャンヌ・ワカツキ・ヒューストンは、母親が知らせをもたらした男に「パールハーバーってなんなの?」と聞いたと書いている。父親はその晩、日の丸など「日本とつながりを持っていると思われそうなもののすべてを焼いた」という(ヒューストン、一四頁)。ＦＢＩは、以前から日本への「内通」が疑われるなどとしてリストアップしていた日系一世の指導者約一五〇〇人を拘留、一世を中心とした日本人会は機能停止に陥り、日系の組織としては二世中心の日系市民協会だけが残った(ウィルソン/ホソカワ、一九八頁)。

当時、この日系市民協会の会長であった、弁護士のキド・サブローは後にこう回想している。「天災地変の如く襲い来つた太平洋戦争により、永年血と涙と汗で築いた基礎を根こそぎにされ、一、二世もろとも立ち退きを強いられたことは、全く致命傷でありました」と(新日米新聞社、一五頁(「発刊のことば」))。

しかし、開戦当初から日系人全体の強制立ち退きが決定されていたわけではない。一二月九日付の『サンフランシスコ・クロニクル』紙は、「国内各地で日系市民の一斉検挙がなされている。……しかしこれは、……アメリカ生まれであるか否かを問わず日系人に対して不審の目を向けていいという理由にはならない。……アメリカでは誰に対してであれ、疑心や偏見をあからさまにして感情を害することは許されないのである」と述べていた。また、ローズヴェルト大統領のもとには、シカゴのビジネスマンであるカーティス・B・マンソンの報告書が届いていたが、そこでは、「日本で教育を受けた帰米を除けば、一般的に二世の九〇から九八パーセントは合衆国に忠誠であるとみなされます」と書かれていた(リーヴス、三六―三七頁)。

つまり、日本の奇襲攻撃に激高した米国民であったが、開戦当初は、日系二世の多数は米国に忠誠を誓っており、一部の一世指導者を拘留すれば米国の安全は保たれるという冷静な受け止めをしていたのである。それは、第一次世界大戦の折にドイツ系が激しい排斥を受けたという過去の反省が政府の要人の間にもあったからである。特に、司法長官フランシス・ビドルやＦＢＩ長官のＪ・エドガー・フーヴァーは、日系人の一部拘留で十分という見解であった。それに対して、憲兵隊司令官のアレン・ガリオンは早い時期から一括立ち退きを主張していたが、西部防衛司令官のジョン・Ｌ・デウィットは当初は慎重論者で、一二月二六日にガリオンに対してこう述べた。「この場面で一一万七〇〇〇人の日系アメリカ人を監禁しようとすることが、常識的な措置かどうか非常に疑わしい。米国市民は、結局米国市民である」と（ダニエルズ、六五頁）。

日系人一括立ち退き論の高まり

パールハーバーを視察したフランク・ノックス海軍長官は、一二月一五日ワシントンで記者会見を行い、「もっとも効果的な開戦準備の「第五列」活動があそこで行われた」と語り、日系人のスパイ（第五列）活動が日本軍の奇襲に役立ったと主張した（リーヴス、五一頁）。ＦＢＩの報告ではハワイの日系人によるスパイ活動の証拠はないとされていたから、ノックス海軍長官の発言は、奇襲を防げなかった海軍の責任転嫁の意図があったと思われる。

その上、翌年一月に入り、二日に日本軍が米国の植民地であったフィリピンのマニラを占領するなど東南アジア侵攻のペースが速まると、伝統的な日系人排斥グループがすべての日系人の強制排除を叫び始めた。カリフォルニア州では退役軍人の団体である在郷軍人会（American Legion）支部、熟練工を中心とした労働総同盟（American Federation of Labor, 以下、ＡＦＬと略）支部、農民組合であるグレンジ（National Grange）支部、愛国団体である「黄金の西部生まれの息子たちの会（Native Sons of the Golden West)」や「黄金の西部生まれの娘たちの会(Native Daughters of the Golden West)」、これらの連合体である「カリフォルニア移民連合委員会(California Joint Immigration Committee)」などが主要な日系人排斥団体であった(WRA, 1946A, pp. 8-9)。また、ローズヴェルト大統領に指名され、パールハーバー攻撃を許した原因の調査にあたった最高裁判所判事のオーウェン・ロバーツも、一月下旬に発表した報告書の中で、ハワイの軍司令官の準備不足を指摘した上で、日系アメリカ人の第五列活動があったと、根拠を示さずに指摘した(ダニエルズ、七六頁)。

このような動きに刺激されて、一月三〇日、西海岸選出の下院議員と西部防衛司令官デウィットの会合が行われた。デウィットはそこで、「私は、敵性外国人であるすべてのドイツ人及びイタリア人と、アメリカ生まれであろうと日本生まれであろうとすべての日本人を対象とすることを考えております」と発言した(ダニエルズ、八〇頁)。つまり、デウィットはドイツ人とイタリア人の立ち退きを敵性外国人に限定する一方で、日系人については米国生まれも含めて一括立ち退き論に転換したのであった。しかし、陸軍省の幹部全員が、この時点で一括立ち退き方針を支持していたわけではなかった。司法省のビドル長官は依然として、米国生まれの二世の立ち退きには違憲の疑いがあると考えており、ヘンリー・L・スティムソン陸軍長官もその点を心配していた。彼は、二月三日の日記に「我々は人種を根拠に我が市民を差別できない」と書いていた(Irons, p. 46)。

しかし、憲兵隊の外国人課長であったカール・ベンデツェンは、スティムソンとの会合で、「東洋人を研究してきた人々の大部分によれば、二世の実質的多数が日本に忠誠心を抱き、敵によって支配され、洗脳されており、適当な時に組織的なサボタージュを行う」と述べた(Irons, p. 49)。つまり、ベンデツェンは、むしろ二世の方が危険である点を強調して、二世の市民権を気にするスティムソンを説得したのであった。さらに、二月一二日には、西海岸選出の連邦議員たちがローズヴェルト大統領に書簡を送り、日系人の一括立ち退きを要求した。また、当時カリフォルニア州の司法長官で、この年の一一月にはカリフォルニア州知事に当選することになるアール・ウォーレンは、日系人の間で忠誠組と不忠誠組を区別するのは困難として一括立ち退き論に同調した。

このように、一括立ち退き論が高まる中で、スティムソン陸軍長官やジョン・J・マクロイ陸軍次官補は一括立ち退きを求める大統領令の作成に乗り出した。これに対して、FBIのフーヴァー長官は、二月初めのビドル司法長官にあてたメモで、「一斉退去の必要性は、客観的事実に基づいたものではなく、もっぱら大衆や政治家の圧力から生まれたものだ」と批判した(リーヴス、六二頁)。弁護士出身のビドル司法長官は、市民権をもつ二世の強制立ち退きは違憲の恐れがあると考えていたが、一括退去論に傾いたスティムソン陸軍長官に抵抗するのは無理だと考えた。加えて、著名なジャーナリストであるウォルター・リップマンは、西海岸を視察した後、二月一二日の新聞で「太平洋岸は戦闘地帯であり、場所によっては今にも戦場になる可能性がある。そのような地域に住むべき理由のない人は誰でも、その地域から立ち去るべきである」と主張した(ダニエルズ、九〇頁)。このような結果、ローズヴェルト大統領は、立ち退きを命じる大統領令の作成に賛成した。その結果、二月一九日、西海岸に軍事地域を設定し、そこから立ち退きを命じる権限を陸軍に与える大統領行政命令九〇六六号が発布されたのである。

二　自発的立ち退きの挫折と日系人一括収容の決定

強制立ち退き令の発布

大統領令には日系人の一括立ち退きを明示する規定はなかったが、三月二日、デウィット司令官は、西海岸に軍事地区を指定して、日系人に一括立ち退きを命じた。同時に、三月一一日に陸軍内に戦時民間人管理局(Wartime Civil Control Administration, 以下、WCCAと略)を設置し、長官にはカール・ベンデツェンが就任した。ベンデツェンは、日系人を競馬場などの一七カ所の集合所(Assembly Center, 戦時転住所ができるまでの仮施設)に収容し、自治を認めず、公的な場での日本語の使用を禁止するなど、軍による厳格な管理をめざした。日系人には「持てるだけの荷物」しか許されず、それ以外の家財は短時間の内に二束三文で処分せざるを得なかった。同時に、当初は、西海岸以外の土地に自発的に移住することが許された(戦時民間人再定住・抑留に関する委員会(五二頁)によると、自発的移住者の数は二〇〇五人に過ぎなかった)。

他方、政府内部では、ビドル司法長官やハロルド・L・イッキーズ内務長官など、日系人を軍とは別の民事担当の機関で管理するように主張する者もおり、結局、政府は陸軍ではなく、民事機関として戦時転住局を三月一八日に設立し、日系人の収容を管理させることになった。

四月七日に開催された西部一〇州の知事会議では日系人の移住に関して、コロラド州以外の知事が猛反対し、日系人を軍が管理する収容所で監視するように要求した。これを受けて、戦時転住局と陸

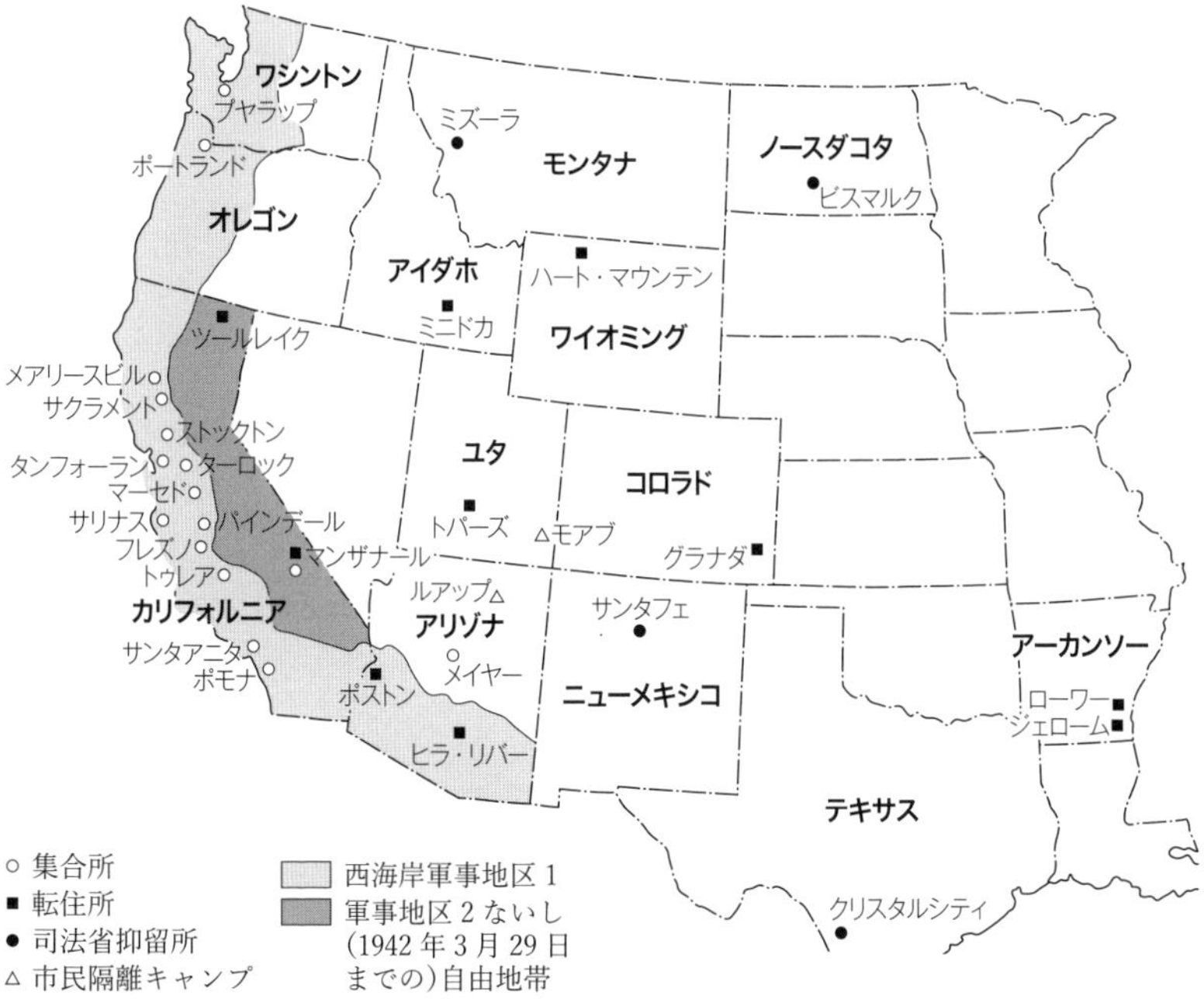

図 1　日系人の集合所・転住所・司法省抑留所・市民隔離キャンプの所在地
(出典：戦時民間人再定住・抑留に関する委員会,『拒否された個人の正義』, 表紙裏)

軍が協議した結果、収容所は軍が治安を担当し、戦時転住局が被収容者の人権に配慮しつつ、早期の出所をめざす運営を行うことになった(WRA, 1946A, pp. 29–30)。

戦時転住局のもとに設置された戦時転住所の運営にあたっては、日本軍が東南アジア侵攻の過程で捕縛した約一万人もの民間アメリカ人や数千人の米兵との交換の可能性という国際的要因も作用していた。戦時転住所に収容された日系一世の国籍は日本であったが、数十年も米国で生活していたため、「捕虜」のカテゴリーとはずれる面もあった。とはいえ、捕虜に関するジュネーヴ協定に基づいて中立国のスペイン大使が戦時転住所を訪れ、日系人の待遇など

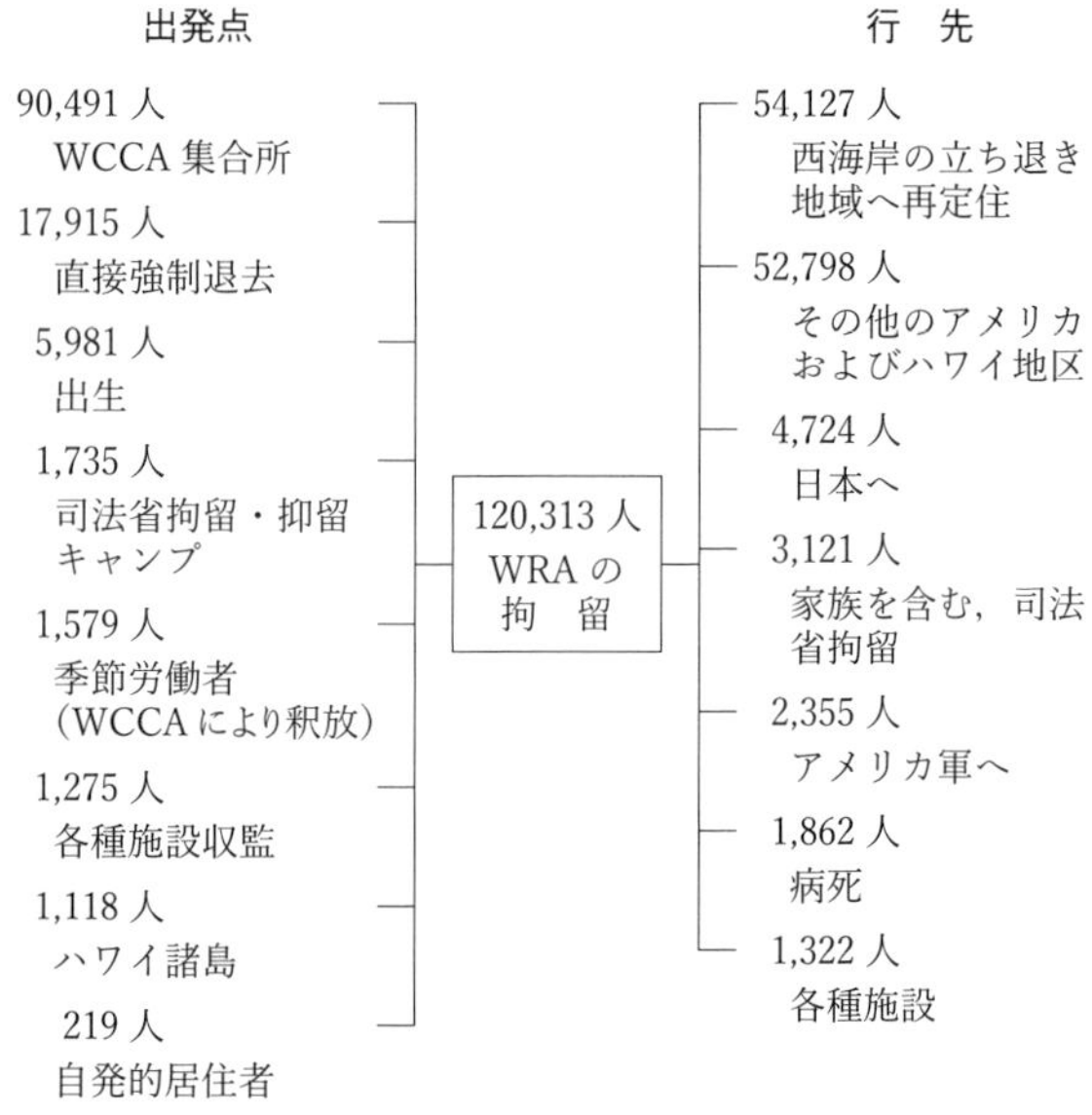

図 2　戦時下日系人の移動分布（出典：図 1 と同じ，104 頁）

について日本政府に報告し、日本政府の意向を米国政府に伝達する仕組みが出来上がった。また、米国における日系人に対する差別は、アジア戦線における米国の同盟国であるアジア諸国の不信を招くという外交上の配慮も作用していた(WRA, 1946A, pp. 17–18)。

戦時転住所の実態

戦時転住所は**図1**のように、シエラネヴァダ山脈やロッキー山脈の中の高地など、夏は酷暑、冬は極寒の地が多い、一〇カ所に建設された。各転住所は有刺鉄線で囲まれ、常時武装した兵隊が監視塔から監視していた。転住所には**図2**のように、集合所から約九万人が移管された他、直接転住所に移った者、司法省の拘留・抑留キャンプから移った者、ハワイから移送された者などが収容され、転住所で生まれた者六〇〇〇人弱を含めて、合わせて一二万人強となった。各転住所には、**表1**のように、一万から二万人が収容された。ポストンが最大で二万人、最小はグラナダ(アマチェ)の八〇〇〇人であった。
各転住所は、図3のようなバラックが立ち並ぶ構造になっていた。各転住所は、三〇―七〇のブロックに分かれ、各ブロックにはバラックが一四くらい建設され、各ブロックに共同の食堂、トイレ、洗濯場、管理人事務所が設置された。各バラックは四軒のアパートに分けられ、各アパートは六×七・三メートルほどの部屋に分けられ、そこに六、七人が収容された。満足な仕切りもなく、日系人たちはプライバシーの欠如に悩まされた。また、黒いタール塗りの紙で覆われたにわか作りの建物には砂嵐が吹き込んだり、極寒の冬には夜通し石炭ストーブを焚かなければ凍死者がでるような簡易住宅であった(ウェグリン、八五頁)。

表1 転住所の所在地と収容人数

名　　称	場　　所	収容人員
中央ユタ(トパーズ)	ユタ中西部	10,000
コロラドリバー(ポストン)		
ユニット1	西アリゾナ	10,000
ユニット2	〃	5,000
ユニット3	〃	5,000
ヒラ・リバー(リバーズ)		
ビュート・キャンプ	中央アリゾナ	10,000
キャナル・キャンプ	〃	5,000
グラナダ(アマチェ)	南東コロラド	8,000
ハート・マウンテン	北西ワイオミング	12,000
ジェローム(デンソン)	南東アーカンソー	10,000
マンザナール	カリフォルニア中東部	10,000
ミニドカ(ハント)	アイダホ中南部	10,000
ローワー	南東アーカンソー	10,000
ツールレイク	カリフォルニア中北部	16,000

出典：図1と同じ，105頁．転住所名は一部修正した．

この戦時転住局の長官には、三月一八日にミルトン・アイゼンハワーが任命されたが、ほどなくして彼は戦時情報局に異動となったため、六月一七日からの後任には同じ農務省のディロン・マイヤーが任命された。マイヤ

図3　マンザナール転住所(出典：U.S. National Archives and Records Administration)

ーは転住所を視察し、転住所は「まともな生活の場ではない、またどんな点からみても、いいものではない、だから立ちのき者をできるだけ早く転住所から出すべき」という部下の意見に同意したという(マイヤー、一九―二〇頁)。元来、マイヤーは、日系人が「告訴も裁判もないまま、集団移動させられたこと」に疑問を感じており、ビル・ホソカワによると、「できるだけ迅速に該当者をキャンプの外に出して、戦時中のアメリカ社会の主流に復帰させてやること」を自分の任務と考えていたという(マイヤー、四頁)。

　しかし、そのようなマイヤーの姿勢は、連邦議会などで日系人の排斥を主張する議員からは日系人を「甘やかしている」と非難され、日系人の管理を陸軍に戻すべきという圧力を絶えず受けることになった。そのため、マイヤーは日系人の忠誠組と不忠誠組を区別し、不忠誠組を厳しく取り締まることで、日系人排斥グループの批判を和らげる努力をすることになった。

三　日系人社会の反応

日系市民協会の立ち退き・収容協力

一九四二年三月八日から一〇日まで、日系市民協会はサンフランシスコで全国評議会を開催し、次の四点を決議した。

一、全日系市民協会会員に対し、勝利を目指して然るべく設置された当局への協力を促すこと、及び外部に対しても同様の路線を推奨すること。

二、日系アメリカ人をあらゆる手段で援助し、士気の維持に貢献し、強制立ち退きの衝撃を緩和すること。

三、強制立ち退きを命じられた者に対する正当かつ人間的な扱いを確保するため、連邦当局との接触を保つこと。

四、日系アメリカ人が善良な市民であることを示すための広報活動計画を展開すること。

この決議を実行するために、事務局長のマイク・マサオカは日系市民協会の本部をソルトレイクシティに移すこと、連邦政府との連絡を密にするため首都ワシントンに自らを駐在させることを提案し、この提案は無事認められた。

会長のキドとマサオカは、この会議で「日系アメリカ人コミュニティーから強制立ち退きへの協力の決定に反対する強硬な抗議が実際上なかったことに驚き、また胸をなで下ろしていた」(正岡/細川、一〇七―一〇八頁)と回想している。

ワシントンに移ったマサオカは、戦時転住局長官のアイゼンハワーに会い、政策提言を依頼された。四月六日に提出した提言の多くが採用されたという。主な内容は、①転住所を米国の「モデル・コミュニティ」とする、②転住所内によい教育設備を整えて、「アメリカニズムの精神と民主的政治過程」を徹底して教える、③日本語学校は、日本文化保持の最も有力な機関となるので、許可されるべきでない、④仏教指導者が政治的・社会的指導者になるべきではない、⑤戦時転住局が検閲した上で、日本語新聞の発行を認める、⑥転住所内で産業を起こし、日系人の経済的自立を図る、⑦市民である二世を、「敵性外国人」(一世)よりも優遇するために、二世に禁止軍事地域以外への旅行の自由を認め、かつ転住所内の自治政府の支配権を二世だけに与えること、などであった(島田、一九九五年、六三—六四頁)。

こうして、転住所では、所内の憲法の制定、二世に被選挙権を限定したコミュニティ評議会の設置、その下に、教育、保健、食料、情報、労働、治安、法律、外交などの委員会を設置した上、司法委員会を設置し、裁判を担当させるなどの自治が推進された(島田、一九九五年、七四頁)。コミュニティ評議会のメンバーは各ブロックから選出され、当初は被選挙権が二世に限られていた。各ブロックの管理人には一世が選ばれることもあった。しかし多くの場合、転住所長など、ワシントン本部から派遣された官僚の決定が優先された。そのため、転住所内の自治といっても限定的であったし、日常、白人のスタッフと交流するのは英語が堪能な一部の二世に限られ、大部分の日系人の間には白人不信が持続したという(Spicer/Hansen/Luomala/Opler, pp. 196, 205)。

日系市民協会以外の諸団体

日系市民協会の幹部は、弁護士、医師などのエリートが多く、保守的であったため、ローズヴェルト民主党政権によるニューディール政策を支持するグループは、一九三八年初めにサンフランシスコやオークランドで「若手民主党二世クラブ」を結成していた。『加州毎日』紙やサンフランシスコの『日米新聞』で活躍していたジャーナリストのラリー・タジリが呼びかけたもので、高校時代から『加州毎日』紙に寄稿し、カリフォルニア大学バークリー校で英語学を専攻していたケニー・ムラセや、家事手伝いをしながら、同校で苦学していたチズ・イイヤマ（後にカリフォルニア大学ロサンゼルス校教授となるハリー・キタノの姉）などが参加した。

ラリー・タジリは、開戦直後に著名な彫刻家イサム・ノグチなどとともに「民主主義のための二世作家・芸術家動員委員会」を結成し、戦争には協力しつつも、日系人の強制立ち退きには反対した。日系市民協会の本部がソルトレイクシティに移転する際には、それに同行し、日系市民協会の機関紙『パシフィック・シティズン』紙の編集者となっている(Densho Encyclopedia による)。

ニューヨークにいた日系人の場合は、日米対立が激しくなる一九四〇年に、日系教会の牧師などによって東部在住の日系人の民主的な扱いを要求する組織が結成された。顧問には小説家のパール・バックや人類学者のフランツ・ボアズなどが参加していた。日米開戦後には「民主主義を求める日系アメリカ人委員会」と名のったが、西海岸の日系人の強制立ち退きが決定されると、内部で論争が表面化した。

一九四二年六月に、社会党党首のノーマン・トーマスが強制立ち退き令に抗議する集会を呼びかけ、日系人の忠誠を審査する機関の即時設置を要求したが、この提案は僅差で可決された。他方、「民主主義を求める日系アメリカ人委員会」のリーダーのテル・マツモトは、日系人の立ち退きを「軍事的に必要」とする決議を提案したが、その決議は否決された。このような日系人立ち退きを肯定する方針に対して、パール・バックは反対を表明している(Robinson, 2012, pp. 183-186)。

つまり、革新的な立場をとる日系人の場合も、多くは反ファシズム戦争の大義を重視して、日系人の立ち退き・収容を是認する立場をとったのである。それは共産党系の場合も同じで、『同胞』誌を発行していたシュージ・フジイは、開戦直後にローズヴェルト大統領に対して米国に忠誠を誓う電報を打ったという。共産党員であったカール・ヨネダの場合は、ブラウダー委員長の命令で日系人党員の党員権停止の処分がくだされたことにショックを受けながらも、反ファシズム戦争への協力を優先させたという。ヨネダは、日系市民協会の幹部が「保守的で、反労働者的」で、日系人の立ち退き・収容に協力するやり方は「事なかれ主義」と反発しながらも、日系市民協会に協力する姿勢を変えなかった(ヨネダ、一六〇―一七二頁)。

例外的に、公然と立ち退き・収容を批判する者もいた。戦中にデンバーで『ロッキー・シンポウ』紙を発行していたジェームズ・オームラがその代表である。彼は、一九四四年にハート・マウンテン転住所で、収容されたままでの徴兵を拒否する「フェア・プレイ運動」が起こると、これを支持する評論を書き続けた。日系市民協会は、日系人の忠誠を示すよい機会として徴兵を支持したから、ジェームズ・オームラの立場は、それとは異なる「抵抗派」を代表するものとなった。その結果、彼は徴兵拒否者とともに、その扇動者として起訴されることになる。裁判でオームラだけは無罪になったが、戦後はジャーナリズムに戻ることができず、造園業の生活をおくり、リドレス運動が起こるまで忘れられた存在になったという(Densho Encyclopedia による)。

転住所内での対立

米国政府の強制収容に協力することを決めた日系市民協会であったが、会員の中には弁護士のミノル・ヤスイのように強制収容を違憲と考え、裁判で争う者もでた。しかし、マイク・マサオカによれば、「ヤスイのせいで我々と連邦当局との間のデリケートな関係が危険にさらされるのではないかと恐れ、彼を批判する激しい声明を出した」という(正岡／細川、一一三頁)。つまり、日系市民協会の指導部が選んだ強制収容への協力路線は、連邦政府への批判の自制という側面を含んでいたのであり、その点が日系市民協会に属さない日系人から強い不満を招くことになったのである。

『拒否された個人の権利』によると、当初転住所に転送された日系人の数は約九万二〇〇〇人で、その七〇%がアメリカ市民である二世であった(戦時民間人再定住・抑留に関する委員会、八三頁)。年齢構成についてはドロシー・トーマスの『救助された人々』に詳しい調査結果がでている。**図4**はその結果を図示したものであるが、一世男性の年齢の中央値は五五歳、一世女性は四七歳、二世全体の中央値

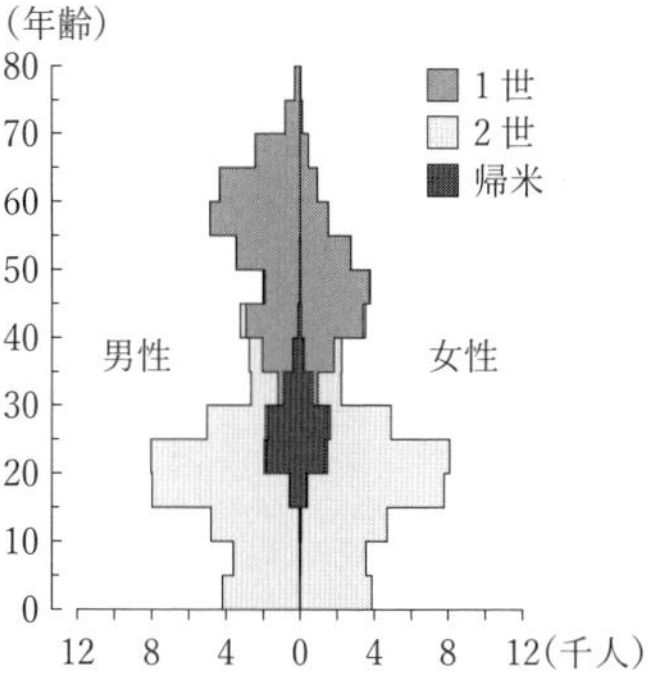

図4　日系被収容者の世代別・年齢構成(1942年)(出典：Thomas, 1952, p. 18)

は一七歳であった。また、二世の中で青少年期に日本で教育を受けて、米国に戻った者(帰米)は約九八〇〇人で、その八割以上が六年以上日本で就学していた(Thomas, 1952, pp. 64-65)。

このように、収容当時の日系人の間では一世と二世の年齢差が大きかった。それは、一世の男性は一九世紀末から二〇世紀初めに単身で渡米した者が多く、一世女性は「写真花嫁」として一九〇八年から一九二〇年に集中して渡米した者が多かったためである。その結果、二世が生まれたのは主として一九二〇年代以降となったのであった。

日系市民協会は会員の資格を米国市民に限定していたので、二世以降が会員の対象であった。収容当時、会員は約二万人、全米に三〇〇支部をもっていたという(WRA, 1946A, p. 5)。しかし、二世の多数はまだ未成年が多く、日系市民協会の会長のキドは収容当時四〇歳、事務局長のマサオカに至ってはまだ二七歳の若さであった。

他方、開戦後多くの一世の指導者が逮捕され、司法省の拘留・抑留キャンプに入れられていたため、一世中心に組織されていた日本人会は解体に追い込まれる。その結果、一世は独自の組織を失った状態になった。また、一世の多くは明治期に教育を受け、年長者優越的な倫理観を持っていたので、若者である二世を優遇する戦時転住局の運営方針に強い不満を抱いた。さらに、一世や帰米二世の中には日本の勝利を願う親日感情を抱く者もおり、彼らからすると当局に協力する日系市民協会の幹部は内通者=「イヌ」と軽蔑され、しばしば暴行をうけ、それを契機に暴行者が逮捕され、転住所内の紛争の原因となった。

四　日系人部隊発足の請願と暴動の発生

日系人部隊創設の提案

一九四二年一一月末、日系市民協会はマイヤーの了解をえて、代表者会議をソルトレイクシティで開催した。そこで、マイク・マサオカは日系人への選抜徴兵法の適用復活を請願するように提案した。日米開戦によって、当時軍籍をもっていた約五〇〇〇人の二世の大半が除隊させられ、以後、日系二世は「国籍もしくは祖先のために兵役に不適格」とみなされていたのである。マサオカは提案の趣旨をこう説明した。

「戦争に勝って私たちがふたたび通常社会に復帰しようとしたときに、必ず問われることは「戦争中、お前は一体何をやったんだ」ということでしょう。もしこの質問に対して、我々も彼らと一緒に勝利を得るために戦った、この勝利は私たちの勝利でもあるのだ、と答えられないとしたら、成功し、受け容れられるチャンスも小さなものになることでしょう。我々には選抜徴兵が必要であります」(正岡／細川、一三六頁)。

このマサオカの提案は日系市民協会の代表者会議で採択された。従軍によって命がけで国家への忠誠を示し、差別の撤廃を図ろうとしたマサオカの方針は、後に述べる日系人部隊の活躍で米国民の対日系人イメージが一変したことを思うと、効果的な方針提起だったといえるだろう。

しかし、日系人の命に関わる従軍という重大な決定を、日系人の一団体にすぎない日系市民協会だけで決定し、米国政府に請願しようとしたやり方は民主的とは言えなかった。案の定、ポストン転住所に戻った会長のキドは覆面をした男たちに襲撃され、一カ月の入院を余儀なくされた(リーヴス、一四七頁)。この頃には、他の問題でも日系市民協会への反発が強まり、暴行事件が発生している。犯人が逮捕されると、今度はその釈放を求めて騒動になった。ポストンでは犯人逮捕をめぐってストライキが発生し、調停の緊急委員会が発足したが、メンバーのほとんどは一世であった。交渉の結果、犯人が釈放され、紛争は平和裏に解決したが、マイヤーは、原因が収容の長期化にあると判断した(マイヤー、四八―五〇頁)

マンザナール転住所では、一九四二年一二月六日、日系市民協会のフレッド・タヤマが襲撃され、料理人組合のメンバーが逮捕された。この人物は白人の厨房長が食材を横流ししていると告発していたのであった。その釈放を求めた集会では「君が代」が斉唱され、内通者の一掃が提起された。集団行動を組織したのがジョセフ・クリハラやハリー・ウエノであった。この抗議行動はエスカレートし、暴動に発展したため、ラルフ・メリット所長は戒厳令を敷いて軍隊を導入、軍隊の発砲で若者に死者がでるまでになった(Hayashi, p. 134)。

この二つの騒動の発生に対して、連邦議会の上院では、日系人の管理を陸軍に戻す提案が出されたが、その背景には在郷軍人会の圧力があった(マイヤー、七八頁)。また、マイヤー長官も、この騒動を通じて不忠誠組への不信感を強め、不忠誠組だけを隔離転住所に入れる意向を強めたという。また、陸軍も隔離転住所の設置を要求するとともに、忠誠組の出所に関しても厳重な審査を要求した。その結果、一九四三年初めには戦時転住局、海軍情報部、陸軍情報部、憲兵司令長官室の代表からなる日系アメリカ人合同委員会(Japanese American Joint Board)が設置されることになる(Hayashi, pp. 138–139, マイヤー、一一四頁)。

日系人志願部隊の発足

一九四二年七月半ば、陸軍省内ではマクロイ次官補を中心に、日系人部隊の結成がアジア太平洋戦線への宣伝効果を持つとして検討が始まった。その際、統合部隊にするか、日系人だけの分離部隊にするかが問題になったが、宣伝効果を重視し、分離部隊を志願によって募集することになった。一一月末にはマイク・マサオカから日系人への選抜徴兵の再適用の請願がだされたが、陸軍省は忠誠組に限定した志願による結成を決定した。この方針に対して西部防衛司令官のデウィットは反対を表明した。なぜなら、「もし日系アメリカ人が陸軍に従軍できるくらい十分に忠誠であるとしたら、彼らは西海岸に居住できるくらいに忠誠なのではないか」という疑念が米国民の間で発生すると考えたからであった(Hayashi, p. 140)。

日系人の強制収容を決定した一九四二年二月の時点では、西海岸の日系人排斥団体や西海岸選出の政治家、デウィット西部防衛司令官などの日系人排斥グループの主張に押されて、日系人全体の強制立ち退き・収容を決定したローズヴェルト政権であったが、兵員の補充やアジア太平洋戦線での宣伝効果を考え、日系兵の募集を検討し始める。その結果、日系人排斥グループとの対立が表面化し始めたのであった。このような矛盾は、そもそも収容した日系人の管理を陸軍ではなく、民事機関の戦時転住局に委ねた時点から始まっていたのだが、マイヤー長官は米国に対する忠誠を表明した日系人の早期出所を目指したため、日系人排斥グループから一層反発を招いた。

一九四三年一月二九日に、スティムソン陸軍長官は日系人部隊の結成を発表し、その趣旨を「国家挙げての戦争時に武器を持つことは、その出自を問わず、全国民に固有の権利である。この権利の自主的履行が阻害された場合には、人事を尽くして迅速にそれを解決しなければならない」と述べた。また四日後、ローズヴェルト大統領は、スティムソンの決定を支持してこう声明した。「わが国の建国時の、またそれによってわが国がこれまで統治されてきた基本原則は、アメリカ魂は心の問題だということである。アメリカ魂は、決して人種や祖先を意味するものではない」と(リーヴス、一七二頁)。

つまり、ローズヴェルト政権の中枢は、戦時下では人種や祖先による差よりも「国民」としての一体性を重視する姿勢をしめしたのであり、それは、日系人の強制隔離時に示した人種差を優先する姿勢の修正を意味したのである。

忠誠登録と日系人社会の分断

日系人志願兵部隊の結成が決定された後、陸軍省は志願兵を募る前提として日系人の米国への忠誠を審査する必要があると考え、戦時転住局に忠誠登録の実施を依頼した。戦時転住局も、忠誠を表明した日系人の出所＝再定住の促進を考えていたので、忠誠審査が必要と考え、それに協力した。その際、用意された書類は「出所申請書」と題され、二世の兵士対象者だけでなく、一七歳以上の全日系人が対象となった。その質問の中でとくに問題となったのは次の二七項と二八項であった。

二七項　あなたは、命令された場合、どこであっても、合衆国軍の戦闘任務につく意思があるか。
二八項　あなたは、アメリカ合衆国に無条件で忠誠を誓い、国内外の攻撃から合衆国を誠実に防衛し、日本国天皇や他の外国政府・組織に対するいかなる形態の忠誠や服従をも拒否するか。
(Thomas/Nishimura, 1946, p. 57)

この二項目も含めた形で忠誠登録が一九四三年二月から三月にかけて、全転住所で実施された。その結果、**図5**の通り、二八項に対するノーや登録拒否、つまり米国政府に忠誠を誓わない回答が全転住所の一世で九%、二世で二八%を記録した。とくに、ツールレイクでは、一世・二世ともにノーが多く、マンザナールでは二世の反対が多いのに、一世の反対は少なかった。二七項の従軍の意思に関しても二世でイエスと回答する者を、政府は全転住所で三五〇〇人くらい出ると期待していたが、一二〇〇人にとどまった(Thomas/Nishimura, 1946, pp. 61-63)。この結果は、強制収容のなかったハワイでは一五〇〇人の募集に対して、九五〇七人もの志願者がでたのと対照的であった(島田、二〇〇四年、八七頁)。

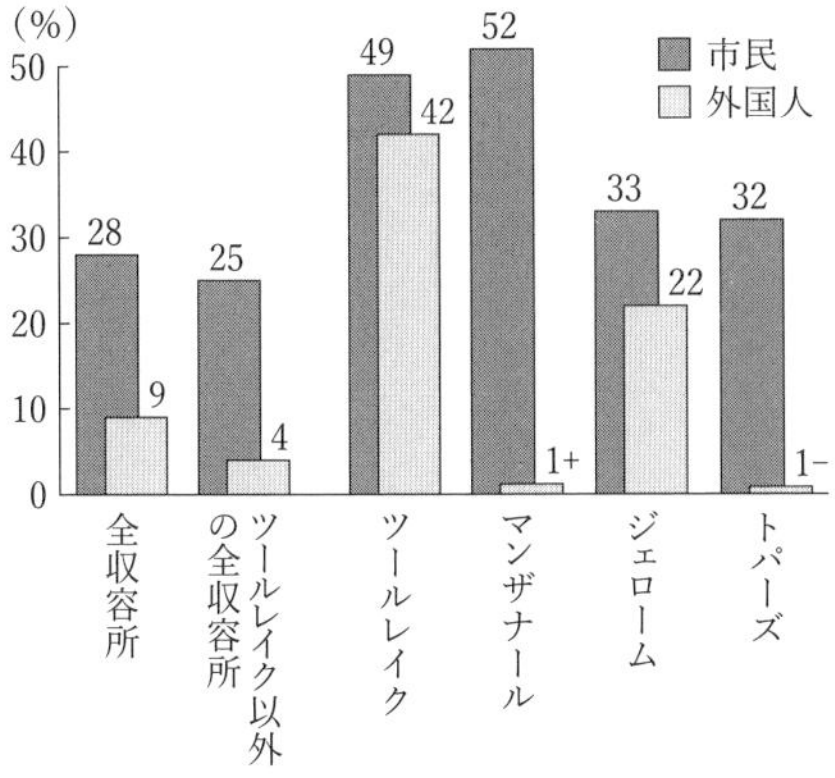

図5　忠誠登録第28項に対するノー回答者と登録拒否者の転住所別・国籍別分布(1943年2-3月)(出典：Thomas/Nishimura, 1946, p. 63)

この二七項と二八項にノー回答をしたノー・ノー

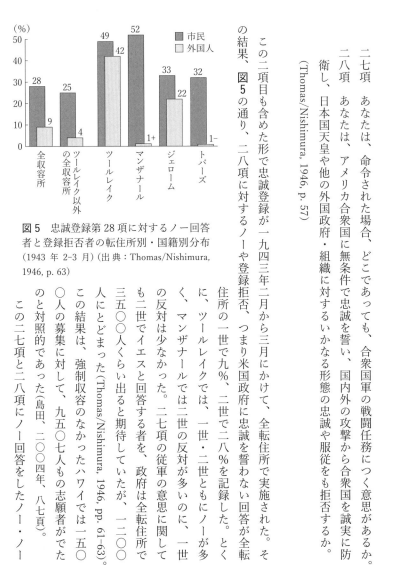

組は「親日派」とみなされ、ツールレイク隔離転住所に集められた。彼らは、市民権を放棄して、戦後は日本に送還される人々として切り捨てられることが多かった。これに対して、トパーズ転住所では、回答の前提として、陸軍省に対して送付された質問状が一九四三年二月一五日の『トパーズ・タイムズ』紙に公表され、そこでは、日系人の公民権の完全な回復と家族の保護を回答の前提とするように要求していた。つまり、強制収容で土地・財産を失い、鉄条網で囲われた転住所からの従軍要求への反発があったことが分かる。

全転住所で実施された調査によると、日本の勝利を信じ、戦後には日本に帰ることを希望した親日派もいたが、それだけではなく、①二世の場合は、イエスと答えれば従軍を強制される恐れから、②一世の場合は、米国政府がアジア系移民に対して帰化権を認めないため、何年米国に居ても米国市民権はとれないのに、日本への忠誠を拒否すれば、無国籍になる恐れがあったこと、③子供の従軍や出所により家族がバラバラになる不安、④病気がちで出所を不安視したなど、回答の理由は多様であった。二世にノー回答の比率が高かった原因には、市民である自分を何らの裁判や審問手続きもなしに強制収容しておいて忠誠を問うという、そのやり方への怒りがあった(Thomas/Nishimura, 1946, pp. 64–72)。

このような忠誠登録に対する日系人の強い反発に慌てた戦時転住局は、一世に対する二八項の内容を「あなたは、合衆国の法律を守り、合衆国の戦時活動を妨害するような行動をとらないことを誓うか」と改定した(Thomas/Nishimura, 1946, p. 61)。しかし、日系人の反発はおさまらなかった。元来、従軍の対象外であった一世に二七項のような従軍の意思を問う質問をしたこと自体、いかにこの忠誠登録が杜撰なものであったかを物語っている。また、二世を対象とした志願兵の募集と、一世、二世の両方を対象とする出所＝再定住の適格者の選定という、目的の異なる登録を合体させたことも混乱の原因であった。

その点を、マイヤーは回顧録で「忠誠に関する質問では、当局はひどいへまをやらかした」と他人事のように指摘している。また、その影響についてはこう語っている。「忠誠登録がごたごたし、どんどん転住所の外へ再定住する動きがみられ、在郷軍人会とか西海岸の新聞といった日系アメリカ人に敵意をもやしている集団がますます駆けずりまわるようになると、たいていの転住所では住民が緊張しただけでなく、いさかいもまたひどくなった。忠誠登録と兵役志願について賛否両論の演説会が開かれた。ブロックでも家族のなかでも、意見がちがうもの同士が、ものすごくにらみ合う場面もみられるようになった」（マイヤー、六二—六三頁）と。

五　ツールレイクの隔離転住所化

転住所間の移動

忠誠登録が終了すると、戦時転住局はイエス・イエス組の出所＝再定住を一層促進するようになった。それに対して、デウィット司令官やＷＣＣＡ長官のベンデツェン大佐は猛反対した。「ジャップはジャップだ」という思想に凝り固まっていた両人は、日系人が転住所から出て、米国の主流社会に同化することはありえないと考えていたからである。

しかし、日系人部隊の創設に踏み切ったスティムソン陸軍長官やマクロイ次官補は、従軍によって日系人の忠誠心を証明し、主流社会への同化を促進しようと考えていたため、デウィットらの頑迷さに頭を痛めるようになった。その結果、一九四三年九月にデウィットは首都に呼び戻され、後任にはハワイの軍司令官であったデロス・エモンズ中将が任命された。エモンズは、ハワイにおける日系人の一括収容に反対した人物であり、日系人の米国に対する忠誠を信じていた人物であった。この人事異動は明らかに、日系人の転住所からの出所=再定住の加速を意味した(リーヴス、二〇八頁)。

他方、ノー・ノー組は、「厄介者」視され、ツールレイク転住所に集められることになった。一九四三年七月初めに上院で隔離を要求する決議が可決されたのを受けて、戦時転住局はノー・ノー組の比率の高かったツールレイク転住所に全転住所のノー・ノー組を集めることを決定した。九月になり、ツールレイク転住所にいたイエス・イエス組、約六二五〇人が他の転住所に転出、代わって他の転住所のノー・ノー組、八六〇〇人が編入する。しかし、ツールレイク転住所に残った六〇〇〇人の中には移転を面倒がって在留した者もあり、後に対立が表面化した(Thomas/Nishimura, 1946, pp. 104–106)。

一一月初め、ツールレイクで農業労働者を乗せたトラックが転倒し、一人が死亡する事故が起きた。その補償が不十分だった上、レイモンド・ベスト所長が葬儀の開催を拒否したため、農業労働者はストに突入した。おりしも、ツールレイク転住所をマイヤー長官が訪問していたため、スト指導者はツールレイク転住所の幹部の辞職をマイヤー長官に要求し、「人間バリケード」で管理事務所を包囲した。話し合いは無事終了したが、スト破りへの食糧供給を阻止しようとして小競り合いが発生すると、完全武装した軍隊が介入、戒厳令が敷かれ、転住所は陸軍の管理下に置かれることになった。捕虜の保護を規定した条約の定めに従って、スペイン領事が事情調査に訪れる中、営倉に入れられた日系人指導者はハンガー・ストライキで抵抗する。対立が膠着状態に入る中で、一九四四年一月、住民投票が実施され、元来、ツールレイク転住所にいた旧住民を中心とする話し合いによる解決を主張するグループの意見が多数となり、陸軍が転住所から撤収した(ウェグリン、二〇三—二三八頁)。

議会ではツールレイク暴動をめぐり戦時転住局の責任を問う声が高まった結果、一九四四年二月に、独立した民事機関であった戦時転住局は内務省に移管され、ローズヴェルト政権内の実力者であるイッキーズ内務長官の下にマイヤーが服することになった(マイヤー、二五四頁)。

選抜徴兵制の適用と徴兵拒否運動の発生

ハワイ出身者で結成された第一〇〇歩兵大隊や米国本土の日系志願兵も加えて再編された第四四二連隊が訓練やヨーロッパ戦線における実戦で優秀な成果をあげたことをみて、陸軍省は一九四四年一月、日米開戦以来停止していた、日系人への選抜徴兵法の適用を復活させると発表した。日系市民協会もそれを要求していたため、多くの日系人は徴兵に応じた(ミューラー、二〇〇四年、八八頁)。しかし、徴兵令の場合、忠誠登録でノー・ノーと回答した者でも、米国市民であれば徴兵を拒否できなくなるため、日系人の間で波紋が広がった。

この動きに対して、ハート・マウンテン転住所では、五〇代半ばの二世であるキヨシ・オカモトを中心として、徴兵を拒否する「フェア・プレイ委員会」が結成された。三月一日に発表されたパンフレットでは、「徴兵の前にわれわれの権利を完全に回復すること」を要求し、最終的に八五人が同調した。戦時転住局の統計によると、ハート・マウンテン転住所から従軍した者は三八五人であり、徴兵拒否者は八八人と計上されている。募兵対象者(両者の合計)で割ると、徴兵拒否は約一九%となる。全転住所では、従軍者が三六〇〇人、拒否者が三一五人で、拒否者の比率は八%となるので、ハート・マウンテンでは倍以上の拒否者がでたことになる(WRA, 1946B, p. 128)

また、日系市民協会が日系人収容に協力したことを紙面で厳しく批判していた『ロッキー新報』紙のジミー・オームラは、このフェア・プレイ委員会の活動を支持し、詳細に報道した。これに対して、五月一〇日に、連邦起訴陪審はフェア・プレイ委員会の幹部七人とオームラを徴兵拒否の共同謀議罪で起訴した。検察官に対して、日系市民協会のジョー・マサオカとミノル・ヤスイが徴兵拒否者の情報を提供したという。ヤスイは弁護士で、自ら強制収容の違憲性を裁判で係争中の身であったが、徴兵拒否には反対する立場をとった。また、マイノリティの人権保護の活動を主導していたアメリカ自由人権協会は、徴兵拒否者には「道徳上の言い分はあるものの、法的根拠はまったくない」として、弁護を拒否した(ミューラー、二〇〇四年、一〇四―一三二頁)。

このように、アメリカ自由人権協会でさえ、徴兵拒否裁判の被告の弁護をためらったことは、先進的な人権擁護団体でも、戦時下の愛国主義の壁を打ち破るのが極めて困難だったことを物語っている。ハート・マウンテン転住所で徴兵を拒否した抵抗者に対して、一九四四年一一月、フェア・プレイ委員会の幹部は懲役四年、ジャーナリストのオームラには無罪の判決がくだされ、有罪者は転住所ではなく、刑務所に収監された(ミューラー、二〇〇四年、一六二頁)。

ツールレイク転住所でも二七人の徴兵拒否者がでた(ミューラー、二〇〇四年、九〇頁)が、それ以上に市民権の放棄を要求する申請者がでた。それは、強制収容、収容下の忠誠登録の強要、ノー・ノー組の隔離転住所への集中などが重なり、米国に愛想が尽きて、一世の場合は日本への本国送還(repatriation)、二世は米国籍なので国外追放(expatriation)を希望する者が増加したためである。同時に市民権を放棄すれば、徴兵の対象から除外されると考えた者もあった。

ツールレイク転住所で戒厳令が発動されたのを見て、連邦議会では、暴動に加わった二世の市民権を剝奪すべきとの意見が浮上し、一九四四年七月に市民権放棄法が成立した。ツールレイク転住所では一九四四年一二月から翌四五年三月にかけて、五三七九人もの市民権放棄希望者がでた(村川、二〇〇七年、二一〇―二一一頁)。これは、何の罪もない市民を裁判もなしに拘留するのは違憲であると訴えたエンドウ事件で最高裁が違憲判決を下した時期であるとともに、この判決を予想した陸軍省が西海岸からの日系人の立ち退き令を撤廃した時期でもあった。この撤廃を受けて、戦時転住局は転住所の六カ月から一年後の廃止を宣言した。その結果、ノー・ノー組の日系人は転住所から追い出され、敵対的な外部社会に投げ出されるとの恐怖を抱いて、一斉に市民権放棄に走ったと言われている(村川、二〇〇七年、二一一―二一三頁)。

六　西海岸からの日系人立ち退き令の撤廃

一九四四年六月、サイパン島に米軍が上陸すると、日本本土への爆撃が可能となり、日本の敗色は一層濃厚となった。その結果、日系人を西海岸から立ち退かせる「軍事的必要性」はなくなったとの意見が強まった。デウィットに代わって西部防衛司令官に就任していたエモンズは、六月初め、選抜された日系人の西海岸への復帰を認める提案を陸軍省に送っている。同月、陸軍省・司法省・内務省やその他の関係機関は、西海岸からの民間人立ち退き令を撤廃する時がきたという見解で一致した。しかし、ローズヴェルト大統領の周辺では、一一月初めの大統領選挙への影響を懸念する声があがり、決定は大統領選挙後に延期された(マイヤー、一六〇―一六六頁)。

一一月の大統領選挙ではローズヴェルトが再選され、一二月一七日に晴れて翌年一月二日からの立ち退き令の廃止が宣言された。戦時転住局も、立ち退き令撤廃後の六カ月から一年の間に転住所を閉鎖する方針を明らかにした。マイヤーは最終段階の再定住方針を明らかにし、その第一目標を「転住所の住民をまともな社会での私生活に戻すこと」と明記した(マイヤー、一七〇頁)。

戦時転住所は、マイヤーに言わせると、誤った判断で収容された日系人をできるだけ早期に主流社会に復帰させる「途中駅」の役割を果たしたことになる。それは、日系人の西海岸からの永久的な追放を主張した西部防衛司令官のデウィットのような、人種差別的なグループとは異なる路線であった。事実、戦時転住局は、絶えずこれらの日系人排斥グループから「日系人に甘すぎる」と非難され、陸軍の管理に戻すように主張されていた。その意味で、マイヤーの路線は、日系人の出所＝再定住を促進することで、日系人の主流社会への同化を進める路線であったと言えるだろう。

この路線は同化を推進する日系市民協会のようなグループには歓迎されたが、代償も伴っていた。つまり、収容に協力した人々の場合でも、鉄条網に囲まれ、常時武装兵に監視され、犯罪者のように扱われた日々は屈辱であった。それゆえ、政府に協力する場合でも、屈辱の思い出を抑制し、「仕方がない」と自分に言いきかせたという証言が多い。その上、後に述べるように、戦時転住局は、中西部や東部に再定住した日系人に対して、日系人だけで固まらず、日本語の使用も自重するように指導する「分散的再定住政策」を推進した。換言すれば、戦時転住局は、戦前に日系人が排斥されたのは、「リトル・トウキョウ」のように集住して、民族文化を維持したからだと認識していたのである。その結果、再定住した日系人はできるだけ日本文化や収容体験を忘却する努力を強いられることとなり、それが彼らのトラウマになっていったのである。

さらに、忠誠登録で「ノー・ノー」と回答した日系人にとっては、ノー・ノー回答の動機は様々であったにもかかわらず、彼らは「親日派の厄介者」と断定され、市民権放棄や日本への送還へ追い込まれていったのであった。つまり、彼らにとって戦時転住局による措置はまさに「強制収容所」体験とみなされるものだったのである。

＊＊＊

この章では以下の点を述べた。日系人の立ち退き・収容を強行したローズヴェルト政権内部では、当初は陸軍省が主張した日系人の一括収容説が優勢となり、西海岸に居住していた二世を含む日系人が一括して立ち退きを命令された。しかし、司法省などでは市民権をもつ二世も含めた収容には違憲の疑いがあるとする慎重論もあったので、日系人の収容は陸軍ではなく、民事機関としての戦時転住局を新設して対応することになった。

その後、一九四三年一月にマクロイ陸軍次官補が推進した日系人部隊の創設が発表され、従軍の前提として米国への忠誠登録が要求されると、日系人は「忠誠組」と「不忠誠組」に別れ、両者の間では深刻な対立が発生した。日系人部隊の創設に強く反対した西部防衛司令官のデウィットは解任され、ハワイで日系人の強制収容の実施を阻止したエモンズが西部防衛司令官に就任した。

このように、ローズヴェルト政権内部では、当初は、開戦直後の戦時ヒステリーの世論に押され、一括収容説に基づいて立ち退き令が発せられたが、戦時転住局が設置された後は、米国に忠誠な者の出所や従軍を奨励する方向に転じていった。しかし、連邦議会では、人種偏見に基づく一括収容論者が多かったので、戦時転住局の方針はしばしば連邦議会から反発を受けた。そのため戦時転住局は「不忠誠組」の取り締まりを強化する姿勢で対応していった。結果として、戦時転住局は、「忠誠組」には好意的だが、「不忠誠組」には「冷酷」という二面性をもつことになったのである。そこで、第二章では「忠誠組」を中西部や東部に再定住させる政策の展開過程をみることにしよう。

第二章　中西部・東部への再定住の始まり

一　再定住政策のディレンマ

思えば、戦時転住局とは不思議な組織である。発足当初から日系人の出所＝再定住の促進という、いわば自己解体的目標を掲げていたからである。しかし、戦時転住局は一九四二年三月の発足から、一九四六年六月の廃止まで、四年強にわたって存続したことになる。それは、再定住政策が予想外に難航したためであった。

表2と**図6**は、ドロシー・トーマスの『救済された人々』に掲載された再定住者数の時期的変化を表したもので、表2の数値をグラフにしたのが図6である。再定住者数が劇的に増加するのは、一九四四年一二月に西海岸からの立ち退き令の撤廃が発表されてから、翌四五年八月に日本が敗戦するまでの時期であることが分かる。西海岸への復帰が始まった一九四五年一月から一九四六年三月までの合計は八万一七〇五人となる。一方、再定住が始まった一九四二年七月から立ち退き令が撤廃される直前の一九四四年一二月までは、専ら中西部と東部への再定住に限られており、その合計は三万五五九

表2　転住所からの出所者数の変遷（1942年6月-1946年3月）

月	年次と人数				
	1942	1943	1944	1945	1946
1月	-	431	1,278	1,200	2,277
2月	-	552	1,384	2,076	2,258
3月	-	906	1,813	2,316	2,806
4月	-	2,114	2,066	2,860	
5月	-	2,537	1,943	3,702	
6月	-	2,183	1,987	5,331	
7月	18	1,591	1,766	5,013	
8月	67	2,160	2,033	8,547	
9月	188	1,824	1,355	15,126	
10月	206	1,160	976	14,053	
11月	193	877	1,009	8,792	
12月	194	643	535	5,348	
計	866	16,978	18,145	74,364	7,341
			1942-1946合計	117,694	

出典：Thomas, 1952, p. 615.

八九人で、西海岸への再定住の約半分となる。

つまり、中西部・東部への再定住は、長い期間をかけて少しずつ進行したのに対して、西海岸への再定住は短期間に大量に行われたことになる。戦時転住局は、戦前の日系人排斥の原因が日系人の西海岸への集住にあると考え、再定住にあたっては、日系人を西海岸以外に移住させる「分散的再定住政策」を推進したが、それは部分的にしか成功しなかったことが分かる。

戦時転住局の報告書によると、再定住が始まった当初は、再定住先での就職や住居の確保が条件となっていたため、出所まで数週間から数カ月もかかるのが一般的であった。また、戦時転住局は再定住に積極的だったものの、一九四二年末にはポストンやマンザナールで騒動が発生したため、国内の治安に責任を持つ陸軍やFBIは慎重姿勢を崩さなかった。そこで、一九四三年初めには関係機関の間で日系アメリカ人合同委員会が設置され、個別に再定住の可否が審査されるようになった。また、戦時転住局は、シカゴに地方事務所を設置し、再定住者のための就職や住居の世話をするようになっ

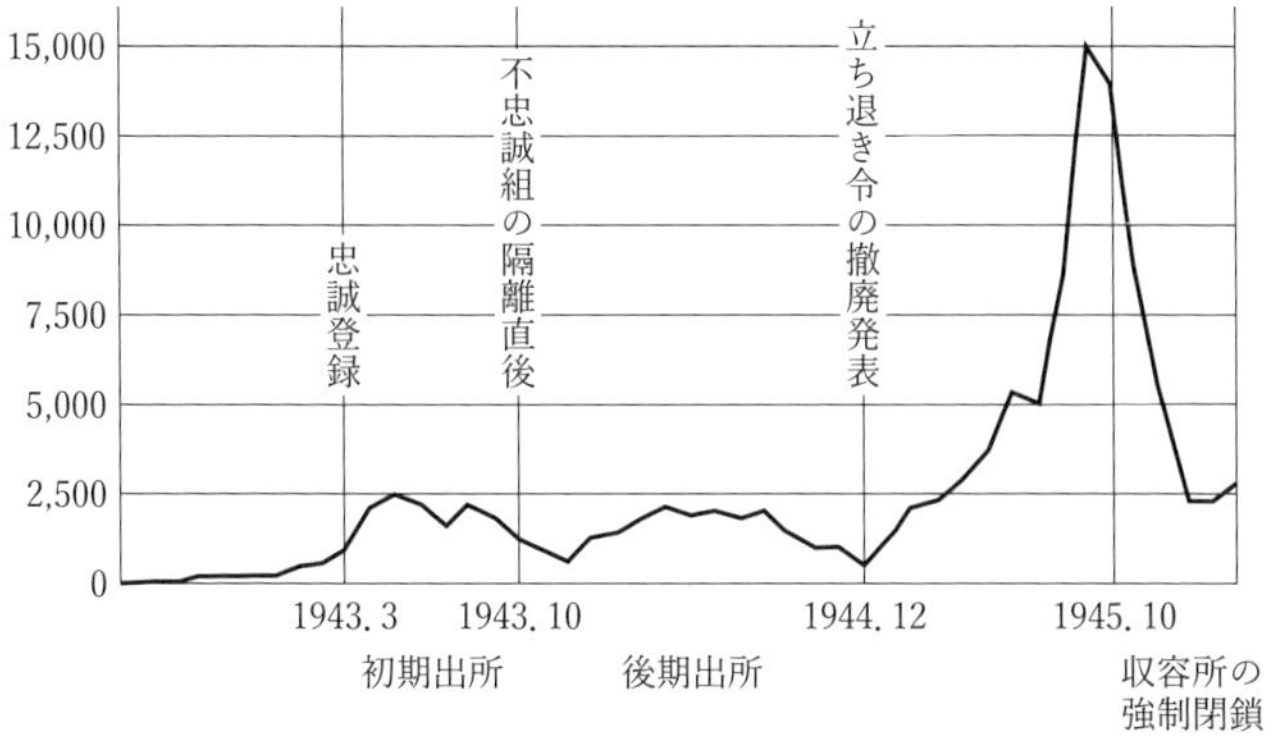

図 6　転住所からの出所者数の変遷(1942 年 6 月-1946 年 3 月)
(出典：Thomas, 1952, p. 114)

た。その後、このような地方事務所は、クリーヴランド、キャンサスシティ、ソルトレイクシティ、デンバー、ニューヨークにも設置された(WRA, 1946A, pp. 132-133)。

一九四三年二—三月に実施された忠誠登録によって、イエス・イエス組が明確化し再定住が本格化した。また、強制立ち退きの際、多くの日系人が財産を失ったが、転住所内の家賃や食費は無料で、所内労働で月一二から一九ドルくらいの賃金を得られたものの、貯金できる余裕はなかった。そこで、一九四三年三月以降は戦時転住局が、再定住先への交通費と当座一カ月間の滞在費を支給することになった(WRA, 1946A, pp. 132-134)。また、一〇月には戦時転住局内に再転住部が設置され、翌四四年冬から各転住所で説明会が開かれた(Spicer/Hansen/Luomala/Opler, p. 189)。

一九四二年後半の出所者は九〇〇人弱であったが、その大部分は英語が堪能で、「アメリカ化」が進んだ、一八—三〇歳の二世の若者であった。また、大学卒でクリスチャンの非農村出身者が多かったという(Daniels/

Taylor/Kitano eds., p. 126)。

それは、都会出身者や高学歴の方が「アメリカ化」しやすかったからであるとともに、日系人の再定住を支援した団体にはキリスト教系が多く、キリスト教徒の方が受け入れられやすかったということも影響していた。しかし、問題は、当時の日系二世の中で、大学卒でクリスチャンの都会出身者がどれだけいたか、という点にある。

表3は、一九四二年の収容時点で戦時転住局が行った調査結果に基づいて、収容される直前の日系人の就業構造を示したものである。

表3　日系立ち退き者の就業構成(%, 1942年, WRA調査)

	合計	2世		1世	
		男	女	男	女
専門職	2.8	2.6	3.4	2.1	4.5
半専門職	1.2	1.5	1.4	1.0	0.7
管理職	9.7	8.4	2.7	14.8	7.7
事務職	5.7	4.0	19.8	1.6	1.9
販売職	10.2	13.3	16.3	4.9	8.6
家事手伝い	7.0	2.2	20.8	4.1	8.8
食堂・下宿関係	7.0	3.5	7.5	7.8	15.0
その他のサービス業	1.0	0.6	0.06	2.1	0.28
農業	36.8	38.0	16.1	46.2	33.9
漁業	0.8	1.1	0.06	1.1	0.2
熟練工	5.6	5.9	3.9	6.2	5.1
半熟練工	8.7	15.6	4.6	5.2	7.0
不熟練工	3.3	3.2	2.8	2.8	6.3
合計(%)	100.0	100.0	100.0	100.0	100.0
合計(実数)	87,677	29,116	15,975	33,955	8,631

出典：WRA, 1946B, pp. 76-78. 原表では，職種毎に3段階に分けて表示しているが，本表では職種毎にその合計を出し，平均値を算出した．

表にある通り、全体の三六・八%は農業従事者であった。また、管理職、事務職、販売職、食堂・下宿関係は農村近郊の小都市にあった日系人経営のレストラン、小売店、ホテルなどの小規模自営業も含むので、農村的性格をもっていたし、客はほとんど日系人に限られていた場合も多かった。そうなると、実に半分近くが農村出身者的な性格を帯びていたと考えられる。

次に、**表4**は同じく一九四二年時点での信仰状況を示したものである。最も多いのは仏教徒であり、二世の場合でも四八・七％を占めている。プロテスタント教徒は、二世の場合三二・六％であり、カトリック教徒を入れても、クリスチャンは全体の三分の一を占めるに過ぎない。また、**表5**から最終学歴をみると、二世の場合、米国の一―二年修了者が二六三〇人で全体の調査者数七万人の三・八％、米国の三―五年以上修了者が二世では一六二七人で、わずか二・三％にすぎない。また、二世の中には日本の学校を修了した者が六五〇九人もおり、調査対象の二世の総数、三・二万人の二〇％に及ぶ。いわゆる帰米の存在がここから確認できる。

要するに、大学卒業者で、クリスチャンで都会出身者の母数は当時の日系二世の中でも少なかったのであり、戦時転住局は、中西部や東部という日系人があまり居住していない未知の土地に安心して派遣できる候補者が少ないという悩みを抱えていたのである。

また、若い二世としては、高齢化した親や幼い弟や妹を転住所に残して出所することになるので、ためらいを感じる者も多く、両親の説得に苦労した者もあった。特に、若い女性の場合、未知の場所に単身で乗り込むわけであるから、反対する親も多かった。例えば、モニカ・ソネの『二世娘』には、シカゴのプレスビテリアン教会の牧師からの提案でシカゴの歯科医の事務として働くことを決意したモニカに、

表4　日系立ち退き者の信仰状況（%，1942年）

	合計	2世	1世
仏教	55.5	48.7	68.5
プロテスタント	28.9	32.6	21.9
カトリック	2.0	2.4	1.2
その他	0.4	0.2	0.7
不明	13.2	16.1	7.6

出典：WRA, 1946B, p. 79.

両親がしぶしぶ賛成したというシーンが描かれている(Sone, p. 217)。

二　日系人の再定住を支援した一部の白人たち

キリスト教指導者の支援

再定住が許可されるためには就職口と住居の確保が前提とされていたが、その条件をクリアするには移住先の民間人の協力が不可欠であった。そこで、戦時転住局は、民間人による日系アメリカ人再定住委員会を各地に組織してもらうことにした。その第一号が一九四二年秋にミネアポリスで発足し、一九四三年末には二六団体にまでなった(WRA, 1946A, pp. 139-140)。この委員会の結成には、米国キリスト教の宗派を超えた全国組織である、連邦教会評議会(Federal Council of Churches)、国内宣教団(Home Mission Board)、北米外国宣教会議(Foreign Missions Conference of North America)が協力し、各地の信徒に職探しや日系人の受け入れを要請した(Daniels/Taylor/Kitano eds., p. 126)。

ただし、キリスト教会は、当初、開戦直後の愛国的雰囲気の中で日系人の強制収容の重大さに気づかないケースが多く、ようやく少数の教会が気づき始めるに至るのは一九四二年の春から夏にかけてであった。多くの教会は「ジャップの恋人」と揶揄されるのを恐れて、口をつぐんでいたという。例えば、『ク

(1942 年，WRA 調査)

1世			
合計	米国	日本	その他
23678	358	23320	–
10977	1061	9916	–
716	282	434	–
1182	514	668	–
1615	–	–	1615
38168	2215	34338	1615

表5　日系立ち退き者の学歴状況

		合計				2世			
		合計	米国	日本	その他	合計	米国	日本	その他
小中学校入学者		28512	2681	25831	–	4834	2323	2511	–
高校入学者		33376	19676	13700	–	22399	18615	3784	–
大学	1-2年修了	3458	2912	546	–	2742	2630	112	–
	3-5年以上	2911	2141	770	–	1729	1627	102	–
不明		1753	–	–	1753	138	–	–	138
合計		70010	27410	40847	1753	31842	25195	6509	138

出典：WRA, 1946B, p. 80より作成.

リスチャン・センチュリー』(特定の宗派に属さず、革新的な立場から発行していたプロテスタント系の新聞)紙は日系人の強制立ち退きについて、「今やすべての教会が自らを鼓舞し、国民に対して、悲劇的な誤りが進行中であり、……その方法は非民主的であり、アメリカの伝統に一致せず、正しくないと明らかにするときである」と主張したが、それはようやく一九四二年六月になってからであった(Daniels/Taylor/Kitano eds., p. 125)。

このように、多くのキリスト教会は、日系人の強制収容を批判することに立ち遅れていたのであるが、日本での宣教活動経験者は、当然、早くから強制立ち退き・収容に怒りを感じ、日系人の支援を始めていたのである。

石井紀子の研究によると、一九四四年三月時点で、訪日宣教師三〇〇人中、日系人を支援した者は約二割にあたる六三名(男性一九名、女性四四名)であった(石井/今野編、一三七頁)。例えば、ハーバート／マデリン・ニコルソン夫妻は、日本で二五年宣教活動に従事した後、一九四〇年に米国に戻り、翌年から西ロサンゼルスで日系メソジスト教会の牧師となった。ニコルソンの自伝によると、当時の米国の日系教会における「唯一の白人牧師」であったという。ニコルソンは、開戦直後に日系一世の指導者がＦＢＩに逮捕された時点で、他の日系人を公平に扱うよう、ロサンゼルスの教会連合などでアピールしたが、日本人全体が「下劣漢だ」としてとりあってもらえなかったという（ニコルソン、一九―二〇頁）。

日系人が転住所に入れられた後は、転住所内に教会を設立すべく、ニコルソンは説教壇、ピアノ、讃美歌などを届けるとともに、日系人各人から必要品を聞いて配達したり、日系以外の多くの教会から一万個のクリスマス・プレゼントを集め、転住所に届けたりした。また、一九四四年三月にはマクロイ陸軍次官補に会い、日系人を徴兵する前に西海岸への帰還を認めるように請願した。その折、マクロイは日系人排斥の請願は数多く手元に来るが、帰還を許す請願が少ないので増やすようにニコルソンに依頼した。ニコルソンが教会関係者にアピールした結果、一五万通もの請願がマクロイのもとに届いたという（ニコルソン、一一七、一二八、一五六―一五八頁）。

また、神戸女学院の第五代院長を務めたシャーロット・Ｂ・デフォレストは、一九四四年六月から四五年一二月まで、マンザナール転住所でジュニア・カウンセラーをつとめた。日本語が堪能であったので、政府機関からも勧誘があったが、それを断り、あえて日系人に寄り添ったという。マンザナール転住所に行くきっかけは、日本ＹＷＣＡの総幹事を務めた友人のマーガレット・ディルズが、マンザナール転住所の福祉部長をしていた縁であった。しかも、マンザナールでは熊本、東京（明治学院）、三重、朝鮮などで宣教活動をしていたアメリカ人と再会したという。一九四五年三月にはマイヤーに対して日系人立ち退き令の違憲性を訴え、ツールレイク隔離転住所で発生した大勢の市民権放棄者に対する審問にあたっては通訳を買って出た。その中で、彼女は日本人の天皇崇拝の性格や死者の神格化の意味など、日本文化の機微に立ち入った通訳をした。そうした結果、仏僧の永富信常のように、国外追放処分が解除され、一九五八年には全米仏教協議会の事務総長に就任したのち、ハーヴァード大学神学部の教授になり、仏教徒とキリスト教徒の対話に尽力することになる人物を援助することにもなった。デフォレストは、その他、市民権放棄者の中には日本送還を希望しているのではなく、家族離散を避けるために主張した者もいることに気づき、彼らには米国での再定住を勧めたという(石井、五一─一七頁)。

陸軍で情報活動に従事した日系人が戦後に結成した北カリフォルニア協会では、二〇〇六年に「感謝プロジェクト」として、戦争中に日系人を支援した多くの白人の活動を発掘した本を発刊した。その中に、クレアモントの女子大で歴史学の修士号を取得し、カリフォルニア州のコンプトン高校で教師をしていた、クェーカー教徒のヘレン・エリーのことが記載されている。彼女は、教え子の日系人が転住所に入れられると聞いて胸を痛め、自ら志願して、マンザナール転住所の歴史学の教員になった。一一年生(高校二年生)に米国憲法を教えた時には、転住所こそ社会科の生きた教材になると考え、生徒たちが憲法上の権利を奪われていることを教えたという。彼女は、また、外部社会に支援を求めるアピールではこう訴えた。「これらの子供たちやその家族の再定住問題は我々の問題であり、我々の責任でもあります。……あなたが知ったこれらの子供たちに手紙を書いてください。親しい人々からの手紙は士気の向上を意味します。何度も子供たちは「家に帰れた」友達からの手紙を我々に持ってきました。その手紙でニュースを知っただけでなく、自分たちが覚えてもらっていたことで感動したのです。本とか雑誌を送ってください」と。その後、一九四二年一二月に発生したマンザナール暴動を目撃した彼女は、転住所の学校が休校になる中で、ハーバート・ニコルソンが玩具をクリスマスプレゼントとして持ってきたことで、転住所の雰囲気が好転したと証言している(Seigel, pp. 93–104)。

同じ本の中で、強制収容が始まった頃に、南カリフォルニアのラジオ局で収容反対を訴えたジョージ・K・ロスという人物が紹介されている。彼は、大学時代の日系人の友人を通じて、日系人が勤勉で、勉学意欲が高く、犯罪率が低いことに注目していた。日系人の強制立ち退きの機運が高まると、「合同市民連合」を結成し、二世実業家の寄付でラジオ番組を買い取り、強制収容に反対するキャンペーンを行った。しかし、日系人収容の強行後、ロスはカリフォルニア州議会の非米活動委員会から喚問され、番組を買い取った日系実業家の名前を明かすように追及されたが、回答を拒否したため、議会侮辱罪で起訴され有罪判決を受けた。戦後、ロスは、大学などでの教職を目指したが、前科があるとして断られ、苦しい生活を強いられた。ロスが苦境にあることを知った日系市民協会はロス支援基金を立ち上げ、生活の支援をしたという(Seigel, pp. 29–42)。

アメリカの原則とフェア・プレイ太平洋岸委員会の発足

西海岸では「アメリカの原則とフェア・プレイ太平洋岸委員会(Pacific Coast Committee on American Principles and Fair Play)」の活動が注目される。この組織は、開戦前の一九四一年一〇月、日米対立の激化で日系人への暴力事件の発生が憂慮される中で「日系市民・外国人へのフェア・プレイに関する北カリフォルニア委員会」として発足した。日系人の強制収容が決まった時点では、西海岸の軍事地区からの日系人の立ち退きを支持したが、①立ち退きの管理機関は軍でなく、民事機関とすること、

②外国人と市民の排除は軍事的必要と一致した最小限のものとすること、③外国人や市民の扱いで正義と人道という民主的原則が疎かになる場合は反対すべき、と宣言している。そして、一九四三年一月から組織の名前を「アメリカの原則とフェア・プレイ太平洋岸委員会（以下、フェア・プレイ太平洋岸委員会と略）」と改称し、本部をサンフランシスコに置き、臨時の事務局をカリフォルニア大学バークリー校のYWCAに置くことにした。主な活動は、連邦政府に協力し、西海岸の日系人排斥グループに対抗して日系人に関する正しい情報の宣伝に尽力することだった。また、マイノリティ問題に関心を寄せる市民統一評議会（Council for Civic Unity）や全国黒人地位向上協会（National Association for the Advancement of Colored People）とも協力して活動を行った。

この委員会では、カリフォルニア大学バークリー校総長のロバート・G・スプロールが名誉議長となり、諮問委員会にはスタンフォード大学学長のレイ・L・ウィルバー、カリフォルニア工科大学学長のロバート・ミリカンなどが参加した。また、長年、日本で宣教活動をしたガレン・フィッシャーが財務委員長補佐になった。フィッシャーは、日本基督教青年会同盟から『青年会讃美歌』を刊行したり、一九二三年には日本におけるキリスト教的な改革運動を紹介した本を刊行していた。第二次世界大戦中に日系人の強制収容を批判する論稿を『クリスチャン・センチュリー』誌などに数多く発表し、日系人の救済に貢献した人物である。

事務局長に就任したルース・キングマンは、一九〇〇年に、メソジストの牧師の父とフランス系ユグノーの母の間に生まれた。家庭では人種偏見を持たぬように教育されたという。サンフランシスコの高校時代やカリフォルニア大学バークリー校時代にも多くのアジア系の学生と交流があった。卒業後、上海での宣教活動を通じて知り合ったハリー・キングマンと結婚、帰国後、カリフォルニア大学バークリー校のＹＭＣＡで活動する中で、友人のボブ・オカマツが強制収容されることになり、日系人が残していかざるをえなくなった財産目録の作成や保管を夫ハリーとともにおこなったという。夫のハリーはカリフォルニア大学バークリー校のＹＭＣＡの総書記をしており、同校の日系学生が強制立ち退きさせられてゆく姿を見て、妻とともに救援活動に乗り出したのであった①。この委員会については、後に詳しくふれることにする。

三　日系学生の転校と農業労働者の一時出所

日系学生の転校

一九四二年の卒業式にあたり、カリフォルニア大学バークリー校のスプロール総長は、成績優秀につき総代に選ばれたハーヴェイ・イタノについて式辞でこう語った。「彼は今日、私たちと同席することはできません。彼の国が彼をどこかに連れて行ったのです。イタノ氏は薬学分野を志望しています」と(Seigel, p. 214)。

スプロール総長は「どこか」と婉曲に語ったが、それは「集合所」のことで、イタノは強制収容されたために卒業式には出られず、郵送で卒業証書を受け取ったのであった。イタノはバークリー校を卒業後、カリフォルニア大学サンフランシスコ校への進学が決まっていたが、強制収容で入学許可が取り消され、全国日系アメリカ人学生転住評議会(National Japanese American Student Relocation Council)の世話で、ジェスイット系のセントルイス大学に進学することになった。

何とか卒業できたイタノだったが、後輩たちは学業の途中で退学を余儀なくされる危険に直面していた。その状況を目の当たりにした大学関係者は、西海岸の大学に在籍していた日系学生を中西部や東部の大学に転校させる計画を考えた。

一九四二年三月二一日、カリフォルニア大学のＹＭＣＡで会合がもたれ、転校を調整する組織の必要性が強調された。その結果、西海岸転住委員会が組織され、全国ＹＭＣＡやＹＷＣＡから資金援助を得るとともに、政府に対して日系人の一括立ち退きでなく、潜在的な危険性のある者だけの立ち退き政策に変更するように提言した。この提言が無視されると、委員会は転校計画の実施に注力し始める。同様の動きはシアトル、ポートランド、ロサンゼルスでも始まっていた。スプロール総長は、日系学生が将来の日系人社会のリーダーになる人材であることを重視して、連邦政府に奨学金をだして、中西部などの大学に転校できるように援助を要請した(O'Brien, p. 61)。

四月に入ると、クリーヴランドで国務省の留学生諮問会議が開催され、この場で、アラン・ブライスデル(カリフォルニア大学バークリー校のインターナショナル・ハウスの事務局長)とロバート・オブライアン(人種関係を専攻していたクェーカー教徒の若手研究者、一九四五年に日系学生の転校問題で博士論文を作成)が日系学生の窮状を訴えた。この頃になると、日系学生の問題が広く知られるようになっていたので、五月五日、陸軍次官補のマクロイは、クェーカーのアメリカ・フレンド・サーヴィス委員会(American Friends Service Committee, 以下、ＡＦＳＣと略)の事務局長、クラレンス・ピケットに日系学生の転校問題を民間団体の努力で解決するように依頼した。ピケットが五月二九日にシカゴで招集した会合には、全国ＹＭＣＡ、ＹＷＣＡ、日系市民協会、ＡＦＳＣ、政府機関の代表が出席し、全国日系アメリカ人学生転住評議会の結成を決定した。ハートフォード神学校長のバーストウが全国代表に選ばれ、メンバーには、スタンフォード大学学長のウィルバーの他、西海岸の諸大学の学長だけでなく、カリフォルニア大学バークリー校教授のポール・テイラーやドロシー・トーマスも参加した。ＹＭＣＡからはハリー・キングマンが参加した(O'Brien, pp. 62–63)。

この評議会には戦時転住局も協力することになった。転校希望の学生をまずＦＢＩがチェックし、その許可がでた学生の出所を戦時転住局が了承すると、中西部や東部の大学に照会し、転校が決定するという手順だった。その際、日系の親たちは立ち退きの過程でほとんど財産を喪失していたので、奨学金の確保が不可欠であった。そこでコロンビア財団、カーネギー財団、ＹＭＣＡ、ＹＷＣＡ、ＡＦＳＣなどから寄付が寄せられた。また、日系の親の場合、息子の大学進学には熱心だが、娘は手元に置きたがる傾向が強く、その説得が必要になった。さらに、日本で初等中等教育を受けた帰米の扱いも微妙だった。評議会としては平等に扱う原則であったが、ＦＢＩなどから許可をえることが困難だった(O'Brien, pp. 65–76)。

評議会が行ったアンケート調査(一〇〇〇人)では、転校希望の学生の七五%はクリスチャンであったという。転校先はキリスト教系の大学が多く、地元の教会がバックアップしたためクリスチャンの方が有利であった。しかし、日系人の間では仏教徒の方が多かったので、仏教徒の学生に不公平感が残った。また、日系学生は保健医療・工学・経営学など実学系の学部のある総合大学を希望する者が多かったが、総合大学は軍事研究に関係している場合が多く、陸軍省はそうした大学への日系学生の入学は許可しなかった。その結果、希望の学部のない小規模大学に行かざるを得ないケースもでた(O'Brien, pp. 77-84)。

また、日系学生の転校においては、地元の理解を得ることも課題だった。例えば、ミズーリ州のパークス大学の場合、学長が七人の日系学生の受け入れを表明したが、在郷軍人会や市長が反対したという。他方、グラナダ(アマチェ)転住所からシカゴのジョージ・ウィリアムズ大学に転校したドロシー・タダの場合は、地元でも歓迎された。マイノリティ問題に関心があった彼女は、シカゴ大学のレッドフィールド(人類学者でメキシコの先住民研究の開拓者)の推薦を受け、当時ナッシュビルのフィスク大学にいたロバート・パーク(人種関係を専門とする社会学者で、後にシカゴ学派をリードする研究者となる)の下で勉強する機会をえた。卒業後は、シカゴのYWCA全国本部のスタッフとして働いた後、ニューヨーク大学の大学院に進学したという(Girdner/Loftis, pp. 337-338)。

この全国日系アメリカ人学生転住評議会は、四年間で五五二二人の学生の転校を世話したという。転住所に入れられ、将来への希望を失っていた日系学生にとっては、必ずしも希望の大学ではなかったとしても、曇天に陽光を見た思いであっただろう。転校が実現した学生は卒業後もその地で就職したケースもあったので、戦時転住局がめざした日系人の分散的再定住政策に沿った効果を上げた面もあった。**表6**は日系学生の在籍大学の地域別分布を年次別に比較したものであるが、一九四一年と比較して、一九四五年には中西部の大学が大幅に増加し、ニューヨークを含む大西洋岸中部も増加している。太平洋岸は一九四三年に一時減少したものの、一九四五年には再び増加しており(O'Brien, pp. 111-116)、戦後には一層増加したので、分散的再定住政策の効果は学生の転校面でも一部にとどまっ

表6　日系学生の転校先の地域分布

地域	大学数			学生数		
	1941	1943	1945	1941(%)	1943(%)	1945(%)
太平洋州	88	10	70	3,259 (92.3)	65 (4.4)	632 (22.0)
ロッキー山脈州	11	35	39	73 (2.1)	562 (37.6)	443 (15.5)
中西部州	45	135	200	119 (3.3)	634 (42.4)	1,332 (46.5)
南部州	9	33	34	11 (0.3)	76 (5.1)	86 (3.0)
大西洋岸中部州	22	49	76	48 (1.4)	119 (8.0)	286 (9.8)
ニューイングランド州	11	17	29	20 (0.6)	37 (2.5)	91 (3.2)
合計	186	279	448	3,530(100.0)	1,493(100.0)	2,870(100.0)

出典：O'Brien, p. 116.

たと言えるだろう。

総じて、この日系学生の転校政策は、戦時転住局が推進した同化政策の成功例として評価されることが多いが、アラン・オースティンは、日系学生の中西部や東部への転校は、それらの地域の大学にいた白人学生にとっては初めての日系学生との交流であり、むしろ白人学生の「多文化体験」を助長する効果があったと主張する。また、日系学生の側も、日系文化を忘却して、米国の主流社会に同化したケースばかりではなかったという。例えば、大学卒業後も家族とともにフィラデルフィアに残ったスミコ・コバヤシは、後に日系市民協会の支部リーダーとなり、一九五二年からは米軍の事務官として日本で勤務、帰国後は、フィラデルフィアにおけるフォーク・フェアに参加したり、汎アジア系協会に加盟して、リドレス運動を推進したのであった(Austin, pp. 166–171)。

農業労働者の季節的出所

既に述べたように、一九四二年四月初めに開かれた西部諸州の知事会議では日系人の受け入れに猛反対する知事がほとんどであった。戦時転住局は陸軍が常時監視する転住所に日系人を収容することで、西部諸州の知事の了解を得た。ところが、その会議が終了して一週間もたたない内に、山岳州の砂糖ダイコン業者などから、日系人を農業労働者として派遣するように求める依頼が殺到したという(マイヤー、一〇一頁)。

要するに、第二次世界大戦中の米国では多数の青年が派兵された関係で、多くの産業で労働力不足が表面化していたのである。特に、農業部門では人手不足が深刻で、メキシコ政府と米国政府間で「ブラセロ計画」という協定を結び、契約労働者の導入が図られたほどであった。しかも、西海岸で農業に従事して成功していた日系人が多かったことは広く知られていたので、特に、収穫期の季節労働者として期待されたのであった。つまり、日系人を激しく排斥する団体もあれば、労働力として歓迎する団体もあったのである。

一九四二年末までに約九〇〇〇人の日系人が期限付きで山岳州の農場で働いたが、その勤勉ぶりは評判になったという。同年九月二日の『デゼレット・ニュース』紙は「もし日本人労働者がいなかったら、ユタ、アイダホ両州の最上の収穫のほとんどが掘り返されなければならなかっただろう」と書いた。他方、カリフォルニア州では日系人排斥の機運が強く、メキシコ系約二万人が動員されたという(マックウィリアムス、二一三頁)。

四　中西部・東部への恒久的再定住の始まり

農業労働者の一時的な出所計画が成功したので、マイヤー長官は中西部や東部への日系人の恒久的な再定住計画の実施を決断した。特に忠誠登録でイエス・イエスと回答した者については、出所の安全性が証明されたものとして、再定住を促進することになった。まず、コロラド州デンバーやユタ州ソルトレイクシティのような転住所から近隣の地域への再定住が始まった。両都市には、一九四二年二月に立ち退き令が出て、自発的な立ち退きが認められていた期間に日系人が自主的に立ち退きを始めていた。特にデンバーは日系人の「避難のメッカ」といわれ、立ち退き令発布前の一九四〇年には三二三人だったところ、一九四五年末には五〇〇〇人に達していた。ただし、一九四五年一月から西海岸が開放されると減少し始めた。一九四六年半ばには三〇〇〇人に減少したので、戦時中の一時避難所的な性格があった。デンバーでは農場労働、食品加工・流通の他、集住した日系人相手のホテル、レストラン業などが発展した(WRA, 1947, p. 134)。

ユタ州の場合は、一九四〇年の時点ですでに二二一〇人が居住しており、戦中には一時一万人に達したこともあった。それが一九四七年初めになると、二〇〇〇人に減少したので、多くが西海岸に戻ったと思われる(WRA, 1947, p. 143)。

しかし、これらの州では日系人が急増した当初、強い反発もあらわれた。コロラド州では「ジャップが我々の公正な土地を買おうとしている」といった危機感が高まり、一九四四年一月には知事に対して外国人の土地購入を禁止する州民投票を求める動きが始まった。激しい論争が展開されたが、投票の結果、提案は否決された(Girdner/Loftis, pp. 532-533)。一九四三年一月には日系の志願兵部隊が発足しており、日系人排斥の声は徐々に減少し始めていたことが影響していたと思われる。

シカゴでは、一九四〇年に三九〇人しかいなかった日系人が、一九四六年末には一・五万から二万人になっていた。戦時転住局は一九四二年末から地方事務所を開設し、シカゴへの再定住を推進した。それは、既に大都市であったシカゴで戦時の経済ブームが発生しており、労働力の不足が指摘されていたからであった。大戦直後の時期における中西部で日系人口の多い都市をみると、クリーヴランドが三〇八九人、デトロイトが一六四九人、ミネアポリスが一三五四人、シンシナティが六一六人などで、シカゴが突出して多いことがわかる(WRA, 1947, pp. 145–146)。

中西部には製造業を中心として発達した都市が多かったが、製造業では、AFLなどの熟練工組合が日系人を排除していたため、日系人が労働者として働くのは難しかった。それに対してシカゴの場合は、流通業や運送業が発達し、事務職の需要が多かったため、日系人が就職するチャンスは大きかった。事実、戦時転住局による戦時中の調査によると、一万二〇〇〇人の日系人被雇用者のうち、自営業や専門職(医師など)は六分の一に過ぎず、他の六分の五は二〇〇〇余りの非日系企業に雇用されていたという。

事務職の場合、戦前には日系人はなかなか就労できなかったが、シカゴでは女性の速記者や秘書、販売員などは男性より需要が多かったという。製造業でも日系人が雇われるケースがあり、農業機械の製造で有名なインターナショナル・ハーベスター社の工場には二五〇人が雇われている。賃金は、終戦で下がったとはいえ、週五五ドルほど(WRA, 1947, pp. 146–148)で、転住所内での月二〇ドル未満の給料に比べれば魅力的であった。このような好条件が噂となり、一層、シカゴに日系人が集まったという。製造業の場合、戦前では熟練工組合が非白人の雇用に反対していたが、戦時中には軍需工場におけるアフリカ系に対する雇用差別が禁止され、それが日系人にも好影響を与えたと思われる。

戦後になると、シカゴから西海岸に戻った者もでたが、残留を決めた者も多かった。ノボル・ホンダはこう証言している。カリフォルニアの「農業コミュニティは収入が季節によって非常に変動したが、シカゴでは一年を通してビジネスができる。……それがシカゴに残った理由です」(2)。一方、シカゴでは就職は比較的容易だったが、住宅探しが大変で、当初は公営住宅に入れてもらえず、アフリカ系の居住地域の境界に居住した。戦時転住局は、当初、仏教寺院の設立を許さなかったため、墓地の確保も大変だったという。

総じてシカゴに住み着いた者は「冒険心に富んだ革新派」だったとの指摘もある。また、マサコ・オサコは、シカゴ残留者は、日本文化を忘却して米国社会に同化したというより、日本文化にある勤勉さやきれい好きの性格が雇用主や家主に評価され成功したとして、シカゴ日系人の成功は同化主義より文化多元主義的に解釈すべきと主張している(Osako, pp. 410, 425-426)。

東部には、約六〇〇〇人が再定住した。ニューヨーク市には一九四〇年でも既に二〇八七人が居住していたが、一九四五年七月には三〇〇〇人がニューヨークに再定住している。その七割は二世であった。ニューヨーク市に元来住んでいた一世の場合、ホテルやレストランなどの単純労働につくケースが多かったが、再定住してきた二世の場合、高学歴者が多かったこともあり、サービス業や熟練職に雇用されるケースもあった。二世の女性の場合は、事務職や衣服工場の工員になるケースもあった(WRA, 1947, pp. 159-161)。日系人の移住に関して革新的と思われたニューヨーク市長のラガディアが日系人を受け入れるホステルの建設に反対を表明したが、イッキーズ内務長官が「人種差別」と非難した。その結果、ホステルは一九四四年五月に開業し、二五人の二世が入居したという(Girdner/Loftis, p. 352)。

また、ニュージャージー州のシーブルック農場の冷凍食品工場では、労働者不足のため転住所までスカウトが訪れ、住宅付きで日系人の雇用を働きかけた結果、ここだけで二六〇〇人もの日系人が雇われている。しかも、その中には、司法省の敵性外国人拘置所から出所した者や、中南米から強制的に米国に連行され、帰国できなくなって雇われた者もいたという(Girdner/Loftis, p. 348)。

南部に再定住する者は少なかった。南部ではジムクロウ制というアフリカ系に対する差別制度が存在しており、そこに日系人が移住すれば、激しい差別に直面することが予想されたからであった。

このように中西部や東部に再定住した日系人の場合、戦前の西海岸では不可能であった事務職や製造業へも就業が可能になり、収入も増えた者が多かった。それでも、既に述べたように、出所希望者はあまり増加しなかった。そのため、戦時転住局は、先行して中西部や東部に再定住した人々の成功例を宣伝する活動に力を入れることになる。特に、転住所への残留を希望する傾向の強い一世への働きかけを重視した。例えば、一九四五年二月には「一世達の新家庭」と題するパンフレットが作成され、一三人の事例を紹介して再定住を促進した。そこには、「……満足な地位に到達する前には随分ひどい経験を舐めて来た者もあるが、転住した事を残念がって居る者は一人もない」と書かれていた。ここで紹介されたケースの多くは、二世の子供が先行して再定住し、生活基盤を築いた上で、親を呼びよせ、親も何らかの仕事について満足している事例であり、近隣の白人たちとも良好な関係を築いていることが指摘されていた。(3) それでも多くの一世は重い腰をあげなかった。それは長年住み慣れた西海岸に復帰したいという思いが強かったからであるが、同時に、西海岸では日系人排斥の動きの再燃が伝えられ、その不安から転住所残留に固執する者が多かったためである。

＊＊＊

本章では、戦時転住局による日系人の中西部や東部への再定住促進の過程を検討した。この過程では、戦時転住局が当初期待したほどには再定住者は増加しなかったが、シカゴなどで新たな日系人社会が誕生した他、戦前の西海岸では考えられなかった事務職や製造業への就職も可能になった。また、日系人の再定住は、キリスト教徒で、大卒で、都会出身者が有利であったが、当時の日系人の間ではこのタイプは限られていた。それでも、これらのタイプの日系人はキリスト教会など地元の白人たちの支援を受けて、新生活を開拓していった。とくに、強制収容によって西海岸での大学生活を中断された日系人の学生にとって、大学や教会関係者が親身になって、中西部や東部の大学への転校を援助したことは彼らの学業継続のみならず、卒業後の就職にも大きな意味をもった。戦時転住局は、日系人の強制収容を担当した部署であったが、同時に、このような日系人の生活再建を援助した機関でもあったのであり、それを民間で支えた白人の教会や大学関係者が存在したのである。

他方、強制収容された日系人に関わった白人の中では、戦時転住局に勤務し、政策提言を行った白人の学者も存在した。彼らはどのような役割を果たしたのだろうか。次章で明らかにしよう。

注

（1） Ruth Kingman, *Oral History Project*, University of California, Berkeley, Bancroft Library, Regional Oral History Office, Vol. II, 1976.

（2） *Re・gen・er・a・tions*(Chicago), 2000, pp. xxix, xxxv-xxxvii, 285.

（3） 「1世の新家庭」(和文)、D769. 8A6U645 Vol. 6, Document Department, Main Library, University of California, Berkeley.

第三章　なぜ学者たちは日系人収容に協力したのか

一　コミュニティ分析課の設置

長官から各転住所の所長まで、戦時転住局のトップ達のなかには、先住民の管理を担当したインディアン事務局(Bureau of Indian Affairs)に関連した人物はいたものの、それまでほとんど日系人との交流はなかった。そのため、収容された日系人との間には大きな心理的ギャップが存在していた。それを埋め、暴動の発生を抑止し、再定住を促進するため、人類学者や社会学者が動員された。彼らの役割は、転住所の秩序を維持する「看守」の役割だったのか、それとも日系人の待遇改善をめざす「支援者」の役割だったのか。

一九四二年三月、戦時転住局の発足と同時に、ジョン・H・プロヴィンスを長とするコミュニティ管理部が設置された。主な任務は、転住所での教育、保健、治安、レクリエーションなどの実施であった(Spicer, 1946, p. 17)。プロヴィンスは、シカゴ大学で法学と人類学の学士号を取得した後、ボルネオ調査で修士号を取得、人類学の泰斗ラドクリフ・ブラウンの下で「平原インディアン」に関する博士論文を完成させた。一九三六年からは農務省の土壌保全局で農地の保全を担当し、ナヴァホ族の担当となった後、農務省の農業経済局を経て、戦時転住局の初代長官ミルトン・アイゼンハワーが農務省出身だった関係で、コミュニティ管理部長に就任する。彼は、一九四三―四六年にかけて応用人類学会(一九四〇年設立)の会長もつとめている(Densho Encyclopedia による)。

また、ポストン転住所は、元来インディアン事務局の管理にあったため、その長官であり、社会学者でもあったジョン・コリアの影響で、社会学者で精神分析医のアレクサンダー・H・レイトンを長とする社会学調査室が設置された。レイトンは、一九三二年にプリンストン大学で生物学の学士号を取得、ケンブリッジ大学への留学を経て、ジョンズ・ホプキンズ大学で医学博士を取得した人物で、着任時は三四歳の若手研究者であった。また、コリアは社会学者でありながら社会改革者でもあった人物で、ローズヴェルト政権下では、従来の同化政策を止め、先住民の伝統文化を尊重する「インディアン・ニューディール」を推進した人物であった。

米国では、ニューディール政策の下で革新的な行政に協力する学者が増えていたが、第二次世界大戦中にもこの政学協同が持続していた。戦時転住局は全体として日系人に対する同化政策を推進したが、一部の学者の中には、コリアのようにマイノリティの独自文化を尊重する「文化多元主義」を主張する者もあり、日系人収容政策における同化主義と文化多元主義の対抗という点は興味深い論点となる。レイトンは、日系人が自己決定権を喪失した結果、欲求不満になっており、敵対状態を生む「ストレス・コミュニティ」になっているとして、日系人に安全と感じさせるため、アメリカ人や友好的外国人として受け入れられたと実感できるようにすべきと提言し、戦時転住局の基本方針の見直しを主張した(Leighton, pp. 232-244)。

一九四二年末にポストン転住所でストライキが発生し、マンザナール転住所でも暴動がおこると、戦時転住局の本部では騒乱を未然に防止する研究の必要性が痛感され、マイヤー長官は、コミュニティ管理部の下にコミュニティ分析課を設置した。その責任者にはジョン・エンブリーが任命された。彼は、一九四二年九月時点で、三カ月後のマンザナール暴動の発生を予言していたため、このポストに抜擢されたのであった(Suzuki, p. 24)。彼は、一九三一年にハワイ大学を卒業後、一九三五年一一月から一年間、熊本県の須恵村(現・あさぎり町)でフィールドワークに従事し、それを基にシカゴ大学で博士号を取得した。その後、ハワイのコナで日系人社会の研究も行い、一九三九年には『日本の村　須恵村』をシカゴ大学出版会から出版している①。

戦時転住局内で唯一の日本通であったエンブリーは、ワシントンの本部と各転住所の関連した部署に二二名の研究者を配置した。その内訳は人類学者が一四人、社会学者が八人であった(Spicer, 1946, p. 18)。当時の人類学では、外国の「未開社会」の研究とともに、米国内の先住民社会をフィールドワークの対象とする者が多く、その延長上で強制収容された日系人社会も恰好な研究対象と位置付けられていたのである。その研究に基づく政策提言を行うのが「応用人類学」の使命と考えられ、そのために応用人類学会が一九四〇年に組織され、機関誌が発行された。

このコミュニティ分析課の任務は、①転住所内で発生した衝突の原因分析、②再定住プログラムの不人気の原因究明、③戦時転住局のプログラムに対する反応の継続的分析、などであった(Spicer, 1946, p. 19)。これらのテーマに関する調査や報告書が定期的にワシントンの本部や各所長に送られたものの、政策として採用されるとは限らなかった。加えて、強制収容を強行した白人に対する不信感は根深く、日系人が白人研究者の調査に素直に応じるとも限らなかった。

また、収容された日系人は、職業も出身地も世代もバラバラで、共通の生活に支えられ、歴史的に形成された「コミュニティ」を転住所内で建設することは容易でなかった。例えば、エンブリーが一九四三年一月に書いた騒乱原因に関する報告では、「伝統的な日本文化のパターンが時々無視されている。……日本社会には年長者への尊敬があるのに、警察などの責任ある地位に若者を置くのは良い政策とはいえない」(Spicer, 1946, p. 21)と述べられていた。この報告の影響もあって、以後、コミュニティ評議会の被選挙権は一世にも拡大されたという。また、ノー・ノー組の隔離について、レイトンは早くから賛成していたが、エンブリーは「それは自尊心ある市民を強制収容状態に追いやること」として反対した(Suzuki, pp. 49–50)。

この忠誠登録をめぐる騒動に関して、ツールレイク転住所で調査をおこなったマーヴィン・オプラーは、二世についてこう説明している。「彼らは、彼らの両親が根こぎにされ、恥をかかされたのを見て来た。かなり多くの者が、年長者のさらなる心配や悲しみを無くそうと決意し、自分の希望を押さえつけて、ノーと記入した」(Spicer, 1946, p. 22)と。つまり、米国への忠誠にノーと答えた二世には、強制収容で苦渋を強いられてきた親への配慮からノーと答えた者がいると指摘したのであった。さらにオプラーは、ノー・ノー組をツールレイクに隔離することにも反対し、「我々は隔離を容認してはならない。その背後にある動機の一つは、ツールレイクを不忠誠神話という喜劇の場に変えることである」と主張した(Suzuki, p. 33)。

このツールレイク隔離転住所で発生した市民権放棄の動きについて、オプラーは一九四五年四月二三日、マイヤー長官宛にこう進言している。「私は家族の絆を無視して、「友達が放棄したから」という理由で市民権を放棄した人びとを見た。また、(米国国務省を通じた通告により)米国に対して不忠誠を示さなければ、日本の親類が日本政府に迫害されると心配するあまり、市民権を放棄した人びとを見た。集団圧力が働いたため、放棄は個人的でも自発的でもなかった。親の圧力、徴兵のデマの圧力、集団署名、集団申請は日常茶飯事であった。調査官は妻が夫に従い、子どもが親に従っていることを認識した」(ウェグリン、三二六頁、一部改訳)と。つまり、オプラーは、二世の市民権放棄が、親日的信条からでたものだけではなく、集団的圧力の下で非自発的に行われたことを強調して、二世による市民権放棄の見直しを主張したのであった。このように日系人に寄り添う姿勢を示すオプラーのような学者もいたが、オプラーの提言は多くの場合、上層部に無視されたという(Suzuki, p. 33)。

逆に、グラナダ転住所のコミュニティ分析を担当したジョン・ラディメイカーの場合は、再定住を拒否する日系人を「精神疾患」にかかっているとみて、精神科医の派遣を要請したという(Suzuki, p. 26)。

一九四三年八月、エンブリーがシカゴ大学の民政要員訓練学校に転出した後、エドワード・スパイサーが本部のコミュニティ分析課長に就任した。彼は当初、前任地のポストン転住所のコミュニティ評議会で口論が絶えず、日系人に当局の意図を伝達するのが困難であり、夜間には若者の一団による暴力行為が多発し、法と秩序が脅かされていると指摘していた(Spicer, 1946, p. 19)。彼は、クェーカー教徒の家庭で育ったが、結核の治療でアリゾナに滞在中に先住民に関心を持ち、一九三九年にシカゴ大学のラドクリフ・ブラウンの下で博士号を取得し、その後ヤキ族の研究をしていた。しかし、開戦でメキシコでの調査が困難になったため、初めは、ポストン転住所の社会学調査室でレイトンの助手となったが、コミュニティ分析課が発足すると、一九四三年夏からはワシントンの本部に移ったのであった。

スパイサーは、一九四六年にコミュニティ分析課の同僚とコミュニティ分析課の活動をまとめた報告書を作成した。それを一九六九年に復刊するに際して、一九六〇年代に入って、日系人転住所を「強制収容所」であったとする主張が台頭したことへの反論として復刊したと書いているから、彼は、戦時転住局の政策を基本的に擁護する立場にたっていたことが分かる。

戦時転住局への協力に肯定的なスパイサーは、政策についてこう評価する。「西海岸からの日本人の立ち退きに示された技術は偉大な傑作であり、技術や管理の点でインディアンの移送とは異なって、より優越していた。それは牛車と最新の爆撃機くらいの違いである」と(Spicer/Hansen/Luomala/Opler, p. 43)。

それに対して、少年期に収容を体験した後に、オランダのライデン大学で博士号をとり、ネブラスカ大学の人類学教授となったピーター・スズキは、戦時転住局のコミュニティ分析に協力した人類学者は、当局への政策分析に重点を置き、日系人の文化を軽視しただけでなく、言語や親族関係の研究を無視した上、一部の例外を除いて、研究対象への共感を欠いた彼らの姿勢は、「人類学の倫理」にもとるものであったと厳しく批判した(Suzuki, pp. 45–46)。

以上のように、日系人の強制収容に協力した学者たちの役割の評価は論争的な問題である。この両極端な評価に対して、スタンフォード大学のオーリン・スターンは、人類学者が戦時転住局に参加した当時の文脈、意図、結果から評価すべきと述べている。また、当時の支配的理論では、転住所を「民主的で、自足的なコミュニティ」と把握する傾向があり、人種差別的側面への批判は自制されたこと、当時の支配的理論は現在では有効性を失っており、むしろ現在は、国家への協力を批判的に考える時代になっていることを考慮に入れるべきと主張した(Stern, pp. 702, 708, 710, 716)。

確かに、戦時転住局のコミュニティ分析に関わった学者たちの中には、エンブリーやオプラーのように日系人に寄り添おうとした学者もいたが、多くの学者は戦時転住局の方針に沿う報告書を提出した。しかも、スズキが指摘した通り、その報告書の多くは政策提言が主で、人類学が重視する親族関係の分析のような、民族学的意義のあるものは少なかったという(Suzuki, pp. 35, 40)。それは、エンブリー以外、日本語や日本文化に通じた学者がいなかったため、人類学的研究の基本である参与観察が十分に行えなかったことに起因していた。というのは、鉄条網で囲まれ、武装した兵隊が常時監視する環境の中では、白人学者は当局の「回し者」と見られ、日系人から自発的な協力を得ることは難しかったからであった。

二　日系アメリカ人立ち退き・再定住研究の意義

JERSの起源

このように、戦時転住局のコミュニティ分析が「官製の学」という性格を脱しえなかったのに対して、カリフォルニア大学バークリー校のドロシー・トーマスを中心に組織された「日系アメリカ人立ち退き・再定住研究(JERS)」は「民学」としての有効性を発揮できたのであろうか。

ドロシー・トーマスは、一九二四年にロンドン大学で博士号を取得し、カーネギー財団の研究員を経て、ギュンナー・ミュルダールによる有名な米国の黒人研究である『アメリカのディレンマ』プロジェクトに参加した後、一九四〇年からカリフォルニア大学バークリー校で農業社会学科の教授に就任した人物である(一九四八年からはペンシルベニア大学に移籍)。彼女は社会人口学や人口移動の専門家として、日系人の立ち退き・収容を「強制的集団移住」とみなし、この「人口移動」による文化変容に注目した。このテーマを学際的な共同研究とするべく、バークリー校の同僚である人類学のロバート・ローウィ、政治学のチャールズ・エイキンなどとともに、一九四二年二月という極めて早い時期からプロジェクトを立ち上げていた。ドロシーの夫であるW・I・トーマスは、農業社会学の著名な学者であり、ポーランド系の移民研究で知られ、当時の社会学のシカゴ学派の特徴である「ライフ・ヒストリー」の方法をこのプロジェクトに導入する点で貢献した(Ichioka, ed., pp. 4–6)。

このプロジェクトは、ロックフェラー財団、コロンビア財団、ジャンニーニ財団から総額一〇万ドルもの助成をえて、多くの研究スタッフを雇用して調査にあたった巨大研究プロジェクトであった。戦時転住局との関係では、一九四二年三月末に、初代長官のアイゼンハワーがサンフランシスコを訪問した際にドロシーが面談し、戦時転住局からの協力を取り付けていた(Ichioka, ed., pp. 6–7)。その結果、プロジェクトのスタッフを各転住所に秘密裏に送り込むことが可能になった。派遣された研究者は、転住所内で日系人を観察した研究成果をドロシー・トーマスに報告し、その一部を彼女が戦時転住局に提供することになった。しかし、日系人から収容当局の「回し者」と見られると、調査が著しく困難になるので、身分の秘匿には細心の注意が払われた。このような関係を考慮すると、このプロジェクトは、「半官半民的」であったと評価すべきであろう。

日系調査スタッフの存在

JERSのもう一つの特徴は、このプロジェクトに参加した三五人の調査スタッフ(Ichioka, ed., p. 180)の中に、日系の若手研究者が含まれていた点にある。その多くが、集団立ち退き当時、カリフォルニア大学バークリー校の大学院生であった。以下、主な人物を紹介しておこう。

①タモツ・シブタニ(一九二〇―二〇〇四年)は、当時、バークリー校で社会学を専攻し、ドロシー・トーマスの授業を受講していた関係でJERSに参加、ツールレイク転住所に派遣された。このシブタニと次のサコダは、日系人の立ち退きが始まると自主的に調査に乗り出していた(Ichioka, ed., p. 186)ため、トーマスからの提案は渡りに船であった。

②ジェームズ・サコダ(一九一六―二〇〇五年)は、六年間日本で教育を受けた帰米で、バークリー校在学中にシブタニに誘われ、ツールレイク転住所に派遣された。しかし、忠誠登録の折にサコダが居住していたブロックではノー・ノー組が多数で、サコダはミニドカ転住所に移らざるを得なかった(Ichioka, ed., pp. 228-229)。

③タミエ・ツチヤマ(一九一五―一九八四年)は、ハワイ生まれの二世で、バークリー校で人類学を専攻、

ローウィ教授の推薦でこのプロジェクトに参加した。日系専任スタッフ中、唯一の女性であり、ポストン転住所に派遣された。

④チャールズ・キクチ(一九一六―一九八八年)は、八歳で孤児となり、多人種構成の孤児院で育つというユニークな経歴の持ち主で、その伝記がルイス・アダミックの『多くの土地から』(一九四〇年)に収録された。(2) バークリー校で社会福祉を専攻、このプロジェクトではヒラ・リバー転住所を経て、シカゴで再定住者のライフ・ヒストリー作成に従事した。

⑤S・フランク・ミヤモト(一九一二―二〇一二年)は、シアトル育ちの二世で、ワシントン大学の社会学専攻の修士論文「シアトルの日本人の社会的連帯」が評価され、同大学の紀要に掲載された。その後、シカゴ大学の博士課程在学中に開戦を迎えた。修論がドロシー・トーマスの眼にとまり、このプロジェクトに参加、ツールレイク転住所からシカゴで再定住過程の調査にあたった。

⑥リチャード・ニシモト(一九〇四―一九五六年)は、このプロジェクトでは唯一の一世であった。日本で中等教育を受けた後、一七歳で渡米し、スタンフォード大学の工学部を卒業、開戦後はポストン転住所に収容されたが、ツチヤマの紹介で途中からこのプロジェクトに参加した。日英両語に堪能であったため、一世からの聞き取りに能力を発揮し、ノー・ノー組を分析した『阻害された人々』はドロシー・トーマスとの共著となった。しかし、博士号を取得していなかったため、戦後には大学でのポストに就けず、ホテルの夜警などをして生計をたてたという。

白人スタッフの役割

このプロジェクトに参加した白人研究者を三人あげておこう。一人目の、モートン・グロージンズ(一九一七―一九六四年)は、一九四一年にルイビル大学の修士課程を終了後、カリフォルニア大学大学院の政治学の博士課程に進学し、一九四二年秋からこのプロジェクトのフルタイムの研究員となり、日系人の強制立ち退きの政策決定過程に関する研究に従事した。彼は、このプロジェクトの一員である特権により、司法長官のビドルにインタビューする機会を得、一九四五年に博士号を取得している。しかし、日系人の強制立ち退きに関与したウォーレン(強制立ち退き決定当時は州司法長官)などを厳しく批判していたため、カリフォルニア大学出版部からの出版をドロシー・トーマスに反対され、シカゴ大学出版部から『裏切られたアメリカ人』と題して出版、シカゴ大学で政治学を教えることになった。

次に、ロバート・F・スペンサー(一九一七―一九九二年)は、一九三七年にカリフォルニア大学バークリー校を卒業、メキシコ旅行中に人類学に興味をもち、ニューメキシコ大学で修士号を取得した後、バークリー校の博士課程に進学した。以前に日本語を一年学び、日本訪問の機会もあったので、ローウィ教授の推薦でこのプロジェクトに参加、ヒラ・リバー転住所に派遣され、仏教徒について調査したが、一九四三年六月には辞職している。一九四六年に博士号を取得し、戦後はミネソタ大学の教授となった。

白人研究スタッフの第三の例は、ロザリー・ハンキー(一九一一―一九九八年)である。彼女は、ツチヤマと同様、このプロジェクトの数少ない女性スタッフであった。一九四二年にカリフォルニア大学バークリー校の人類学科を卒業、同校の大学院の途中でこのプロジェクトに参加、当初はヒラ・リバー転住所に派遣されたが、その後、ツールレイクが隔離転住所になってからただ一人の調査員となり、『阻害された人々』の基礎となるデータを提供した。しかし、調査の進め方をめぐりトーマスと対立し辞職、一九五〇年にシカゴ大学で博士号を取得し、同大学の講師などを経て、カンザス大学の教授となったが、戦後は先住民研究にテーマを変更したという。

JERS調査スタッフの苦悩

ＪＥＲＳの調査スタッフとして転住所に派遣された若い研究者は、日系人はもとより転住所当局にも身分を秘匿しながら調査を進め、定期的にトーマスに報告書を送付する生活を求められたので、極めてストレスのたまる日々を送ることになった。普通の人類学や社会学の参与観察では、アンケート調査や聞き取り調査が行われるが、そうした手法は身分がばれてしまうので、転住所では不可能だった。

また、白人の研究者の場合には、戦時転住局のコミュニティ分析に関わった研究者と同じく、日系人から当局の「回し者」と疑われ、本音を聞き出すことが困難になる面があった。その点、日系の若い研究者の場合は、日系人から心情を聞き出しやすいメリットはあったが、多くは米国に忠誠心を抱いていたので、ツールレイクが隔離転住所になってからは出所を余儀なくされた。つまり、日系の調査員は、自分が被収容者であるとともに観察者であるという二重の身分を負わされていたのであり、ノー・ノー組から当局の「イヌ」と疑われ、暴行を受ける危険にも直面していた。

しかし、そのようなストレスのたまる日々を送りながら、調査に基づいて博士論文を執筆し、戦後には博士号を取得し、大学の教員に採用された日系研究者もいた。その精神のタフさには驚かされる。例えば、シブタニは一九四八年にシカゴ大学で博士号を取り、カリフォルニア大学バークリー校で教えた。サコダは、一九四九年に博士論文を提出し、ブラウン大学の教員になった。ミヤモトは、一九五〇年に博士号を取り、戦後はワシントン大学で教えた。

しかし、大学のポストに就けた者ばかりではなかった。キクチは、再定住した日系人のライフ・ヒストリーの作成をシカゴで行うかたわら、アフリカ系と交流し、人種間の平等をめざす「多人種民主主義」を標榜するようになる。それゆえ、多くの日系人が抱いていたアフリカ系に対する偏見や差別意識には批判的だったという。一九四五年夏には召集され、従軍したが、除隊後は、退役兵に大学の学費支給などを行うG・I・ビルの援助でコロンビア大学の修士課程に入り、シカゴに再定住した日系人の社会的適応をテーマとして修士号を取得した。その後、帰還兵局の病院でカウンセラーの仕事に三四年間従事しながら、米ソの平和共存を求める平和運動にも献身したという(Briones, pp. 129, 156, 218–219)。

また、博士号を取らなかったニシモトは、すでに述べたように、戦後は大学のポストを得られず、夜警の仕事に従事している。ツチヤマは、JERSのスタッフを一九四四年七月にやめた後、一九四七年に陸軍の女性補助部隊に入隊し、翻訳部門に配属され、同年にカリフォルニア大学バークリー校初のアジア系女性の博士号取得者となった。しかし、大学での研究・教育職は得られず、日本占領軍のスタッフになった後、一九五四年に図書館学の修士号を取り直し、テキサス大学の図書館に職を得た。このように、JERSに関わった日系調査スタッフの戦後を見ると、性差別や学歴差別の壁があったことが分かるだろう。

JERSの意義と限界

当初の計画では、転住所に最後まで残留を希望した人々を対象とした『残留した人々(The Residue)』が出版される予定だったが、実現には至らなかった(Ichioka, ed., pp. 16-23)。ドロシー・トーマスが他大学に転出したことが影響したと思われる。

調査員が派遣された転住所は、ツールレイク、ポストン、ヒラ・リバーの三カ所に限定されていたので、戦時転住局の調査のように一〇カ所の全転住所をカヴァーするものではなかった。しかし、戦時転住局とは提携関係にあったので、JERSは戦時転住局の資料も使用することができた。三カ所のセンターに派遣された調査員は、日誌(daily journals)をつけることを奨励され、それに基づいて定期的に報告書(field reports)をトーマス宛に送付した。また、シカゴに再定住した日系人からはライフ・ヒストリーが聴取された。これらの資料は、カリフォルニア大学バークリー校のバンクロフト図書館に寄贈され、第二次世界大戦中の日系人史の貴重な資料となった。

このようなJERSの意義に関して、一九八七年九月にカリフォルニア大学バークリー校でシンポジウムが開催され、JERSに参加したミヤモト、スペンサー、キクチ、サコダなどが回顧的な報告をするとともに、若手の研究者がJERSの意義や限界について報告した。このシンポジウムの成果が、主催したユージ・イチオカが編者となって二年後に『内部からの観察』として出版されている。

イチオカは、JERSがアカデミックな業績をあげただけで、転住所の日系人の生活改善にはならなかったとの批判があることを紹介した上で、ＪＥＲＳは元来、強制された集団移住に関するアカデミックな研究目的で始まったもので、その限界を指摘してもはじまらない。むしろ戦時中の日系人史に関する大量の貴重な資料を残した業績として評価すべきであると主張した(Ichioka, ed., pp. 22-23)。

同時に、このシンポジウムでは、ＪＥＲＳについて次のような意義と限界の指摘があった。第一に、派遣された調査員たちは、調査の指針となる理論的なフレームワークの提示を求めたが、ドロシー・トーマスは一切応えず、調査員は専ら事実の収集にあたるしかなかったという。唯一の方法論的な貢献は、Ｗ・Ｉ・トーマスの影響で、シカゴに再定住した者のライフ・ヒストリーがチャールズ・キクチにより六五件も収集されたことだが、『救済された人々』にはドロシー・トーマスの立論に適合する一五件しか収録されなかったという(Ichioka, ed., pp. 10, 193)。

第二の問題点は、戦時転住局との関係にあった。調査員を隠密に派遣するには戦時転住局幹部の了解が不可欠であったが、調査員からのすべての報告書を戦時転住局に転送すると、調査員が特定され、転住所内で危険な立場になる恐れがあった。そのため、一九四三年二月に交わされた協定では、調査員が特定されない形での月例報告や定期協議だけが合意された。また、一九四四年六月に開催された調査員会議には戦時転住局の代表は招かれなかったという(Ichioka, ed., pp. 15-16)。その意味で、ＪＥＲＳ側は民間の研究グループとしての自立性の保持に神経を使っていたと考えられるが、グロージンズの博士論文の出版が拒否された経緯からも明らかなとおり、ＪＥＲＳは戦時転住局への批判を自制した面があった。

他方、ＪＥＲＳ特有の意義もあった。とりわけこのプロジェクトに日系人の若い研究者が参加した意義は大きかった。彼らは、日系人の被収容者の心情に近いところがあるとともに、それを研究者として客観視しようとする二重性をもっていた。その意味で日系調査員は、日系人を内と外の両面から観察する「マージナル・マン」としての性格をもっていたといえる(Ichioka, ed., p. 12)。転住所内で日系市民協会メンバーへの暴行が多発した背景には、反白人感情の蔓延があり、直接、当局への反対行動は取りにくいので、当局に協力した日系市民協会メンバーを襲撃する結果になったとミヤモトは指摘している(Ichioka ed., pp. 138–139)。戦時転住局の報告書ではあまり見られない指摘である。

と同時に、ドロシー・トーマスによる若い大学院生の調査結果の利用法への批判がある。例えば『阻害された人々』は、その分析の多くの部分をツールレイク隔離転住センターにただ一人残ったロザリー・ハンキーの報告書に依拠しているが、同書では表紙に協力者の一人として名前があがっているに過ぎない(Ichioka, p. 41)。この点は、『内部からの観察』の書評の中でロジャー・ダニエルズが指摘しているように、当時の米国学界に多く見られた大学院生の研究成果の「搾取」の問題につながっているという(Daniels, 1990, p. 1083)。

三　学者の収容協力——その文化史的位相

第二次世界大戦中の米国では、日系人収容だけでなく、ルース・ベネディクトの『菊と刀』のような日本研究から原爆開発まで、多くの面で官学協同が展開した。その協同は、学問の性格を変化させる側面があった。とくに、米国の人種・エスニック集団研究の流れの中で、人類学者や社会学者の日系人収容研究はどのような意味をもったのだろうか。

米国史において「エスニシティ(ethnicity)」概念が一般的に使用されるようになるのは一九六〇年代になってからである。移民が米国に移住し、国籍(nationality)が米国になった後も、母文化を変形させて保持している状況への注目が進み、「〇〇系アメリカ人」という呼称が一般化していった。

この「エスニシティ」概念の発見は、まず一九世紀末に大量流入した東欧や南欧からのユダヤ系やカトリック系の移民のアイデンティティ問題から発生した。米国は、元来、イギリスなどの北西欧からの植民によって建国され、白人でアングロ・サクソン系でプロテスタント(WASP、以下ワスプと呼称)の人々が主流文化を構成していた。そこに、ユダヤ教やカトリックを信仰し、英語が母語ではない移民が大量に流入し、大都市部の貧困層を形成したため、革新主義と呼ばれた二〇世紀初めの改革では彼らの定着が主要な関心事となった。

そのため、第一次世界大戦中にはワスプの革新派が中心となって「外国語情報サーヴィス」が設置され、「ホワイト・エスニック」と呼ばれた東欧・南欧系への英語や「アメリカ化」教育が推進された。しかも、その教育はワスプへの同化ではなく、「ホワイト・エスニック」の母文化を維持した形が模索され、ホレース・カレンやランドルフ・ボーンなどによって、それは「文化多元主義」と名づけられた。

しかし、一九三〇年代に入り、「ホワイト・エスニック」内でも、英語が母語となった二世が台頭してくると、この外国語情報サーヴィスも役割を終えることになった。そこで一九三四年、当時ベストセラー作家であったスロヴェニア移民のルイス・アダミックを中心として、「ホワイト・エスニック」自身が自らのエスニックな誇りを高める目的の運動を構築していった。また、ナチスが権力を握り、ユダヤ人排斥を露骨に強行するようになると、文化多元主義のもとでナチスに対抗する意義が高まり、一九三九年には共通する目的を掲げた諸団体からなる「アメリカ統一のための共同会議」が結成され、「ホワイト・エスニック」だけでなく、黒人やアジア系、先住民の問題にも取り組むようになった。この共同会議は、一九四〇年八月から、ルイス・アダミックを中心に『コモン・グラウンド』という季刊誌を刊行し、強制収容された日系人の声を最初に取り上げた学術誌となった(上杉、二九―三二頁)。

アダミックは、一九四五年に多民族的な米国を『A Nation of Nations(諸国民の中の国民)』と表現する本を出している。このタイトルが示すように、アダミックは、まだ「ネーション」と「エスニシティ」の区別には気づいていなかったものの、関心を非白人に広げる先進性をみせていた。

つまり、「文化多元主義」は、元来、東欧・南欧系の「ホワイト・エスニック」という同じ白人の中での多様な文化の尊重を目指すものであったが、第二次世界大戦期になると、黒人やアジア系という非白人にも対象を広げるように変化していったのであった。

他方、文化人類学では、フランツ・ボアズ等によって、「文化相対主義(Cultural Relativism)」が主張され、諸民族の文化間に優劣を持ち込む思想が否定され始めていた。また、社会学では、一九二〇年代にシカゴ学派のロバート・パークが、アジア系やアフリカ系という異人種集団と米国社会との関係を分析する際に、接触・競争・適合・究極的同化という「人種関係のサイクル」が示されるという学説を主張している(パーク、二二五頁)。要するに、第二次世界大戦期は同化主義が依然として主流でありながら、文化多元主義や文化相対主義が対抗していた時期だったのである。加えて、肌の色が違っていても同じアメリカ人であることを強調した『Brothers under the Skin（皮膚の下の兄弟たち）』（初版は一九四二年）を出したケアリー・マックウィリアムズは、この著書の一九六四年版の中で「人種的・エスニック的階層」（Mcwilliams, p. 322）という表現を使用している。

このような同化主義と文化多元主義の対抗関係は、日系人の強制立ち退き・収容過程にも見られる。当初の集合所を管理した戦時民間人管理局（WCCA）は、集合所の公的な場での日本語使用を禁止した。それに対して、戦時転住局は徐々に日本語使用を認めたが、再定住にあたっては分散的再定住を重視したように、同化主義的政策が主流をなしていた。また、日系人収容に協力した白人学者の場合も同様であり、エンブリーやマーヴィン・オプラーのように日本文化の尊重を主張した者もいたが、それはごく少数であった。

また、日系人収容に協力した人類学者の多くは「応用人類学会」のメンバーであったが、この社会工学的な発想は、二〇世紀初めの米国に東欧や南欧から非プロテスタント系の移民が大量に流入し、大都市で失業や犯罪が多発した時代から始まっていた。それは、社会調査や統計処理などを通じて社会改革を提言するのが学問の役割であると考える、プラグマティックな姿勢の表れであろう。その最初のきざしは、一九一七年の『応用心理学会誌』の発行であった（ザンズ、八三頁）。

第二次世界大戦近くになると、この流れが人類学にも及び、応用人類学会の設立となった。開戦後には、日系人収容への協力だけでなく、戦時情報局の依頼で、敵国である日本の国民性研究が進み、ベネディクトの『菊と刀』を生んだのはよく知られている。また、マーガレット・ミードは、戦後の占領要員に対して占領地の言語や文化を教えるコース開設の提案を一九四三年におこなっていた(Price, pp. 79-80)。第二次世界大戦は米国にとって、ファシズムに反対して、民主主義を守る「よい戦争」と認識されたから、研究者たちの国防協力は一層弾みがついたといえるだろう。そうした愛国的雰囲気のなかで日系人の強制収容に協力した学者たちの多くは、その収容が持っていた人種差別的な性格に対する批判意識を低下させてしまったのである。

加えて、人権派のリベラルな研究者であっても、第二次世界大戦中には戦勝や国防を優先し、米国民としての忠誠を示した者にしか人権を認めないという限界を持っていたことも無視できない。戦時中の最高裁判所が、フレッド・コレマツ事件の判決で、強制収容に人種差別的要素があるとの少数意見がありながら、多数意見は「軍事的必要」の観点から強制収容に「合憲」判決を下したのはその典型であった。つまり、米国の民主主義にはナショナリズムの制約が色濃くついていたのであり、それは「国民民主制」の制約と呼びうるものであった。

＊＊＊

本章では、戦時転住局やＪＥＲＳに協力した学者たちの役割について検討した。戦時転住局に協力した学者の多くは先住民研究には関係していたが、日本研究者はわずか一人で、日系人に寄り添った提言を行った者もわずかだった。それは、強制収容という枠組みの中での調査・研究の限界を示していた。

他方、戦時転住局の了解を得て調査をしていたＪＥＲＳは、民間の研究としての自立性の確保に留意していたので、「半官半民」的性格の組織であった。その一方で、戦時転住局を批判する結論は自制していた。ただし、日系人の若手研究者を転住所に送り込んで調査し、転住所内での日系人の生活や意識に肉薄した観察を残した意義は大きかった。それでも、JERSの研究成果は、実証データの収集に限定されており、戦時転住局への批判を自制した限界は残ったといえるだろう。

さらに、第二次世界大戦期の米国社会科学は、同化主義と文化多元主義の対抗期にあった。日系人収容の管理体制では、一部に日系文化を尊重する提言はあったが、全体としては、日系人の分散的再定住政策にみられるように、白人の主流社会に日系人を同化させることに主眼があったといえるだろう。

第一部では、大戦中に可能だった中西部や東部への再定住を分析したが、次の第二部では、大戦末期に可能となった日系人の西海岸への復帰を人種関係の変容とともに検討する。まず第四章で、第二次世界大戦末期に日系人が西海岸に戻ってゆく過程と、それに反発した排斥団体の活動が再燃した過程に注目する。

注

（1）詳しくは、田中一彦『日本を愛した人類学者――エンブリー夫妻の日米戦争』忘羊社、二〇一八年を参照。

（2）この本に収録されたキクチの文章はアダミックにより改定されて収録された関係からか、そもそもキクチの名前はでてこない。キクチが執筆した部分は後にルイス・アダミック『日本人の顔をした若いアメリカ人』田原正三訳、ＰＭＣ出版、一九九〇年として刊行された。

第二部　西海岸への復帰と人種関係の変容

第四章　日系人の西海岸への復帰と排斥運動の再燃

一　西海岸への試行的復帰

一九四四年六月二日、イッキーズ内務長官はローズヴェルト大統領に対して、西海岸からの日系人立ち退き令の撤廃を進言した。イッキーズはその理由を次のように説明している。①スティムソン陸軍長官が日系人を西海岸から立ち退かせる「軍事的必要」がなくなったと判断したこと、②軍事的必要がなくなったのに、日系市民を排除し続けると憲法違反になる恐れがあり、司法長官も同意見であること、③転住所の日系人の心理状態が悪化の一途をたどっていること、④日本に拘留されているアメリカ人捕虜や非戦闘員にも悪影響が及ぶこと、などがその理由であった。そして彼は、「このなんの罪のない者をずっと転住所に監禁していますと、この国の歴史の汚点になる」と付け加えた(マイヤー、一五八―一五九頁)。

当時は、米軍による日本本土爆撃を可能とする、サイパン島上陸が目前に迫っていた。そのため、日系人の集団立ち退きの根拠であった、日本軍の西海岸上陸の危険という「軍事的必要」がなくなったことは明らかであった。しかし、一一月に大統領選挙を控えていたローズヴェルトは西海岸の選挙民の反発を恐れ、選挙後まで発表を待つように指示した。それでも、内務省と陸軍省の間では、戦時転住局が出所許可をだした忠誠組の日系人を個々に審査して、西海岸に復帰させる合意が成立し、一九四四年一二月一七日に立ち退き令の撤廃が発表されるまでに、約二〇〇〇人の日系人が西海岸に戻ることになった(マイヤー、一六六—一六七頁)。

この動きは日系市民協会にも伝わったようで、九月一三日、キド会長は日系市民協会報二七号で、陸軍の規制が徐々に緩和してきていると指摘した。加えて、徴兵通知を受けた者や予備役にある者がビジネス目的で西海岸を訪問する場合、許可が得られやすいこと、また、二世兵の家族や名誉除隊した帰還兵の西海岸復帰が認められる可能性があることを指摘した[1]。

つまり、軍に何らかの貢献をした者ないしする可能性がある者に、陸軍が西海岸への訪問ないし復帰を認める可能性がでていたのである。この機会をとらえて、軍関係でない者の試行的帰還を計画した白人がいた。パサディナで不動産業をしていたクェーカー教徒のヒュー・アンダーソンである。彼は、同業者のウィリアム・カーとともに、約二〇名の仲間と「アメリカ的やり方を求める友の会(Friends of the American Way)」をパサディナで立ち上げ、日系学生のパサディナ短大への入学を計画した(Seigel, p. 58, Japanese American National Museum, Vol. 2, p. 331)。

アンダーソンは、西部防衛司令官のチャールズ・ボンスティールの了解を取り付け、開戦前から家族ぐるみの交際があり、アマチェ(グラナダ)転住所に収容されていた、一九歳のエスター・タケイに白羽の矢をたてた。タケイの両親も賛成し、大学側も了解して、一九四四年九月一二日にタケイはパサディナに到着、アンダーソンや大学新聞の編集者、キリスト教学生会のメンバーに迎えられ、タケイの学生生活はスムースに始まった(Girdner/Loftis, p. 380)。

しかし、このニュースがロサンゼルスの新聞に報道されると、すぐさま排斥運動がはじまった。ジョージ・ケリーを中心とする「ジャップ追放委員会(Ban the Japs Committee)」が組織され、伝統的な日系人排斥団体である「黄金の西部生まれの息子たちの会」や「黄金の西部生まれの娘たちの会」、在郷軍人会の支部もこの動きに参加した。タケイが下宿していたアンダーソンの家には脅迫電話が殺到し、タケイは引っ越さざるをえなくなった。大学長の所には爆弾予告すらあったという[2]。

しかし、そのような排斥運動が起こっていることを報道で知った多くの兵士からは、抗議の手紙が殺到した。白人兵士の中にはタケイのボディガードを買って出る者さえ現れた。在郷軍人会のパサディナ支部の中には太平洋戦線に従軍した帰還兵もおり、彼らは「国民の権利のために戦った。誰かが市民の権利を侵害するようなことを望まない」と主張したという。こうした声に押されて、パサディナ支部は排斥運動から撤退した。また、運動の中心人物、ケリーも態度を変え、日系人を支援するフェア・プレイ太平洋岸委員会パサディナ支部のメンバーになったという[3]。

このようにして約一カ月後には騒ぎはおさまった。この状況は、開戦直後に吹き荒れた日系人排斥の嵐とは明らかに様相が変わっていた。その背景には日系人部隊の活躍があり、日系兵と肩を並べて戦った白人兵の援護射撃が加わるようになっていたことがあった。ボンスティール司令官は後に、このパサディナでの勝利が立ち退き令の撤廃を早めたと語っている(Girdner/Loftis, p. 380)。

その後、ローズヴェルトが一一月の選挙で三選を果たし、立ち退き令撤廃の政治的障害はなくなった。その上、日系人の収容を憲法違反とする訴訟に対する最高裁の判決が下された。一つは、フレッド・コレマツが個人的な理由で強制立ち退きを拒否したため有罪判決を受けた裁判である。最高裁は一九四四年末、陸軍が西海岸の軍事地域から日系人を立ち退かせた措置を「軍事的に必要」として六対三で合憲判決を下した。しかし、少数意見を表明したフランク・マーフィー判事は、ドイツ系やイタリア系は個々に審査されたのに、日系人が集団拘留されたことは「われわれの民主主義的な生活において全く正当づけられない」と批判した。

もう一つはミツエ・エンドウ事件である。既に述べた通り、これについて最高裁は、強制立ち退きの根拠となった軍事的必要性がなくなっているのに、米国市民であるエンドウを拘留し続けるのは違憲であるとの判決を一二月一八日に全員一致で下した(ウィルソン/ホソカワ、二八五―二八六頁)。

このように、西海岸からの日系人の強制立ち退きは法的にも認められなくなっていたのであり、陸軍省は、一九四四年一二月一七日に立ち退き令の撤廃を発表し、翌年一月二日から日系人の復帰を認めると発表、戦時転住局も、ツールレイクの隔離転住所を除いて、転住所を一年以内に閉鎖する方針を発表した(マイヤー、一六九頁)。

二　日系人の排斥と受け入れの角逐

陸軍省が立ち退き令の撤廃を発表すると、日系人排斥団体は、日系人の西海岸復帰を阻止すべく活動を活発化していった。在郷軍人会のインペリアル・ヴァレー支部は、一九四四年一二月二八日に声明を発し、米国はまだ日本と戦争中であり、日系人を歓迎せず、貸す土地もなく、住宅も不足しているとして、日系人にインペリアル・ヴァレーに戻らないように要求した。在郷軍人会は、元来、一九四三年九月に開催した年次大会で、日系人がアメリカ的な生活様式に同化するのは不可能として、一世と二世の日本への送還を可能にする立法を要求していた。[4] また、「黄金の西部生まれの息子たちの会」は、一九四四年五月に発行したパンフレットで、日本との繋がりを否定しなかった日系人の送還を要求するとともに、戦中の日系人管理を戦時転住局から陸軍に戻すように要求していたのであった。[5]

ただし、先述のとおり、日系人部隊のヨーロッパ戦線での活躍が報じられるにつれて、在郷軍人会の内部では変化が起き始めていた。オレゴン州フッドリヴァーの在郷軍人会支部は、一九四四年一一月末、地元の名誉戦死者名簿から一六名の日系兵の名前を削除した。これに対して、全国黒人地位向上協会やアメリカ自由人権協会の創立者の一人であったジョン・ヘインズ・ホームズは、『パシフィック・シティズン』紙に論文を寄せて、「ヒトラーが権力を握った時に、ドイツの戦争記念館からユダヤ兵の名前を削除して世界を驚かせた」と述べ、フッドリヴァー支部の行動を批判した。そのような批判の高まりを受けて、在郷軍人会のトップは一九四五年三月一二日になって、フッドリヴァー支部に日系人戦死者の名前の復活を指示したという(Girdner/Loftis, p. 396)。

また、在郷軍人会のロサンゼルス支部第八ポストは、立ち退き令の撤廃発表を受けて、一九四四年一二月二一日に全会一致で決定した決議の中で、「我々は、在郷軍人会の仲間に、我々のコミュニティに復帰してくる日本人の身体と財産が防御され、保護されること、また、憲法に基づく彼らの完全な権利と特権が守られることに気を配るように要求する」[6]と提唱した。つまり、かつて日系人排斥を声高に主張した在郷軍人会の中にも、大戦末期になると、日系人の権利を尊重する主張が出始めていたのである。

労働界でも同様の動きがみられた。一九四五年一月一四日、産業別労働組合会議（CIO）のカリフォルニア支部評議員会が採択した決議のなかではこう述べられている。「CIOのカリフォルニア支部評議会は、州、郡、地方政府のすべての役人およびこの州のすべての人に対して、忠実な日系アメリカ人による我々のコミュニティへの再適応を援助するために、その権限の範囲で陸軍に協力するあらゆる措置をおこなうように呼び掛ける」[7]と。労働界では熟練工を中心としたアメリカ労働総同盟（AFL）が日系人排斥の一角を担っていたが、一九三〇年代に台頭した不熟練工を中心としたCIOが日系人差別に反対する立場にたった影響は大きかった。

しかし、それはまだごく一部の動きであって、一九四五年一月から西海岸に復帰する日系人が増え始めると、各地で日系人に対する発砲、放火、退去脅迫などの事件が発生した。例えば、カリフォルニア州フレズノでは、五月四日にメアリー・マエダの家に数人が訪れ、「退去しないと怪我をするぞ」と脅迫した。メアリーの兄弟はイタリア戦線で戦死していたので、マスメディアはむしろ日系人に同情したが、彼女は終戦まで家に帰れなかったという(WRA, 1946A, pp. 127–128)。

表7は一九四五年前半にカリフォルニア州で発生した日系人に対するテロ事件について、戦時転住局が郡別にリスト・アップしたものをグラフ化したものである。全体で三二件発生し、特にフレズノ、プレイサー、オレンジ郡などの農村地帯に集中していることが分かる。他方で、日系人の帰還に好意的な地域はサンフランシスコなどの都市部、特にバークリー、パロアルトなどの大学町であったとい

表7　カリフォルニア州における帰還日系人へのテロ事件（1945年1-6月）

	発砲	ダイナマイト投下	放火	投石	退去脅迫	計
10 フレズノ	7		1	1	2	11
24 マーセッド	3					3
31 プレイサー	2	1	1	1		5
30 オレンジ					4	4
34 サクラメント			3			3
54 トレア					1	1
1 アラメダ					1	1
15 カーン			1			1
16 キングス			1			1
19 ロサンゼルス	1					1
39 サンホアキン					1	1
計	13	1	7	2	9	32

出典：West Coast Incidents Involving Persons of Japanese Ancestry, California Incidents of Terrorism Involving Persons of Japanese Ancestry, JERS Records, T1. 79. 郡の前の数字は表11（154-155頁）に対応.

う（Girdner/Loftis, p. 400）。

このようなテロ事件の多発に対して、イッキーズ内務長官は、一九四五年五月一四日、忠誠な二世や遵法の一世に対する暴力は「ナチ的行為」であり、憲法に反すると厳しく非難するとともに、地元警察の介入が不足していると批判した。この声明はマスコミに大々的に報道され、地元警察による取り締まりの強化を求める声が大きくなった（WRA, 1946A, p. 127）。当時、カリフォルニア州知事になっていたアール・ウォーレンは、陸軍による立ち退き令撤廃の発表に対応して、カリフォルニア州はその決定を支持すると表明した。彼はまた、ビドル司法長官に対して、一九四五年二月一七日に書簡を送り、日系人の憲法上の権利に対する違反行為にはあらゆる可能な処置をとる

表8　日系人復帰関係の新聞報道の変化(1944年9月-1945年7月)

		好意的	非好意的	中立的
エスター・タケイの入学(1944. 9. 15-10. 1)	記事	48	317	1
	読者の手紙	2	3	
	社説	10	15	
立ち退き令撤廃の発表(1944. 12. 18-12. 23)	記事	31	76	10
	読者の手紙	10	10	
	社説	16	25	
最初の日系人復帰(1945. 1. 9-2. 10)	記事	310	264	96
	読者の手紙	45	60	
	社説	71	73	
民政当局の日系人保護(1945. 3. 15-4. 30)	記事	103	181	9
	読者の手紙	12	10	
	社説	19	17	
日系人戦死者公表(1945. 5. 28-7. 7)	記事	878	452	50
	読者の手紙	114	75	
	社説	155	99	

出典：Sampling of West Coast Press Clipping: July 1944-August 1945, JERS Records, T1. 66.

ことを約束した⑧。ロサンゼルス市長のボウロンも日系人の西海岸復帰を支持するようになり、自治体の長の復帰支持は徐々に、地元警察によるテロ取り締まりの強化につながっていった。

つまり、日米開戦直後の立ち退き令が発布された時には、それを支持したウォーレンやボウロンであったが、大戦末期になると、陸軍の立ち退き令撤廃を支持したのである。そこには西海岸世論の変化が反映されていた。復帰した日系人に対するテロ事件も、一九四五年後半、特に八月一五日の終戦後には急減したという。

そうした変化はマスメディアの報道にも表れている。**表8**は、一九四四年九月から翌四五年七月までの日系人関連の記事の内容を、日系人に好意的か非好意的かで分けた分析結果を示したものである。一九四四年九月にエスター・タケイがパサディナ短大に入学した時の反応では非好意的な記事が圧倒していたが、一九四五年一月からの日系人の西海岸復帰についての記事では好意的記事が上回るようになり、五月の日系人戦死者名簿の公表に関しては、好意的記事が圧倒するようになった。

三　日系人部隊の活躍と世論の変化

在郷軍人会の一部が日系人の西海岸復帰を支持するようになったのは、すでに触れたように、日系人部隊のヨーロッパ戦線での活躍の影響が大きかった。それはどのように進展したのであろうか。

一九四三年一月、日系人部隊の創設にあたり、ローズヴェルト大統領は、「忠誠心を持つアメリカの市民は、祖先に関係なく、市民としての義務を遂行する民主的権利を決して否定されるべきではない。この国の基盤であり、また一貫して統治の拠り所となって来た原則は、アメリカ人であると言うことは精神と心の問題だということにある」と宣言していた(正岡/細川、一四四頁)。

ローズヴェルトは、開戦直後に西海岸に住む日系人全体の立ち退きを命令したときには、日本人という「祖先」＝人種を意識して決定を下していた。しかし、日系人部隊の創設を命令した時には、アメリカ人である証明は祖先でなく、「精神と心」の問題だと認識の転換をみせたのである。ただし、発足する日系人部隊が、白人との統合部隊ではなく、日系人だけの分離部隊となることが分かると、日系人の間では「差別的」との反発が起こった。

この日系人部隊の創設を提案したマイク・マサオカが志願第一号として出頭した時、上官の大佐はこう言ったという。日系人からなる「四四二部隊の一つの使命は、日系アメリカ人の忠誠心を劇的に表現することであり、彼らの活躍のニュースを各方面に効果的に伝えることが非常に重要なのだ」と(正岡／細川、一五九頁)。つまり、日系人の分離部隊の方が宣伝効果が大きいというのが陸軍省の判断だったわけである。マサオカは広報担当の下士官に任命され、一九四三年二月、米国本土で志願した日系人によって第四四二連隊が編成された。

他方、強制収容のなかったハワイでは、志願する者が多く、同年六月に第一〇〇歩兵大隊が編成されている。訓練を経た彼らは、九月にはイタリアのサレルノに派遣され、モンテ・カシノ聖堂の戦いで果敢に戦ったが、多くの犠牲者をだし、部隊存続の瀬戸際まで追い詰められた。そこで、一九四四年三月には増援部隊を糾合して、アンツィオの戦いに貢献した。六月には第四四二連隊に合流し、一〇月にはフランスのヴォージュ山脈でドイツ軍との戦闘に投入されている。この戦いは六週間も続く激戦となり、一時孤立したテキサスの「失われた大隊」を救出する任務を命令されたが、テキサスの白人兵二七五名を救出するのに、日系兵には八〇〇人の犠牲者をだした。マサオカの兄ベンもこの戦闘で戦死したという(正岡／細川、一九〇頁)。

このように、日系兵の犠牲が不釣り合いに大きかったため、日系兵が「捨て石」にされたとの反発もでた。しかし、この救出劇をマサオカが記事にして発信したところ、突然、マスコミの大きな反響をえたという。マサオカによれば、「ヴォージュはそれまで忘れられた前線だったが、新聞は突然これに気がついた。記者たちが次々とこの地域にやって来た。二世がどれほどの犠牲を払ったかを知ってもらおうと、私は出来る限りの努力をした。突然、アメリカじゅうの新聞で、第四四二部隊の話が取り上げられ始めた。家族はまだアメリカの強制収容所に入れられたまま、自由のために戦っている日系人兵士たちのことが、記者たちにもわかったのだ」(正岡/細川、一九四頁)。

その後、第四四二連隊は一九四五年三月に北イタリアに派遣され、やはり大損害を出しながら、ドイツ軍の拠点を占領、終戦を迎えた。結局、この第四四二連隊は、「あたって砕けろ(Go for Broke)」との勇壮なスローガンの下、多くの激戦を戦い抜いた。

太平洋戦線では、主として連合国翻訳通訳斑のメンバーとして約四〇〇〇人が投入されている。海軍は最後まで日系兵を受け入れなかったが、陸軍の航空隊ではベン・クロキがB29爆撃機で二八回もの特殊飛行を敢行し、戦時情報局の宣伝部隊にも属して、日系兵の活躍ぶりを宣伝した(ウィルソン/ホソカワ、二六七―二七〇頁)。

ヨーロッパ戦線で、一人で一二時間もドイツ軍の反撃を阻止しながら戦死したカズオ・マスダ軍曹の場合、一九四五年一二月にスティルウエル将軍が遺族のもとを訪ねて、勲章を授与している。陸軍省と戦時転住局が大々的にこの儀式を宣伝した結果、全国的な関心をよんだという(正岡/細川、二〇一頁、WRA, 1946A, p. 130)。

投入された日系兵の総兵力は、米国本土から一万三五二八人、ハワイから一万二二五〇人、合計二万五七七八人であった、戦死者五六九人、負傷が原因の死者八一名、負傷者三七一三人、行方不明者六七人、合計四四三〇人の犠牲者をだしたという(WRA, 1946B, pp. 126–127)。

このようにして、日系人は、死傷者率一七%という大きな犠牲を払って米国への忠誠を示したこととなった。その結果、日系兵個人に対して、一万八〇〇〇個以上の勲章が授与された。その中には、議会殊勲章一個、殊勲十字章五二個、殊勲部隊章一個、銀星章六〇〇個近く、青銅章五〇〇〇個以上、第四四二連隊に対しては、師団褒章四三個、陸軍褒章一三個、大統領殊勲部隊章七個が授与されたという(ウィルソン／ホソカワ、二六六頁)。米軍の歴史の中で最も受勲の多い部隊といわれている。

その後、第四四二連隊がイタリアから帰国した一九四六年七月、トルーマン大統領は栄誉をたたえて閲兵することになった。ホワイト・ハウスの庭に整列した日系兵士に優秀部隊大統領表彰状を授与した後、トルーマンはこう語った。「諸君は敵と戦っただけでなく、偏見とも戦った――そして君たちは勝利した。その戦いを続けたまえ。これからも勝利したまえ。この偉大な共和国を、憲法に書かれたとおり「常に、すべての国民の幸福」を目指す国にしたまえ」と(正岡／細川、二二三頁)。

このトルーマン大統領の演説では、米国政府が日系人を強制収容したことへの反省が全く述べられていない。国内の偏見との戦いに「これからも勝利したまえ」という言い方はどこか他人事のように聞こえる。確かに、従軍し戦功をあげることによって、米国の主流社会に受け入れられようとしたマイク・マサオカ等日系市民協会の愛国的同化路線が、当時の米国世論の偏見を是正する上で大きな成功をおさめたことは事実だろう。しかし、その成功は四〇〇〇人を超える死傷者という対価によって得られたのであった。また、後に述べるように、戦後の日系市民協会は、米国の主流社会に同化するため、日系人部隊の活躍を大々的に宣伝する一方で、強制収容体験は封印するという路線をとった。この封印が日系人にとっては「トラウマ」となっていったのである。

四　西海岸復帰の本格化

もう一度、図6（六三頁）をみると、日系人の出所は、一九四五年五月ごろから増え始め、八―一一月にピークを迎えていることが分かる。つまり、西海岸における日系人排斥運動の沈静化と日本の敗戦が大きな契機となっているのである。

一九四四年ごろから、転住所では従軍や再定住のために出所する人々の見送りが一般化していた。当初は、志願兵を「裏切者」視する雰囲気があったし、母親たちは徴兵に抵抗感を抱いていたが、徐々に従軍を国への義務と感じるようになり、ブロックごとに従軍兵にプレゼントを贈るようになっていた。また、中西部や東部に再定住した者からの手紙や一時訪問で、再定住によって暮らし向きがよくなっていることを実感し、出所に前向きになる者もいた。さらに、従軍した子供からの手紙などを通じて、戦勝を宣伝する日本の報道に疑問を抱き始め、米国への永住の思いを強くする者も増えていったという(Spicer/Hansen/Luomala/Opler, pp. 245–246)。

戦時転住局も西海岸への再定住を促進するため、サンフランシスコ、ロサンゼルス、シアトルなど二五カ所に地方事務所を開設し、住宅や就職の斡旋をおこなった。その際、転住所から再定住先までの運賃や当面三〇日間の滞在費を補助し、出所を促進している(WRA, 1946A, pp. 144–145)。その背景には、一九四五年末までにツールレイク以外の転住所を閉鎖する計画があった。戦時転住局は、戦時の施設として計画されたので、終戦とともに閉鎖されるのが当然と考えられたのであった。しかし、当時の西海岸では、日系人以外にも南部からアフリカ系や白人が移住したり、ブラセロ計画によるメキシコ人の流入、さらに、帰還兵の増加で住宅も職も不足しており、出所をためらう日系人もいた。

一九四五年二月には、ツールレイクとマンザナール以外の全転住所の日系人代表者会議がソルトレイクシティで開かれ、政府の十分な資金援助を条件に出所計画の受け入れを決定した。少数意見として、戦後も一部の転住所を存続させる要求がでたものの、戦時転住局は転住所の閉鎖計画を変えず、一九四五年春には転住所内の学校の閉鎖を実施したので、日系人たちはいよいよ出所を真剣に考えざるをえなくなっていく(Spicer/Hansen/Luomala/Opler, pp. 255–256)。

当時、アマチェ(グラナダ)転住所には、歴史学者のイチハシ・ヤマトが収容され、日々の出来事を日記に残していた。ヤマトは、スタンフォード大学を卒業、ハーヴァード大学で博士号を取得後、スタンフォード大学の日本政府援助による講座で教えていた、米国の大学初の日本人教授であった。そのヤマトも開戦により強制収容され、ツールレイクからアマチェ転住所に入れられていた。

一九四四年一一月二六日の手紙では、フランスで戦死した日系人兵士七人の追悼式が行われたこと、この時期には絶えず戦死のニュースが入ってくることに続けて、転住所の様子を次のように書いていた。つまり、一世の大半はかつての活力を失い、二世に将来の扶養を期待しているが、その二世が従軍したため、将来の不安が増しているのだと。加えて、残留者は若い子供をもつ女性か熟年の既婚者であり、彼らは将来を悲観し、思考力を失いつつあると指摘していた(Chang, p. 383)。

また、一二月一七日付のメモでは、立ち退き令廃止の発表に対する人々の反応を「不快感を伴う驚き」と表現している。その理由を、①多くが西海岸に戻る家を失っているか、移動労働者であり、もともと基盤がないため、②日系人は元来、公的補助に依存しない特徴をもっていたが、立ち退き以来、自立心や自尊心を失い、外部からの支援を有益と考えるようになっているため、と分析している(Chang, pp. 391-392)。

このように、大戦末期の転住所では、若い活力のある二世は、中西部や東部に再定住するか従軍しており、残っていたのは、高齢者か幼い子供を抱えた若い女性であった。そのような公的補助に依存せざるをえない人々が急に出所を求められても、当惑せざるをえないだろう。彼らは、強制的に立ち退き・収容された上に、今度は強制出所を求められたのであった(増田、二〇〇〇年参照)。

しかも、戦時転住局には、転住所以外に住宅を建設する予算はなく、再定住地までの交通費と当面の生活費の補助しか与えられなかった。それにもかかわらず出所を強制されたのだから、日系人たちの戦時転住局への反発が強まったのは当然であった⑨。それだけに、住居や就職先を確保する上で、民間の支援団体の支援が不可欠であった。

西海岸への日系人復帰を支援した民間団体の中心は「フェア・プレイ太平洋岸委員会」であった。この委員会の呼び掛けによって、一九四五年一月一〇―一一日にサンフランシスコで人種間協力会議が開催された。参加団体は、日系市民協会、市民統一評議会、全国黒人地位向上協会、人種関係アメリカ評議会、連邦教会評議会内の再定住委員会、ＹＭＣＡ、ＹＷＣＡ、アメリカ自由人権協会、ＣＩＯ、アメリカ・フレンド・サーヴィス委員会、ユダヤ系調査委員会などであったため、日系人支援に限らず、幅広く西海岸のマイノリティ支援を協議する場となった。政府機関としては、戦時転住局からマイヤー長官が出席した他、連邦社会保障局などが参加した⑩。

このようなマイノリティ全体に関わる会合として開催されたのは、戦時中の西海岸で急成長した軍需産業を目指して南部のアフリカ系や白人が大量移住したり、メキシコ人の契約労働者が急増したことによる。戦前まではアジア系が主たる排斥対象であったが、大戦中にアフリカ系等が急増した結果、西海岸の人種関係が重層化し、日系人問題をそのような多人種関係の中で扱う必要がでてきたのである。この会議で、日系市民協会会長のキドは西海岸に復帰する日系人支持の声明の採択を求めたが、意見交換の場で決議の採択はしないという原則で会議は進められた。それでも、連邦公共住宅局が日系の軍需労働者用の住宅確保に努力することや、就職差別があった場合には大統領の公正雇用実施委員会に提訴する道があることなどが確認された。この会議の直後には、日系人奉仕のためのプロテスタント教会委員会が開催され、各宗派の代表が立ち退き令の撤廃を歓迎し、西海岸に復帰する日系人を財政面で支援するとともに、「復帰者が正常なコミュニティ生活に効果的に統合されるように」援助することを決議している[11]。

一方、日本軍の劣勢が伝えられる中、当初は日本の勝利を期待していた日系人の中にも変化が現れた。ナチス・ドイツが降伏した五月初め、スポケーンに一時出所したある日系人は、東部から大量の貨車が西海岸に転送されるのを目撃し、「この国の産業力は巨大すぎる。……日本が我々を助けることは決してない」と実感したという。また、ある一世は「パールハーバー以来、心の中は引き裂かれてきた。……この国が瓦解する危険にあったら、私は恐ろしいと感じるだろう」と語り、むしろ米国の将来を案じるようになった。夏になると、多くの日系人は日本の敗北の予想を口に出すようになり、最後まで日本の勝利を信じていた人を「狂信的異端分子(Lunatic Fringe)」扱いするようになったという(Spicer/Hansen/Luomala/Opler, pp. 263-264)。

日本の敗戦後には、毎週二〇〇〇人規模の出所が始まり、年末にはツールレイク以外の転住所が閉鎖された。住宅不足については、民間の簡易宿泊施設であるホステルや軍用宿舎の転用、トレーラー・ハウスの利用で対応した。マイヤー長官によると、一九四五年末にはホステルがカリフォルニア州だけで一一〇もあったという。教会や寺院や日本語学校の校舎も臨時の宿泊施設として開放された(マイヤー、二〇〇頁)。また、雇用面では一九四五年夏に、サンフランシスコの地方鉄道に復帰した日系人が雇用されるのを、AFL系の組合が承認したという(WRA, 1947, p. 28)。

西海岸への復帰が可能になると、中西部や東部から西海岸に戻る者も出た。しかし、戦後初期に西海岸に戻った日系人は全体の五五%で、戦前の八八・五%に比べると大幅な減少となった(WRA, 1947, p. 12)。このように、戦時転住局が追求した「分散的再定住政策」は部分的に成功したのであった。

五　ノー・ノー組の苦悩——帰国か残留か

一方、忠誠登録で米軍への従軍と米国への忠誠に関して「ノー・ノー」と回答し、ツールレイク隔離転住所に入れられた日系人は、日本に行くか、米国に残留するかの苦渋の選択を迫られた。

すでに五二頁でみたように、「ノー・ノー」と回答した者の動機は様々であった。マンザナール暴動の首謀者とみなされツールレイク転住所に入れられたジョセフ・クリハラの伝記を書いたアイリーン・タムラによると、ノー・ノー組は、次の四つのタイプに分かれるという。①米国政府による強制収容に反発し、日本に忠誠を誓った人々(親日派)、②米国に忠誠だが、登録には無回答だった人々、③米国に失望したが、日本行きは拒否した人々、④家族の分離を避けるためにツールレイク転住所に残った人々、である(Tamura, pp. 105-106)。

この内、親日派は祖国奉仕団などを結成し、坊主頭に鉢巻をして示威行進をし、一世は日本への送還を、二世は米国の市民権を放棄し、日本への国外追放を要求した。マイヤー長官の回想によると、合計は四七二四人に達したという。その多くが、一世と軍国主義時代の日本で初等中等教育を受けた帰米二世であった(Spicer/Hansen/Luomala/Opler, p. 274)。

グレッグ・ロビンソンの推計によると、一世が三〇〇〇人で、二世が一三二七人となっており、合計はマイヤーの回想より少なくなっている(Robinson, 2009, p. 260)。この親日派は他のグループにも同調するように圧力をかけたので、やむを得ず市民権を放棄したものの、後に後悔して戦後に市民権の回復訴訟を起こした者が五四〇九人も出た(マイヤー、二二七―二二八頁)。また、日本に送還された人々の中にも、敗戦後の日本の荒廃ぶりに驚いて米国に戻った者もいたから、ノー・ノー組の多くは親日派ではなく、元来は、米国に永住するつもりであったのに、米国政府による強制立ち退きや収容によって運命を狂わされた人々とみることができるだろう。

日本の敗戦後は、ツールレイク隔離転住所でも出所者が続き、送還予定者が司法省の敵性外国人収容所に移された結果、同転住所は一九四六年三月に閉鎖となった(マイヤー、二二〇―二二五頁)。ツールレイク隔離転住所に入れられた人々の中には、その体験を後に回想録や伝記として残した人がいる。その中から、日本に帰国せず、米国に再定住した例として、『カリフォルニア日系人強制収容所』を書いた白井昇をあげることができる。

白井は、一九三七年にスタンフォード大学に留学した一世で、一九四二年五月からツールレイク転住所に入れられた。そこで市民権放棄者の審問において通訳をつとめ、「ホワイト・ジャップ」と揶揄されたという。また、転住所内に、マーヴィン・オプラーという「日系人に対しては非常に同情と理解をもっていた」人物が所長をつとめる「人類学研究所」ができると、そこに参加し、ノー・ノー組の分析に加わった。さらに、日本で三〇年も宣教活動に従事した後、交換船で米国に戻ったアーレン老嬢からは、帰国申請を取り消して、米国に留まるように忠告されていたという。その上、故郷の広島が原爆投下で焼野原となったことを知ると、帰国せずに出所して、ペンシルベニア大学の東洋部の教師になる道を選択したのだった(白井、一九七一二一三頁)。

このように、白井は、ツールレイクが隔離転住所になる前からツールレイクにいた一世であり、日本帰国を考えていたが、アメリカ人の説得と広島の被爆を契機に米国残留を決意したタイプであった。なお、彼の体験記は一九五〇年代に書かれていたが、実際に日本語版が出版されたのは、強制収容に対する補償運動が始まった後の一九八一年になってからであった。

次に、「一時の怒り」で市民権を放棄したが、戦後、市民権回復の訴訟を起こして勝訴したタイプとして、『日系反逆児』を出版した清田実をあげることができる。

この本では、「啓一」を主人公とする「虚構的人物を通じて史実を物語」る手法をとっている。啓一は、小学校時代の四年間を日本で過ごした「帰米」で、日本の学校ではアメリカ人扱いを受け、日本人の「閉鎖性」に反発した人物として描かれている。トパーズ転住所に入れられた時に学生転住を希望したが、啓一が帰米と分かると、白人の面接官から「ユー　ダァテイ　ジャップ」と言われて落とされ、逆に日本的伝統に誇りをもつようになったという。忠誠登録では「国家権力の横暴に対する抵抗として」ノーと応え、ツールレイクに送られた（清田、四、四三、一三〇―一三五、一五八頁）。

ツールレイクで啓一は、親日団体には参加しなかったものの、「怒りと憎悪に満ちたまま、冷静的思考力を失ったまま、アメリカ政府に対する最後の抵抗の具体的表現として」市民権を放棄した。自暴自棄の心境になっていた時に、白人の牧師や高校教師に会い、オプラー博士を通じて市民権回復の訴訟を提起していたウェイン・コリンズ弁護士を紹介される。啓一も訴訟に加わり、その裁判の継続中は日本送還を免れている。戦後はカリフォルニア大学バークリー校で実存哲学を学び、卒業後、米空軍情報部に勤務し、日本に駐在したが、市民権放棄の経歴を隠したとして解雇された。しかし、一九五六年の最高裁の判決で市民権を回復、その後、東京大学大学院でインド哲学の博士号を取得し、ウィスコンシン大学の教授となった（清田、一八四、一九三―二一二、三二三―三三二頁）。

このように波乱万丈な人生を送った清田は、結びとして「アメリカは異質的な文化を導入し、それに刺激され、文化の向上を計らなければならない時代になった」、「旧来の同化政策は意味を失った」（清田、三四八頁）と書き、多文化共存時代の到来を提唱している。この指摘は、強制収容に抵抗した清田ならではの教訓であり、愛国同化路線をとった日系市民協会の方針への批判ともなっている。

＊＊＊

本章では次の点を指摘した。大戦末期に日系人の西海岸復帰が本格化すると、排斥団体の活動が再燃する。しかし、日系人部隊の活躍が全米に知れ渡る中で、在郷軍人会の一部が日系人擁護に方針転換したり、労働界ではＣＩＯが復帰する日系人の支持を表明したりする等、開戦直後のような排斥団体の結束は見られなくなった。その上、日本が敗戦すると、西海岸から日系人を排除する「軍事的必要性」がなくなったことは明白になり、排斥活動は沈静化した。また、復帰した日系人は住宅や仕事の不足に直面したが、「フェア・プレイ太平洋岸委員会」などの支援で困難を乗り切っていく。他方、ノー・ノー組の場合は、日本に送還された者もいたが、市民権放棄を無効にする訴訟を起こすことによって、米国在留を継続した者もいた。

このように、大戦末期には日系人を支援する輪の広がりがみられたが、その背景には西海岸における戦時中の軍需産業の急拡大に引き寄せられ、南部から多くのアフリカ系や白人が西海岸に移住することによって、西海岸の人種関係が大きく変化したことがあった。この面の解明が次章の課題となる。

注

（1） Japanese American Citizens League, National Headquarters, *Bulletin* 27, September 13, 1944, JERS Records(67/14c)T. 6. 11.

（2） エスター・タケイに対する全国日系アメリカ博物館によるオーラル・ヒストリーを参照。*Re・gen・er・a・tions: Oral History Project*, Vol. 2, Japanese American National Museum, 2000, pp. 329–330.

（3） Ibid., p. 329. Encyclopedia. Densho. org の Esther Takei も参照。

（4） "To all Persons of Japanese Ancestry Evacuated from Imperial Valley", JERS Records, T1. 71.

(5) Native Sons of the Golden West, "Why the West Coast Oppose the Japanese", California State Archives, Earl Warren Papers, F3640. 3668.

(6) "Resolution Unanimously Adopted by Los Angeles Post No. 8", American Legion Department of California, JERS Records, T1. 76.

(7) "Resolution Adopted by California CIO Council in Executive Session", JERS Records, T1. 74.

(8) 注5と同一文書。F3640. 3668及び F3640. 3673.

(9) "A Brief Historical Report of the Pacific Coast Committee on American Principles and Fair Play", JERS Records, Canton3 CA171 3: 48.

(10) 注9と同じ。

(11) "Minutes and Findings of the Meeting of the Protestant Church Commission for Japanese Service", JERS Records, CA171, Carton 4, F32.

第五章　軍需産業の急成長と人種関係の重層化

一　戦時下西海岸の社会変動

第二次世界大戦を通じて西海岸三州では「第二次ゴールド・ラッシュ」と呼ばれるほどの人口増加がみられた(Johnson, p. 30)。表9は一九四〇年から一九六〇年までの人種別の人口変化を示したものである。開戦直前の一九四〇年から終戦直後の一九五〇年までの一〇年間に、一・五倍近くに達する大規模な人口増加があったことが分かる。白人の増加は大恐慌期の農業不況から始まっていた。オクラホマから西海岸に移住してきた人々は「オーキーズ」と呼ばれ、西海岸のブドウ園などで苦労していた姿がジョン・スタインベックの『怒りのブドウ』で描かれている。第二次世界大戦期になると米国経済は急成長を遂げ、多くの人々が西海岸の好景気を求めて、南部などから移住した。この表での「その他」は、この時期の場合、アジア系が多数を占めていたと考えられる。

表10は、カリフォルニア州におけるマイノリティ人口を一九四〇年と一九五〇年で比較したものである。一九四〇年の総計の日系と中国系を合計すると、約一三万三〇〇〇人となり、表9の「その

表9　西海岸3州における人種別人口の変化（1940-1960年）

（千人）

	白人	黒人	その他	合計
カリファルニア				
1940	6597	124	186	6907
1950	9915	462	209	10586
1960	14455	884	378	15717
オレゴン				
1940	1076	3	11	1090
1950	1497	12	13	1521
1960	1732	18	19	1779
ワシントン				
1940	1698	7	31	1736
1950	2316	31	32	2379
1960	2752	49	53	2853
西海岸合計				
1940	9371	134	228	9733
1950	13728	505	254	14486
1960	18939	951	450	20349
人口の増加率(%)				
1940-50	146	377	111	149
1940-60	202	710	197	209

出典：U. S. Department of Commerce, Bureau of the Census, *Historical Statistics of the United States, Colonial Times to 1970*, Part I, pp. 25, 33, 36.

他」一八・六万との差は五・三万人（二八％）である。ここにはメキシコ系やフィリピン系が含まれている。一九五〇年の日系と中国系の合計は一四万三〇〇〇人となり、表9のカリフォルニアの「その他」の二〇万九〇〇〇人との差は六万六〇〇〇人となる。

メキシコ人に関しては、大恐慌期に帰国する者が増えた。第二次世界大戦中に日系人が強制収容されると、西海岸の農業労働者の不足が深刻化する。それを受けて、メキシコ政府との間で一九四二年に「ブラセロ計画」という農業部門への契約労働者の派遣プログラムが締結され、再び流入が増え始めていた。それでも、この一〇年間における「その他」は一・一一倍でほぼ横ばいであったのに対して、アフリカ系は三・八倍を示しており、大戦中における黒人人口の急増が目立つ。特にカリフォルニア州では、一九四〇年では「その他」（表9、一八万六〇〇〇人）の方がアフリカ系を上回っていたのに、一九五〇年になると、アフリカ系人口(表9、四六万二〇〇〇人)が「その他」の二倍以上になっている。つまり、第二次世界大戦を通じて、西海岸のマイノリティ問題ではアジア系だけでなく、アフリカ系の存在が大きな比重を占めるようになったのである。カリフォルニア州の中でも、表10のサンフランシスコ湾岸の諸郡では、この一〇年間でアフリカ系人口が七二一%も増加しており、第二次世界大戦中におけるアフリカ系人口の激増が都市化率の高い地域で進行していたことが見て取れるだろう。

このようなアフリカ系人口の急増は、南部農業地帯における機械化の影響で、南部から締め出されたアフリカ系が西海岸での雇用を求めて移動した結果である。その背景には、対日戦の影響による米国経済の成長、具体的には、サンフランシスコ、サンディエゴ、シアトルにあった軍事基地がフル稼働した上、造船業や航空機産業、電子産業が西海岸に大規模に配置されたことがあった。例えば、ロサンゼルス周辺にはダグラス、ロッキードなど、シアトルにはボーイングといった航空機産業が、オークランドやポートランドには造船業が、後にシリコン・ヴァレーとして有名になるサンタクララ郡などでは電子産業が発達した。しかも、これらの軍需産業は戦後も米ソ冷戦の影響で継続的に発展し、「軍産複合体」を形成したのであった(Nash, pp. 26–29)。

戦前までの西海岸は、東部に対する食料供給地としての役割を主としていたが、第二次世界大戦中の軍需産業の発達を通じて、一大工業基地として変貌した。大都市化も進行し、専門職や事務職、サービス業などが成長することになる。結果として、転住所から帰還した日系人にとっては有利な状況が生み出されることになった。特に、戦前までの日系人は農業に従事する者が多数であったが、農村部では戦争末期になっても日系人排斥が続いており、帰還した日系人は都市部で仕事を探す必要があったため、この時期に西海岸の都市部で労働需要が高まっていたことは日系人に有利に働いた。また、重工業の発達で不熟練労働者に対する需要が高まったことはアフリカ系の雇用につながった。戦前までの労働組合の主流であった熟練工中心のＡＦＬは、非白人の組合加入を認めていなかったが、一九三八年に発足したＣＩＯは非白人の不熟練工の加入を認めていたので、その点もアフリカ系には有利に働いた(Johnson, pp. 22–24)。ただし航空機産業は、白人女性の雇用は進めたが、アフリカ系には長く門戸を閉ざしていたという(Johnson, p. 81)。このようなＣＩＯの台頭は、戦後の地方政治の革新に大きな影響を及ぼし始めていた。ＣＩＯは一九四四年に、政治活動の組織として「政治活動委員会(Political Action Committee)」を結成して、マイノリティと革新勢力の連合を後押ししつつ、地方政治の革新に乗り出し

人口の変化(1940年，1950年)

1950年			人口の増減率(%)		
日系	アフリカ系	中国系	日系	アフリカ系	中国系
4,934	69,442	7,760	88	563	197
1,417	22,023	438	171	3784	200
5,148	11,492	1,132	114	409	122
236	12,530	685		323	148
36,761	217,881	9,187	99.7	290	172
1,186	889	117	64		
477	5,939	66		262	
5,298	7,499	3,860	78	348	156
257	7,048	209		368	
2,104	17,030	819	101	383	
5,579	43,502	24,813	106	898	140
3,126	7,565	2,127	70	495	150
1,464	2,395	1,110	120	303	156
5,986	1,718	685	148	235	
1,315	2,880	259	73	275	
84,906	462,172	58,324	91	372	147
19,891	149,349	35,783	113	721	148

ランシスコ湾岸諸郡」には本表＊印の郡以外に，マリン，

the Non-White Population by Race, GPO, 1943; *The 17th Population by Race*, GPO, 1952.

表 10　カリフォルニア州主要部におけるマイノリティ

	1940 年				
	総人口	日系	アフリカ系	中国系	総人口
*アラメダ	513,011	5,617	12,335	3,947	740,315
*コントラコスタ	100,450	829	582	219	298,984
フレズノ	178,565	4,527	2,812	931	276,515
カーン	135,124	756	3,881	464	228,309
ロサンゼルス	2,785,643	36,866	75,209	5,330	4,151,687
オレンジ	130,760	1,855	287	60	216,224
リヴァーサイド	105,524	552	2,264	44	170,046
サクラメント	170,333	6,764	2,156	2,471	277,140
サンバーナーディノ	161,108	346	1,915	151	281,642
サンディエゴ	289,348	2,076	4,444	479	556,808
*サンフランシスコ	634,536	5,280	4,846	17,782	775,357
サンホアキン	134,207	4,484	1,527	1,419	200,750
*サンマテオ	111,782	1,218	791	713	235,659
*サンタクララ	174,949	4,049	730	555	290,547
トレア	107,152	1,812	1,048	244	149,264
総　計	6,907,387	93,717	124,306	39,556	10,586,223
サンフランシスコ湾岸諸郡	1,665,256	17,653	20,701	24,151	2,577,917

注：本表では，1940 年の総人口が 10 万人以上の郡を列挙した．また，「サンフ
ナパ，ソラノの 3 郡を加えた．

出典：*The 16th Census of the U.S. Population, Special Report, Characteristics of*
Census of the U.S. Population, Special Report, Characteristics of the Non-White

ていた。事実、一九四七年のオークランド市長選挙では、共和党の保守政治の基盤(マシーン)を敗北に追い込んでもいる(Johnson, p. 186)。

二　激化する人種対立と緩和の模索

一九三九年九月にヨーロッパで第二次世界大戦が勃発したのに対応して、米国では国防費が増額され、軍需産業が拡大し始めていた。しかし、軍需産業における黒人の雇用は進まなかった。一九四二年二月時点での軍需産業における黒人の雇用は三%に過ぎず、一九四〇年の航空機産業では、全雇用者数一〇万人中、黒人は二四〇人に過ぎなかったという(上杉、一三〇―一三一頁)。

そのため、黒人労働運動の指導者、フィリップ・ランドルフは、一九四一年一月に「国防産業および軍隊における正当な地位の確立を目指すワシントン行進」を提起、七月に一万人規模の集会を首都ワシントンで開催し、政府に差別是正の圧力をかけようとした。これに対して、ローズヴェルト大統領は六月に大統領行政命令を発表し、国防産業における人種差別の禁止を命じるとともに、差別の訴えを調査し、差別があった場合には是正勧告を発することができる公正雇用実施委員会を、戦時の臨時措置として設置することを決定した。この命令の発表を受けて、ランドルフはワシントン行進の中止を決定した(上杉、一三九―一四六頁)。

この行政命令は、南北戦争後の南部再建期以来初めて発せられた人種関係の改善をめざす大統領命令であったが、白人労働者からの反発が強かった。熟練工を中心としたAFLは非協力の姿勢をとり、原理的には人種差別に反対して発足したCIOでもあいまいな姿勢をとる組合が多かったという。しかし、米国参戦後、多くの若者が戦場に送られ、米国内での労働力不足が目立つようになると、軍需産業での黒人雇用は増加し、一九四四年一一月には八・三%に達した。とはいえ、軍隊内での人種差別は継続され、黒人は白人とは別の分離部隊に組織され、輸血の血まで分けられたという(上杉、一四六―一四九頁)。

軍需産業が拡大し、南部から白人や黒人が北部や西部の軍需産業に移動する規模が大きくなるにつれて、大都市での人種対立が激化していった。とくに一九四三年に入ると、各地で人種暴動が発生し始める。六月初旬にはロサンゼルスで、一〇〇〇人以上の白人水兵がメキシコ系の青年を襲撃する「ズート・スーツ」暴動が発生した。これは、大量の羊毛を使用する「ズート・スーツ」が戦時下では「非愛国的」であると主張して、その着用者を攻撃したものだが、実際はメキシコ系に対する人種偏見に由来した暴動であった。また、中西部のデトロイトでは、白人と黒人の青年同士のけんかをきっかけに、六月二〇日に五〇〇〇人が参加する暴動が発生し、連邦軍が出動してようやく沈静化した。この暴動では黒人二五人、白人九人が死亡した。また、東部のニューヨークでも八月に暴動が発生している(上杉、一六六―一七二頁)。

戦争中に人種暴動が多発したことにより、政府中枢だけでなく、ローズヴェルト政権を支持する白人の間でも危機意識が生まれ、人種対立の緩和の努力が始まった。黒人運動では、ファシズムに対する勝利と同時に、国内の人種差別に対する勝利という「二重の勝利(Double Victory)」が目標に掲げられてゆく。シカゴには、「人種関係アメリカ評議会(American Council on Race Relations)」が、西海岸では、サンフランシスコ湾岸地域で、一九四二年に「差別に反対する湾岸評議会(Bay Area Council against Discrimination)」が結成された。この湾岸評議会の初代の議長にはウォルター・ゴードンが就任した。彼は、カリフォルニア大学バークリー校を卒業した弁護士で、ボクシングやフットボールでも活躍し、全国黒人地位向上協会のアラメダ支部長を長年務めるなど、戦前のカリフォルニア州では最も尊敬された黒人であった。この評議会には、ユダヤ系団体やＣＩＯのカリフォルニア州支部など七〇団体が参加し、雇用・住宅・公共施設など、あらゆる差別に反対する目標を掲げていた。しかし、資金不足から一九四四年半ばには休止に追い込まれ、代わって「サンフランシスコ市民統一評議会(San Francisco Council for Civic Unity)」に改組されるに至る(Broussard, pp. 194–197)。

この市民統一評議会は、カリフォルニア州の各地でも組織され、その連合体として、「市民統一カリフォルニア連合(California Federation for Civil Unity)」が発足した。戦前の黒人に関する公民権運動は、全国黒人地位向上協会に白人が参加する程度で、ほとんどが黒人によって推進されていた。しかし、第二次世界大戦が「反ファシズム戦争」の性格を強め、ナチスによるユダヤ人排斥の実態が知れ渡るようになると、白人の間にも人種平等への関心が高まった。その結果、市民統一評議会には多くの白人が参加するようになった。こうした流れの中、日系人を支援した「フェア・プレイ太平洋岸委員会」の事務局長を務めたルース・キングマンが、カリフォルニア州全体の人種間協力組織の結成に主導的な役割を果たした(Broussard, pp. 197–199)。

三　「リトル・トウキョウ」と「ブロンズビル」の角逐

日系人が強制収容所に入れられていた間に、ロサンゼルスにあったリトル・トウキョウには黒人が流入して「ブロンズビル」と呼ばれるようになっていた。そこに大戦末期になって日系人が帰還してくるとなると、大きな衝突の発生が懸念された。戦前の日系人にとって、リトル・トウキョウは、エスニックな結集のシンボル的存在であっただけに、そこでアフリカ系と共存できるかどうかは、第二次世界大戦中に進行した文化多元主義の試金石となった。

戦時中のブロンズビルに居住していた住民は約二万五〇〇〇人であった。一九四三年の調査によると、八五%が一年以内に移住した者で、ルイジアナ州出身者が三五%、テキサス州出身者が二五%であったという。当時のロサンゼルスには、不動産業者などが非白人には白人の居住地域の土地や建物を売らない住宅隔離という慣行があったため、黒人は住宅探しに苦労して、今や「ゴーストタウン」化していたリトル・トウキョウに入り込んだのであった。黒人は日系人が営んでいた商店やレストランなどの建物を利用して商売を始めたが、二・六平方キロメートルほどの狭い地域に大勢の黒人が詰め込まれた状態となり、犯罪が発生したり、不衛生状態が広がっていたという(S. Kurashige, pp. 160–161)。また、日系人の分散的再定住を推進していた戦時転住局は、リトル・トウキョウの復活は望ましくないと反対していた。

日系人がロサンゼルスに帰還を始めると、衝突や暴動の発生が懸念された。アフリカ系の指導者の間では、日系人の帰還に反対しない声が早くから上がっていた。一九四四年五月、全国黒人地位向上協会の事務局長、ウォルター・ホワイトは、ローズヴェルト大統領が日系人の西海岸復帰の許可を大統領選挙後まで延期しようとしていることを知ると、アメリカ・フレンド・サーヴィス委員会の事務局長クラレンス・ピケットとともに、延期に対する抗議行動を組織し、主要メディアに日系兵士の活躍ぶりを報道するように働きかけた。一方、日系人の側でも、日系市民協会の機関紙『パシフィック・シティズン』の編集者、ラリー・タジリが、ローズヴェルト大統領が提唱した「四つの自由」をすべてのマイノリティに適用せよと主張している。その際、アフリカ系との連帯のメッセージを発するとともに、アフリカ系の権利闘争の実態を記事で紹介した(Robinson, pp. 167, 222)。また、後に著名な日系人作家となるヒサエ・ヤマモトは、黒人新聞の『ロサンゼルス・トリビューン』紙で人種間対話を担当する記者となった(S. Kurashige, p. 177)。

リトル・トウキョウでは、黒人の流入によって発生する諸問題に対処するために、一九四三年九月に福祉評議会によって「ピルグリム・ハウス」が設置される。本部は、空き家になっていた日系のユニオン教会に置かれた。シカゴから来た黒人牧師、チャールズ・キングスレーを代表としたこの組織は、日系人のサミュエル・イシカワを臨時スタッフに雇い、帰還した日系実業家やＹＭＣＡ・ＹＷＣＡなど教会関係者との連絡を密にしたという(増田、二〇〇四年、一〇四—一〇五頁)。

しかし、日系人の間では、元来「自分たちのもの」であるリトル・トウキョウを黒人から取り返すという意識をもつ者が、特に一世を中心として多かった。その上、戦後の米国社会で生き残るためには白人社会に同化することが必要と考える者も多かったので、黒人を軽視したり、蔑視する者もいた。逆に、黒人から見ると、日系人は差別に反対する権利闘争に消極的であるとの不満があり、両者の協力関係の構築は簡単ではなかった(増田、二〇〇四年、一一二—一一四頁)。

それでも、リトル・トウキョウでは若干の強盗事件などを除いて、大きな衝突もなく、日系人を主とする街に復活していった。それは、黒人の側がリトル・トウキョウを、元来、一時的な滞在地と考えていたこと、また、日系人の商人からすると、黒人も大切な顧客だった(図7)ので、衝突を避けたこと、さらに、資金力で上回る日系人が店舗などを買い取っていったこと、などによるものであった。その結果、リトル・トウキョウの日系人の復帰を「異人種間適応における奇跡」と評価する者もいたのである(増田、二〇〇四年、一〇五―一一四頁)。一九五五年にロサンゼルスに戻り、不動産業を始めたトーゴー・タナカは、黒人やメキシコ系の流入で、ロサンゼルスがかつてのような「アングロ中心」ではなく、より「コスモポリタン的」になったと証言している。

また、公民権運動の影響で住宅差別が軽減されたり、白人が郊外に脱出した影響もあり、日系人の居住地が分散され、クレンショウ(Crenshaw、リトル・トウキョウから西へ一二キロメートルくらいに位置)などの新しい居住地が拡大した。一九五〇―六〇年代のクレンショウにあった高校では、黒人・白人・アジア系の生徒が三分の一ずつを占めていたという。白人のほとんどはユダヤ系で、革新的な立場をとる親が多く、その子供は「赤いおむつをつけて成長した赤ん坊(Red Diaper Babies)」と呼ばれたという。そのように革新的なユダヤ系の親は、他の白人のように非白人を嫌って郊外に移住することはしなかったので、クレンショウは「多人種共生の実験場」になったと言われている(Pulido, p. 56)。戦後には日系二世の女性が白人男性と結婚するケースが出始めるが、相手がユ

図7 第2次世界大戦末期のリトル・トウキョウの日系人商店(1945年5月)(出典：The Community That Was Once Called Bronzeville)

ダヤ系であるケースが多かったのにはこのような背景があったと思われる。

このように戦後の日系人の居住地域が多様化した結果、リトル・トウキョウは日系人の居住地というより、ビジネスや観光地としての機能を強めていく(1)。一方、戦後の日系人は、その後、様々な差別法の撤廃に取り組むことになるが、その際には、黒人など他の人種団体に協力を求めることになる。

四 「反ファシズム戦争」と中国系差別法の撤廃

「反ファシズム・民主主義擁護」を第二次世界大戦における戦争目的として強く打ち出した米国が、他方で、日系人を強制収容したり、黒人を差別したりしていたことは言行不一致であるとして、枢軸国からも非難されていた。そのため、米国は何らかの対応を迫られていた。戦時転住局のマイヤー長官が日系人の出所を促進して、転住所の早期廃止をめざしたのもそのためであったが、実際に戦時転住局が廃止されるのは、戦後の一九四六年六月のことであった。

関連して、中国系移民に対する差別も大戦中に問題化していった。とくに、中国は第二次世界大戦中の同盟国であり、中国からも差別の是正が要求されていた。

中国から米国への移民は、ゴールド・ラッシュや大陸間横断鉄道の建設に伴い、一九世紀半ばから始まった。そのブームが去ると、中国系移民たちはサンフランシスコなどの西海岸の都市に「チャイナ・タウン」を形成し、タバコの製造・販売やクリーニングなどに従事するようになり、競合関係になった白人事業者や労働者から強い反発を招くようになった。その結果、一八八二年に中国人移民の流入と帰化を禁止する「排華移民法」が制定されることになる。この法律により、中国人は何年米国に居住しても市民権が取得できない、「帰化不能外国人」の扱いを受けるようになった(貴堂、一〇一―一〇二頁)。この帰化不能外国人規定は、一九二四年の移民法で日系を含むすべてのアジア系移民に適用され、日系移民や日本人の間でも強い反発を招いていた。

米国には長年、中国貿易に携わってきた貿易業者や中国で宣教活動をしてきた宗教関係者が多数おり、彼らは親中国ロビーを形成してきた。特に宣教師の場合、一九二六年までだけで八三二五人も存在した。一九三一年の満州事変、三七年の日中開戦で米国世論は親中色を強めていたが、四一年の日米開戦後、中国は明確に米国の同盟国となり、ローズヴェルト政権は武器貸与法などを通じて中国に対する軍事援助を強化していた。米国としては、対日戦を有利に展開するためにも、中国が日本への抵抗を継続することが重要と考え、例えば、中国・ビルマ・インド戦域の米軍司令官にジョセフ・スティルウエルを派遣して、指導を強化していた。それだけに、中国系移民を差別する法律の維持は同盟関係の大きな傷となっていた。

一九四二年五月、東部の宗教者・労働運動家が集まり、排華移民法の撤廃を求める運動の計画について話し合った。その会合には、『アジアと米州』誌の編集者リチャード・ウォルシュの他、在中宣教師の娘で、長年の中国生活を題材にして書いた『大地』で一九三八年にノーベル文学賞を受賞したパール・バックも参加している。会合では、排華移民法の撤廃を議会に要請するための市民組織を適当な時期に発足させる点で合意した。そうした折も折、蔣介石の妻、宋美齢が一九四三年初めに米国を親善訪問する。宋美齢は、米国のウェルズリー大学を卒業し、英語に堪能な人物で、「米中同盟の象徴」として全米各地で大歓迎を受けた。この様子を目撃したウォルシュは、排華移民法の撤廃を議会に要請するタイミングが訪れたと判断し、議員への働きかけを開始した。その対象の一人がウォルター・ジャッドである。

ジャッドは、ミネソタ州選出の共和党下院議員で、中国で医療宣教師を務めたことがある人物であった。議会では二、三の法案が提出されたが、中でもワシントン州選出のウォーレン・マグヌソン下院議員が三月二六日に提出した、一九二四年移民法の出身国別割当制を中国系移民にも適用し、まずは年間一〇五人というわずかな数を受け入れるとともに、中国系の帰化権を認めるという法案が軸となって審議が進んだ。また、戦後世界評議会や全国平和会議を代表したオズワルド・ヴィラードは、改正を中国系だけに限定せず、全アジア系に拡大するように主張した②。

開催された公聴会では、四二人の証言者中、一〇人がYMCAやYWCAなど教会関係者であった。パール・バックも証言し、次のように語った。「それは、中国人を傷つける全面的な排除という不正義です。民族としての彼らに課した軽蔑です。今や中国は同盟国です。この傷は中国にいるアメリカ人には耐えがたいものです。……それは我々の民主主義的な理想の否定であり、これは中国にいるアメリカ人に屈辱を与えるものです」と。この証言に対して、ある議員は、この改正は「人種間の社会的平等」を求めるものかと質問したのに対して、バックはこの改正はあくまで「戦時措置」だと答えた(注2文献、pp. 70–73)。要するに、議会での審議では、新たな入国者の範囲を中国系に限定せず、アジア系一般にするか、この措置が「人種間平等」を求めるのか、戦時措置として行われるのか、年間の受け入れ数は一〇五人で十分か、などが争点となったのである。

これらの争点に対して、マグヌソンは六月二九日に修正案を提案したが、それは入国の範囲を中国系に限定して、年間一〇五人までを受け入れるとともに、中国系の帰化権を認めるというものであった。九月三〇日、上院でも同一の法案が提出される。審議が大詰めになる中、ローズヴェルト大統領は法案の可決を訴えて、次のようなメッセージを送った。「私は、この立法を戦争に勝利し、安定した平和を実現する上で重要だと考えます。中国は同盟国です。……排華移民法の撤廃で、我々は歴史的な誤りを是正し、日本の歪んだプロパガンダを黙らせることができます」と(Riggs, pp. 210–211)。そして一二月一七日、連邦議会はこの法案を可決し、一八八二年以来の排華移民法は撤廃された。

この法律では移民受け入れや帰化権の対象が中国に限定されたが、戦後にフィリピンやインドが独立すると、一九四六年にはフィリピン系とインド系に拡大された。さらに、日本が米国の同盟国となった一九五二年には、マッカラン・ウォルター移民法によって日系や朝鮮系もその対象とされたのだった(Kim, 1994, pp. 140–151)。

大戦中に中国系が移民差別法の撤廃に成功したことは、日系が差別法撤廃を実現する上で、大きな足がかりとなった。その背景には、戦後の米国のアジア進出の思惑も影響していたのであった。強制収容所から出所した日系人は、次章で検討するように、戦後の改革の一環として移民法の改正による一世の帰化権獲得と新たな移民枠の実現を目指した運動を展開することになるが、その際、冷戦下の日米両国が同盟関係に入ることが有利に働くことになる。

＊＊＊

本章では、第二次世界大戦中の西海岸における軍需産業の急拡大で、南部から大量の黒人や白人が流入し、西海岸の人種関係がより重層的なものに変化してゆく過程をみた。その結果、各地で人種暴動が発生する懸念が高まり、人種間協調を促進する組織が発足するに至った。カリフォルニアでは、日系人を支援してきた「フェア・プレイ太平洋岸委員会」が主導する形で組織化が進んだ。一時黒人の街に代わっていたリトル・トウキョウでも、大きな衝突なしに、日系人の復帰が実現した。それは、戦後のロサンゼルス地区で住宅隔離がある程度緩和された結果、日系人の居住地が拡大され、多人種・多エスニック集団の共生する地域が増えたからでもあった。

また、第二次世界大戦を「反ファシズム・民主主義擁護」の戦いと位置づけた米国にとって、同盟国の中国系移民を差別する法律の存在は不適当との認識が宗教者や知識人の間で高まり、一九四三年に排華移民法が撤廃されるに至った。この動きが、戦後、日系人にも拡大されることになる。

以上を踏まえて、第三部では第二次世界大戦後の西海岸に日系人が復帰していくなか、様々な差別法の撤廃に成功し、戦前には困難であった専門職や事務職に従事する日系人が増加し、「モデル・マイノリティ」と称賛されるようになる過程とともに、強制収容体験を封印していった過程を検討する。その上で、日系人が社会的地位上昇をとげながら、何故リドレス運動を始めたのか検証する。

注

（1） Japanese American National Museum, *Re・gen・er・a・tions*, Vol. 2, pp. xxxviii–xxxix.

(2) U. S., Congress, House of Representatives, Committee of Immigration and Naturalization, *Hearings on H. R. 1882 and H. R. 2309, Bills to Repeal the Chinese Exclusion Acts, To Put the Chinese on a Quota Basis, and To Permit Their Naturalization*, Government Printing Office, 1943, pp. 92, 119.

第三部　「成功物語」とトラウマの潜行

——世代を超えたリドレス運動へ

第六章 「モデル・マイノリティ」神話の登場

一 土地所有・帰化権などの差別撤廃と日系市民協会の再建

日系市民協会の再建

西海岸に復帰した日系人たちは深刻な住宅不足と職不足に直面した。すでに述べたように、戦時転住局が住宅を用意することはできなかったし、連邦の住宅局は非協力的だったので、ホステルや陸軍のバラックや教会・寺院・日本語学校などを一時滞在として利用したり、トレーラーを住宅として利用するしかなかった。一九四五年末にはカリフォルニア州だけで一一〇戸のホステルが用意されている。転住所から出所した後も狭い住宅での暮らしが継続したのであった(マイヤー、一九八—二〇二頁)。強制立ち退き・収容の過程で土地・財産・家財を喪失した者は七五%と推定されており(Robinson, 2009, p. 257)、ほとんどの日系人が戦後ゼロから再出発せざるを得ず、当面の生活再建に追われていた。

そうした中でも、日系市民協会の幹部は、新しい指導方針の明確化に迫られていた。日系市民協会は、戦時転住局に協力したり、FBIなどに「抵抗派」の名前を通報した疑いをかけられていたため、多くの日系人から反発を買っていた。創設を進言した日系人部隊の活躍で米国世論の日系人に対する偏見を劇的に軽減した功績は大きかったが、日系人の間では影響力を減退させていた。その点は日系市民協会の事務局長であったマイク・マサオカも認めている。「強制退去が始まったころは、六六の支部があり、二万人近い会員がいた。西海岸から追い立てられ、二世の挫折感と怒りのスケープゴートにさせられたJACLは、活動している支部はわずか一〇に減り、それも大半が山間部地域に散在し、一七〇〇人の会員があちらこちらにいるだけになってしまった。二世が自分自身の生活の建て直しに必死なときに、JACLの大々的な組織再建が要求されていたのだ」(正岡／細川、二一九頁)。

マサオカは、一九四五年一二月にヨーロッパ戦線から帰国した折、キド会長から五項目の運動方針を示されたという。その第一は連邦法を改正して、一世の帰化権を実現すること、第二は移民法を改正して、日本人の入国枠を回復すること、第三は強制退去時に失った財産の補償、第四は戦中に日系人が被った犠牲と貢献の広報、第五は日米間に公正な講和を実現することであった。一九四六年秋にデンバーで開催された日系市民協会の全国大会では、この五項目に加えて、日系人の国外追放の停止やマイノリティ・グループの全国会議の結成、外国人土地法への異議申し立てなどが追加されている(正岡／細川、二一七—二二二頁)。

このとき日系市民協会内に「反差別委員会」が設置され、他のマイノリティ団体との連携が追求されることになった。つまり、日系市民協会としては、これらの課題を実現することによって自らの信頼回復を図ることが急務と考えたのである。その後、マサオカは首都ワシントンで、連邦法改正のロビー活動に専念することになる。

外国人土地法をめぐる闘い

カリフォルニア州への日系人の復帰に反対する人びとは、外国人の土地購入を禁止した州法である外国人土地法を州憲法に明記するという提案を、一九四六年一一月の中間選挙時に実施する住民提案第一五号で実現しようとした。提案者には、日系人の強制立ち退きを声高に主張したジャック・テニー州上院議員も含まれていた。これに対して、日系市民協会は、他の団体にも働きかけて、猛反対のキャンペーンを行った。住民投票の結果は、**表11**に示したとおり、賛成七九万七〇六七票に対して、反対一一四万三七八〇票で否決された。

この外国人土地法は、元来、一九一三年に日系一世の農地購入を妨害するためにカリフォルニア州議会が可決したもので、西部の各州にも広がっていた。この州法の延長を求める一九二〇年の住民投票では、賛成が六六万八四八三票に対して、反対が二二万二〇八六票という圧倒的な票差で可決されていた。以来二六年が経過して、その条項を州憲法に挿入しようとした排日系の試みが否決されたのであった。

表11は、この二回の住民投票の結果と一九四六年に行われた公正雇用実施委員会の設置を求める住民投票の提案第一一号の結果を、カリフォルニア州の郡別に示したものである。公正雇用実施委員会は、第二次世界大戦中にローズヴェルト大統領が発した政府機関や軍需工場における人種差別を禁止する行政命令により設置されたものであった。この提案は、それを戦後のカリフォルニア州でも継続

30 オレンジ	13,276	4,012	16,266	24,663	9,508	40,580
31 プレイサー	3,761	864	4,651	2,900	2,566	5,857
32 プルマス	1,083	301	1,310	1,038	1,093	1,786
33 リヴァーサイド	8,344	4,081	10,980	16,138	7,396	25,424
34 サクラメント	18,698	4,109	31,697	15,607	15,539	37,006
35 サンベニト	2,327	573	948	1,590	768	2,172
36 サンバーナーディノ	13,937	5,037	20,491	23,201	13,274	41,725
37 サンディエゴ	16,968	11,403	53,458	41,371	31,961	83,006
38 サンフランシスコ	111,083	30,081	72,573	108,924	69,651	141,956
39 サンホアキン	14,669	4,066	10,053	20,603	7,989	25,985
40 サンルイオビスポ	4,962	1,509	4,103	4,363	3,150	7,532
41 サンマテオ	7,213	2,393	13,223	25,131	12,964	32,291
42 サンタバーバラ	8,080	1,961	7,049	9,597	5,804	14,880
43 サンタクララ	18,854	7,826	15,152	33,727	18,093	41,616
44 サンタクルーズ	5,552	1,833	5,627	7,273	3,971	11,269
45 シェスタ	2,270	789	2,399	2,550	2,120	4,069
46 シエラ	478	136	323	221	217	399
47 シスキュー	3,211	1,120	2,873	2,264	2,047	4,252
48 ソラノ	8,289	2,113	7,693	7,711	6,517	13,802
49 ソノマ	10,895	3,453	6,824	9,819	6,202	13,578
50 スタニスロース	8,056	2,471	10,357	6,835	4,902	14,210
51 サター	1,957	511	1,819	1,596	891	3,222
52 ティハマ	2,668	964	1,581	1,252	840	2,450
53 トリニティ	691	220	576	468	486	805
54 トレア	11,024	2,979	9,892	8,222	4,538	16,807
55 トアルム	1,472	520	1,192	1,649	1,112	2,273
56 ベントゥーラ	5,116	1,512	6,052	8,907	4,785	14,410
57 ヨーロ	4,201	1,009	3,089	2,712	4,606	5,085
58 ユバ	2,203	510	1,640	1,648	1,174	2,954
合　計	668,483	222,086	797,067	1,143,780	675,697	1,682,646

出典：State of California, *Statement of Votes, General Election held on November 2, 1920*(Sacramento, 1920); State of California, *Statement of Votes, General Election held on November 5, 1946*(Sacramento, 1946).

表 11　カリフォルニア州における外国人土地法および公正雇用実施法関連の住民投票結果(1920 年，1946 年)

	外国人土地法提案第 1 号(1920 年)		外国人土地法の州憲法挿入提案第 15 号(1946 年)		公正雇用実施法制定提案第 11 号(1946 年)	
郡	賛成	反対	賛成	反対	賛成	反対
1 アラメダ	74,262	25,714	70,594	88,308	64,252	131,961
2 アルパイン	27	15	31	22	26	36
3 アマドア	1,586	387	938	725	529	1,387
4 ビュット	5,863	1,697	4,317	4,439	3,211	7,629
5 カラベラス	1,664	474	724	1,106	500	1,542
6 コルーサ	2,050	536	1,100	865	560	1,742
7 コントラコスタ	10,651	2,747	15,326	20,795	17,869	28,527
8 デルノルテ	642	199	524	525	575	853
9 エルドラド	1,927	461	1,752	1,150	883	2,464
10 フレズノ	17,176	7,274	23,707	16,739	13,428	33,193
11 グレン	2,135	627	1,361	1,041	614	2,218
12 フンボルト	6,237	2,211	4,354	4,532	4,322	7,504
13 インペリアル	4,814	1,996	2,694	2,303	1,579	4,556
14 インヨー	1,420	500	641	895	667	1,342
15 カーン	9,638	3,569	12,037	12,262	7,075	23,669
16 キングス	3,524	957	2,704	2,872	1,594	4,939
17 レイク	1,254	399	1,060	1,057	692	1,969
18 ラッセン	1,454	576	1,282	1,126	1,119	1,876
19 ロサンゼルス	181,096	64,125	297,837	558,826	294,938	758,641
20 マデラ	2,124	753	2,179	1,760	1,218	3,519
21 マリン	5,445	1,915	6,162	9,006	5,443	13,618
22 マリポザ	583	194	503	487	416	774
23 メンドシーノ	4,550	1,382	2,045	2,729	2,022	4,069
24 マーセッド	3,905	1,027	4,596	3,368	2,488	6,604
25 マドック	847	507	609	635	393	1,118
26 モノ	169	42	153	144	114	269
27 モントレー	5,076	1,677	7,273	8,553	4,217	14,389
28 ナパ	4,579	1,246	4,670	3,212	2,318	7,001
29 ネヴァダ	2,447	523	2,003	2,418	1,471	3,836

させようとするものであった。外国人土地法に関する一九二〇年の投票では、州全体で賛成と反対の票差はほぼ三対一であり、マドックやアルパイン、サンディエゴのように反対の比率が高く、票差が二対一になった郡もあったが、全体として反対が賛成を上回った郡はなかった。それに対して、一九四六年の第一五号に関する投票では反対が賛成を上回った郡がでている。**図8**ではそれを濃いアミで、賛成が反対を上回った郡を薄いアミで表示し、賛否がほぼ拮抗した郡を無地として表示した。その結果、北部、中部、南部の農村地帯で賛成が上回ったのに対して、サンフランシスコとその周辺やロサンゼルスとその周辺のような都市部では反対が賛成を上回っていたことが分かる。

この住民提案第一五号を一一四万票もの多数で否決することは、当時カリフォルニアに居住していた、投票権をもつ二世数万人程度の日系人票だけでは到底不可能であった。戦時中に日系人を支援した「フェア・プレイ太平洋岸委員会」などに結集したリベラルな知識人や、教会、大学関係者の反対運動に加えて、全国黒人地位向上協会やＣＩＯ系の労働者、市民統一評議会などの幅広い連携がとられていたのが勝因であった(Brousard, Ch. 11 参照)。その上、戦時中の日系人部隊の活躍が広くマスメディアで報道され、在郷軍人会などが排日系姿勢を弱めていたこと、戦前には反日系的であったＡＦＬが戦中のアフリカ系の組織化などを通じて、その人種差別的な姿勢を緩和させていたことも影響した。つまり、第二次世界大戦中に進行したカリフォルニア州における軍需産業の発達による都市化の波と、それを背景とする人種差別に反対する諸団体の連合形成が、日系人排斥感情の緩和に役立ったといえるだろう。

他方、同時に投票が行われた、公正雇用実施委員会をカリフォルニア州に設置することを求める住民投票は、賛成六七万五六九七票に対して反対一六八万二六四六票で否決された。このことは、アフリカ系に対する雇用差別の是正という戦時措置を、戦後にも継続する提案が否決されたことを意味した。つまり、黒人差別の是正が単線的に進行したわけではないことを意味した。その背景には、政府

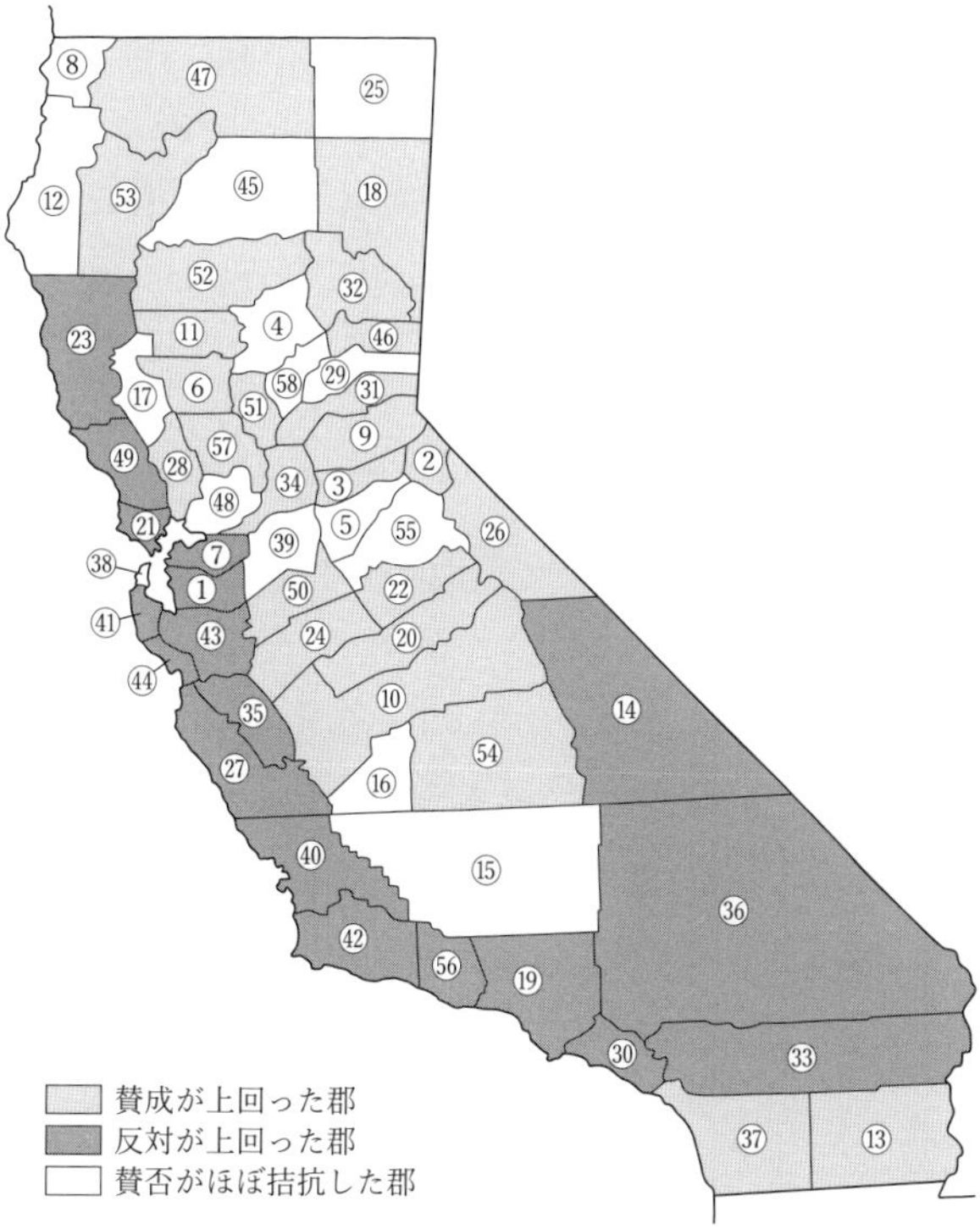

図 8 カリフォルニア州における住民提案第 15 号に関する郡別投票結果(1946 年). 丸中の数字は表 11 の郡番号と対応する.
(注：カリフォルニア州の郡分布図に表 11 の結果を配分して作成.)

による雇用関係への介入という「ニューディール」的な政策が、戦後になると州レベルで後退し始めていたことがある。この投票では、サンフランシスコ湾岸や北部の農村地帯で比較的多くの賛成票が出たが、南部ではロサンゼルスも含めてむしろ反対票が多く出ている。このことから、この公正雇用実施委員会の設置では、住民提案第一五号の賛否のような農村対都市という対抗は希薄であり、むしろカリフォルニア州内の北部対南部という地域差や、民主党対共和党という政党対立などが影響していたと考えられる。

住民投票では外国人土地法の規制強化は失敗に終わったが、州法としては存続していたので、帰還した日系人が保有していた農地がこの法律を根拠に没収される事件が起こり、一九四三年以降の四年間に五九件の訴訟が発生した(Robinson, 2009, p. 259)。

その訴訟の中で最も有名なものが、オーヤマ事件である。一九三四年に未成年であった息子フレッド・オーヤマの名義で農地を購入した大山嘉二郎という一世が、戦後に転住所からカリフォルニアに帰還したところ、カリフォルニア州検事局によって外国人土地法違反としてその農地が没収されたため、オーヤマが提訴した。日系市民協会は民権擁護協会を結成してオーヤマを支援するとともに、会長のキドが弁護にあたった。この裁判は、審議が連邦最高裁判所まで持ち込まれ、国務次官のディーン・アチソンまでもが原告側の証人として証言したことから、マスコミの注目する事件となった。一九四八年一月に下された判決では、外国人土地法がフレッド・オーヤマの市民権を侵害し、法の平等に反するとして六対三で原告勝訴となった。ここに州法である外国人土地法の違憲性が明確となり、類似の事件に大きな影響を与えることになる(タケシタ／猿谷、五〇―六八頁)。

立ち退き損害賠償の実現

日系市民協会が第二に取り組んだ課題は、強制立ち退きの際に極めて短期間で土地や家屋、家財の投げ売りを迫られたことに対する損害賠償であった。この賠償要求は、後にリドレス運動が問題にするような強制立ち退き・収容自体の違法性を問うものではなく、立ち退きの際の財産処分の方法に伴う損害に限定した賠償要求であった。

一九四六年四月に最初の法案が連邦議会に提案されたが、この時は不成立に終わった。その後、一九四八年二月にトルーマン大統領が発表した公民権に関する特別教書の中に、人種に関係なく公民権を保証することと並んで、日系人の立ち退き損害賠償の速やかな実現や在米外国人への帰化権付与が盛り込まれたので、事態は進展し始めた。同年五月に開催された公聴会では、マクロイ元陸軍次官補が立ち退きは「軍事的に必要だった」が、日系人の立ち退き令に対する協力は顕著であったので、賠償は実施されるべきと証言した。それを受けて、戦時転住局の元長官マイヤーは、損害証明の文書の提出を義務付けるように要求した(Robinson, 2009, p. 278)。

そうした結果、一九四八年六月一九日、立ち退き損害賠償法は成立した(タケシタ/猿谷、一二四—一四〇頁)。この法律に基づいて賠償請求が二万三九二四件だされ、総額は一億二九九九万ドルに達したという。しかし、あわただしく立ち退いた過程で証拠書類などを紛失したケースも多く、実際に支払われた金額は三分の一程度にあたる三六八七万ドルにとどまった(新日米新聞社、三七〇頁)。

立ち退き賠償が不十分だったことは、日系人の夫と一緒に転住所に入った白人女性、エステル・イシゴの証言からも明らかである。「不動産損失のためとして、政府から皆に一時金が支払われることになったので、少なく見積もって五〇〇ドルはもらえるだろうと思っていた。しかし小切手に添付された手紙には、「日本人の血を受け継いだ者だけに不動産損失手当が支払われるものであって、貴殿の配偶者はこれに該当せず」と書いてあった。小切手は一〇〇ドルだった。アーサーの目には涙が溢れ、「妻がいないと言うのか——政府は俺の妻を認めないのか！」と言って泣いた。アーサーは空港で一〇年間働いたが、一九五七年七月に病の床につき、八月一八日に亡くなった」と彼女は述べている(石郷、一一六頁)。

一世の帰化権実現

渡米からすでに数十年も米国で暮らしてきたのに、米国の人種差別的な帰化法の制限によって市民になる道を阻まれてきた一世にとって、帰化権の実現は悲願であった。日系市民協会も一九四六年に帰化権獲得期成同盟を結成して、連邦議会に働きかけていった。

連邦議会ではミネソタ州選出のウォルター・ジャッド下院議員が推進役となり、一九四八年一月に法案が提出されたが、南部選出議員の抵抗で審議はなかなか進まなかった。ジャッド案の審議が停滞する中で、ペンシルベニア州選出の下院議員、フランシス・ウォルターが「米国に合法的に永住する外国人に帰化権を付与する」法案を提出し、下院を圧倒的多数で通過したものの、上院の審議はまた停滞した。

ようやく一九四九年七月に開催された上院の公聴会で、ディーン・ラスク国務次官は、中国人、インド人にはすでに帰化権が与えられていることから、日本人にも与えられるのが妥当と証言した。また、ディロン・マイヤー元戦時転住局長官が戦時中の日系人の戦争協力をあげて、帰化権付与に賛成の証言をおこなった。日系人を代表してマイク・マサオカはこう証言した。「幾万の日系人は生命を賭してアメリカ擁護のために戦った。そしてそれは、アメリカこそ自分たちの国であり、自分たちの死がけっして水泡に帰するようなことはない、という信念があったからである。たとえば私の母は五人の子供をすべて戦場に送り、そのうち一人は戦死した。忠誠なるこの私の母も、アメリカ市民となることはできないのである。私の母と同様の境遇にある将兵の親たちが数千名もあるが、それらの人びとがみな市民権を要望しているにもかかわらず、それはいまだに与えられていないのである」(タケシタ/猿谷、一六〇頁)と。

一九五〇年四月、上院では下院から回ってきたウォルター案をマッカラン議員が提出し、マッカラン・ウォルター法案としてようやく両院で可決された。トルーマン大統領は、移民帰化問題に共産主義者の国外追放など、国家安全保障問題の条項を加味したことなどを不満として拒否権を発動したが、両院で三分の二以上の賛成をえて、この法案は同年六月に成立した(タケシタ/猿谷、一四三―一八九頁)。法案の成立を受けて、日系市民協会は、一九五二年一二月にロサンゼルスで祝賀会を開催し、ロサンゼルス市長のボウロンはそこでこう語っている。「私は太平洋沿岸の安全という考えから、日米開戦直後に日系人の立ち退きをもっとも強く主張した一人でした。……しかしこれは、なんという大きなまちがいだったことでしょう。戦時の日系人の武勲や転住所内の忠誠などは、これを十分に証明して余りあるものだったのです。このため、私の日系人に対する態度は一変しました。私のとった行動は恥ずべきことであって、まことに後悔にたえません」(タケシタ/猿谷、一九三頁)。

その後、一世たちは、市民権をとって米国に帰化するため、米国憲法やアメリカ史に関する質問に答える必要があったので、各地に開設された帰化学校に通い帰化の試験を受けたという。このマッカラン・ウォルター法によって帰化した日系一世は、一九六五年までに四万六〇〇〇人に達したという。法案が通った時、日系市民協会はサンフランシスコで大会を開催中であったが、そこにいたハリー・タカギはこう感じたという。「その法案が通過したと代表者たちに伝えられた時のあの感動的な場面は忘れられません。それは私たちの夢の達成だったわけで、まさに感激の瞬間でした。JACLをこれほど団結させた立法上の行動が他にあったとは思えません。この法案は私たちの親を法律の上で他のアメリカ人と同等にしたのです。つまり、日系人を他の移民と同等にしたのであって、この原則を求めて私たちは戦っていたのです」(ウィルソン/ホソカワ、三〇三頁)。

他方、戦時中に「民主主義を求める日系アメリカ人委員会」を組織して、戦争に協力していた日系人は、戦後になると再び革新的な立場を回復するようになった。一九四八年の大統領選挙では、民主党が分裂し、対ソ強硬策を進める現職のトルーマンに対抗して、対ソ協調を主張する元農務長官のヘンリー・ウォーレスを押し立てる「進歩党」の動きが起こった。南部の民主党は、トルーマンの公民権政策に不満をもち、サウスカロライナ州知事のストローム・サーモンドを擁立した。共和党からはニューヨーク州知事のトーマス・デューイが立候補し、激戦になったが、結局、現職のトルーマンが再選された。

この選挙でウォーレスを支持した革新的な日系人たちは、選挙後、「革新的二世の会(Nisei Progres-

sives)」を結成して活動を継続した。そこには戦前からサンフランシスコやオークランドでニューディール政策を支持した「若手民主党二世クラブ」にいたチズ・イイヤマやスエ・クニトミがいた。
一九二一年生まれのチズ・キタノ（結婚後、イイヤマに改姓、日系人の研究者として著名なハリー・キタノの姉）の両親は、サンフランシスコで日系人や黒人相手の下宿屋を営んでいた関係で、幼い時から多人種関係を体験していた。一九四二年にカリフォルニア大学バークリー校の心理学科を卒業後、トパーズ転住所に入れられた。そこで、アーネスト・イイヤマと知り合い、シカゴに再定住後に結婚、ニューヨークで「民主主義を求める日系アメリカ人委員会」に参加した後、シカゴに戻り、日系人の再定住を支援する委員会の活動をした（Densho Encyclopedia で検索）。戦後にはリドレス運動の積極的な活動家となる。

スエ・クニトミは、ハワイの農業移民からカリフォルニアに移った後、運送業をしていた父を交通事故で一九三七年に失い、苦しい生活を強いられていた。開戦後はマンザナール転住所に入れられ、そこで革新的な日系人が発行した『マンザナール・フリープレス』紙の記者となる。中西部や東部への再定住プログラムが始まると、「アメリカ・フレンド・サーヴィス委員会」の紹介でシカゴにゆき、ニューベリー図書館で働くことになった。戦後にはロサンゼルスに戻り、リトル・トウキョウでウォーレス支持の運動を展開している。この運動では、革新的なフォークソングや労働歌を発表していたウッディー・ガスリーやピート・シーガーの歌などをよく歌い、様々な人種と交流する機会をえた。そうした中で知り合った白人男性のガーランド・M・エンブリーと結婚したが、まだ日系女性が白人と結婚するのは珍しい時代だったので、母親からは強く反対されたという。選挙後、「革新的二世の会」で活動を継続したが、一九五〇年代に入ると、マッカーシズムの赤狩りの標的となり、この運動は解散に追いこまれる。その後、スエ・クニトミ・エンブリーは一九六〇年代の末に、マンザナール巡礼運動を主導することになる(Harth, ed., pp. 167–176)。それについては後に詳しく述べることにする。

米国共産党の党員であったカール・ヨネダは、ユダヤ系の妻、エレインとともにマンザナール転住所に入れられた。彼は左翼的な立場に立っていたが、「反ファシズム戦争」の大義を優先して米国政府に協力し、転住所から陸軍情報部に志願、戦時情報局の心理作戦部の要員としてカルカッタに派遣された。一九四五年一一月に除隊となり、帰国後、沖仲士組合に登録しようとしたが、港湾雇用主協会から拒否され、養鶏場で一一年間働かざるをえなかった。その間、ヨネダは、自分が強制収容に反対しなかったことを反省するとともに、米国共産党の指導部が戦中に日系人党員の資格を停止したことに疑問を抱くようになったという。しかし、赤狩りが始まり、身近な友人が連邦議会で喚問され、証言拒否などの罪で訴追される状況の中でも、ヨネダは平和運動などを継続し、日本の原水爆禁止運動にも参加した。一九七〇年代にはリドレス運動に参加してゆくことになる(ヨネダ、一二―一四章)。

このように、一九七〇年代になって強制立ち退き・収容を不当としてリドレス運動が発生する背景には、スエ・クニトミ・エンブリーやカール・ヨネダのような戦前からの左翼、つまり「オールド・レフト」が収容体験を証言する先導役を果たしたことがあった。戦後初期に日系人に対する差別法の撤廃を主導したのは日系市民協会であったが、彼らは日系人の立ち退き・収容に協力した過去があったため、立ち退き・収容自体を違憲として追及するリドレス運動には当初、むしろ抵抗を示した。その点は後に説明したい。

二　戦後の日系人の地位上昇と「モデル・マイノリティ」という神話

農村から都市への重点移動

すでに述べたように、西海岸に復帰した日系人は、強制立ち退き時に土地や家屋、家財を失った者が多く、ゼロからの再出発であったため、何よりもまず職の確保が重要であった。一世の男性の場合、自営の農地を戦時中も保持できた者は元の場所に戻って農業を再開できたが、借地農の場合は、ほとんど借地契約が復活できず、都市で仕事を探さざるをえなかった。しかも、彼らは、英語が不自由なケースが多かったので、得られる仕事には限界があった。その結果、多くの者が元手なしでもできる庭師、皿洗い、守衛、コックなどになって、当面の生活を支えていった。一世女性も、共働きをする必要にかられ、家政婦やホテルのメイド、洗濯婦などになるケースが多かった。例えば、西海岸のパサディナ短大に入学するという形で一九四四年九月初めに試行的に復帰したエスター・タケイの場合、西海岸に復帰した両親が、戦前の事業を失い、一世が集まっていたホステルに住まざるをえなかったこと、父は庭師を始め、母は掃除婦の仕事から始めた後、縫製工場で働いたが、その後、父が冷凍シュリンプの会社で成功したことを証言している(1)。

他方、米国育ちの二世の場合は、英語が堪能である上、学歴の高い者も多かったので、西海岸の都市化の進行で事務職の雇用が拡大したことが幸いした。特に二世女性の場合、転住所で身に付けたタイピストなどの技能を活かして、秘書などの事務職につくケースが多かった。また、二世男性の場合も、公務員などになるチャンスが開けた。こうした結果、二世の収入の方が一世より多くなるケースが発生し、高齢化し、収容体験で意気消沈した一世男性の代わりに家計を支えるケースが多かったという(WRA, 1947, pp. 127–128)。

この主たる家計維持者の交代は日系人の家族の在り方にも大きな影響を与えた。これについては後に詳しく検討するが、明治期の教育を受けて、家父長的意識が強かった一世男性が家計の中心的維持者でなくなることによって、一世の妻や二世の娘への影響力が低下したからである。そこで、強制収容を挟んで、日系人の居住分布と就業構造にどのような変化が発生したか、統計データの分析から明らかにしてみよう。

居住分布の変化

表12は、日系人の居住分布を一九四〇年と一九五〇年で比較したものである。これによると、一九四〇年における日系人の人口は一二万七〇〇〇人弱であるが、その八八・五%もが太平洋岸に、中でもカリフォルニア州に

(1940年, 1950年)

1950年			
合計(%)	都市(%)	非農村的地方(%)	農村的地方(%)
84,792 (59.9)	59,095(69.7)	8,073 (9.5)	17,624(20.8)
3,648 (2.6)			
9,661 (6.8)			
98,101 (69.4)			
112,309 (79.4)	76,066(67.7)	11,073 (9.9)	25,170(22.4)
3,034 (2.1)	1,726(56.8)	627(20.7)	681(22.5)
18,633 (13.1)	17,244(92.5)	729 (3.9)	660 (3.6)
7,389 (5.2)	5,354(72.4)	1,805(24.5)	230 (3.1)
141,365(100.0)	100,390(71.0)	14,234(10.1)	26,741(18.9)

表 12　日系人居住分布の変化

	1940 年			
	合計(%)	都市(%)	非農村的地方(%)	農村的地方(%)
カリフォルニア	93,717 (73.8)	52,252(55.8)	7,196 (7.7)	34,269(36.5)
オレゴン	4,071 (3.2)			
ワシントン	14,565 (11.5)			
太平洋岸(小計)	112,353 (88.5)			
西部	120,927 (95.3)	65,072(52.2)	11,062 (9.1)	44,793(37.0)
南部	1,049 (0.8)	584(55.7)	130(12.4)	335(31.9)
北中部	1,571 (1.2)	1,061(67.5)	126 (8.0)	384(24.5)
北東部	3,400 (2.7)	2,956(86.9)	380(11.2)	64 (1.9)
全米(合計)	126,947(100.0)	69,673(54.8)	11,698 (9.3)	45,576(35.9)

出典：表 10 と同じ.

は七三・八％もが集中していたことが分かる。それに対して、一九五〇年になると、一四万一〇〇〇人強の内、太平洋岸が占める割合は六九・四％に下がり、カリフォルニア州も五九・九％に比重を下げていることが分かる。

これは、戦時転住局が推進した分散的再定住政策が部分的に功を奏したことを意味している。太平洋岸以外に居住する日系人の比重は、北中部では一・二％から一三・一％に、北東部では二・七％から五・二％に増加している。これは、戦時転住局が、大学入学・転校希望者の日系二世を北中部や北東部の大学に転出させたこと、また、就職口を見つけやすい大学卒の二世に対しては意識的に北中部や北東部への転出を勧めたためであった。

その結果、太平洋岸に戻った日系人は、戦争直後には全体として六〇％にまで低下したと言われているが、一九五〇年になると、太平洋岸の比重が六九・四％にまで上昇している。すなわち、一時、北中部や北東部に転住した日系人の中からも、その後、太平洋岸に戻った者がいたことが分かる。たとえば、高学歴の二世の場合でも、一世の親が太平洋岸に戻った場合には、家族の再結合を重視して、太平洋岸に再度戻ったケースがあった。ここから、戦時転住局の分散的再定住政策は部分的にしか成功しなかったことが分かる。

また、日系人の居住地域を都市、小都市などの非農村的地方、農村的地方の三種類に分けて分析してみると、一九四〇年の全米では、都市型が五四・八％であったのに対して、一九五〇年には七一％に増加している。逆に、農村的地方の場合には、三五・九％から一八・九％に低下している。全体として、第二次世界大戦をはさんで、日系人の都市集中傾向が強まっていたことが分かる。カリフォルニア州の場合も同様であり、都市居住者の割合が五五・八％から六九・七％に上昇し、農村的地方は三六・五％から二〇・八％に低下していることが確認される。

つまり、強制収容所から出て、カリフォルニア州に復帰した日系人の中には、農業に戻らず、都市的な職業に従事するようになった者が少なからずいたのである。その意味では、強制収容体験は日系人の農業離れ、都市集中を加速したといえるだろう。

就業構造の変化

表13はカリフォルニア州に居住する日系人の就業構造を一九四〇年と一九五〇年で比較したものである。まず、就業者の総数から見ると、一九四〇年には四万三七四人であったのが、一九五〇年には三万七一二二人へと約八％減少している。表12から同州における日系人人口がこの間に九％ほど減少しているので、就業者の比重はむしろ若干増加していることになる。その理由は、男性の就業者が三万一一〇人から二万四二三五人へと減少しているのに対して、女性の就業者が一万二六四人から一万

表 13　カルフォルニア州における日系人の就業構造の変化(1940 年，1950 年)

	1940 年			1950 年			人口の増減率(%)		
	総数	男	女	総数	男	女	総数	男	女
就業者数	40,374	30,110	10,264	37,122	24,235	12,887	93	80	126
専門職・準専門職	1,159	797	362	1,742	1,062	680	150	133	188
農民・農場管理者	5,807	5,495	312	4,525	4,144	381	78	75	122
非農場所有者・経営者	4,217	3,642	575	2,486	2,087	399	59	57	69
事務・販売労働者	4,608	2,968	1,640	5,391	2,141	3,250	117	72	198
熟練工・職工長	681	625	56	1,329	1,264	65	195	202	116
工員	2,717	1,806	911	3,963	1,572	2,391	146	87	262
家事手伝い	3,235	1,178	2,057	3,023	774	2,249	93	66	109
サーヴィス労働者	2,421	1,349	1,072	2,082	1,316	766	86	98	71
農業労働者	7,692	6,844	848	6,120	4,707	1,413	80	69	167
不払い農業補助者	3,954	1,757	2,197	1,570	611	959	40	35	44
非農業労務者	3,605	3,478	127	4,485	4,341	144	124	125	113
その他	278	171	107	406	216	190	146	126	178

出典：表 10 と同じ.

二八八七人へと増加しているためである。

その結果、日系女性の就業率は、一二五・四%から三四・七%に上昇している。この上昇は、全米の女性の就業率の変化と比べても、顕著である。一九四〇年の全米女性の就業率は二一・五%であったが、一九五〇年には一五・五%に低下している。[2] この間、全米で女性の就業率が低下したのは、戦中には男性が出征したため、女性が工場労働などを補完していたが、戦後に男性が復員すると、多くの女性が家庭に戻っていったためであった。

つまり、第二次世界大戦を挟んで、日系人社会では女性の就業率が高まるという特徴を示していたのである。それは、強制収容以前には家計の中心的維持者だった一世男性の経済力が強制収容によって著しく削がれ、家父長的な支配力が弱まったこと、また、同じ頃、多くの二世が成人期に達し、日系人社会における世代交代が進んだこと、さらに、強制立ち退きの過程で戦前の財産の多くを失い、かつ高齢化した一世男性が就労する機会を見つけることが困難であったため、若い二世世代が女性を含めて、家計を支えなければならなかったことなどの事情が作用していた。

次に、職業別の変動を見ると、農業関連では「農民・農場管理者」は、一九四〇年から一九五〇年の間に約二二％減少し、「農業労働者」は約二〇％、「不払い農業補助者」は約六〇％も減少している。農業関連の職種の場合、就業人口全体の減少率である七％に比較しても、大幅な減少が記録されている。特に日系人の農家では、妻や子供が賃金なしで労働していたケースが多かったが、農業従事者の減少に伴って、この「不払い農業補助者」も大幅に減少したのであった。それは、自営農地や借地農地の減少によって、家族労働力が別の職種で収入を得る方向に転じたためであろう。特に、主として不払い労働を担ってきた女性が、従来の中心的職種であった「家事手伝い」(約九％増)だけでなく、「工員」(約二・六倍)、や「事務・販売労働者」(約二倍)といった都市的な職業に多く進出していったのがこの時期の特徴であった。それは、自営農で、かつ強制収容中も自有地を確保できた場合には帰還後に農業の再開が可能であったが、借地農や農業労働者の場合は、長年の断絶の末に以前の借地や雇用関係を回復するのが困難なケースが多かったからであった(詳しくは、Yamato, Ch. 7 参照)。

他方、都市的な職種への就労者が増加したといっても、「非農場所有者・経営者」は四一％も減少している。これは強制収容によって多くの自営業者が店舗や工場などを失ったためであり、逆に「熟練工・職工長」が約二倍に、「工員」が四六％、「非農業労務者」が二四％も増加している。強制収容による日系自営業者の零落と、賃金労働者化の進行がここに見られるのである。対して、戦前まで日系人が排除されていた熟練職種の場合、戦中の労働力不足や関連する労組の方針変更によって、戦後には日系人が就労できるようになっていった面も無視できない。その点は、「専門職・準専門職」が五〇%も増加している点にも現れており、日系二世が学歴をつけて、弁護士や医師、看護師などの専門職にも進出しはじめていたことがうかがえる。

例えば、一九六〇年時点における日系人の就業分布を年齢別に分析したアレクサンダー・ヤマトの研究によると、六五歳以上の男性の場合、農民(三八・七%)と農業労働者(一五・一%)が主な職業であり、同年輩の女性は、家事手伝い(三一・七%)、農業労働者(二二%)が主であった。それに対して、二〇代後半から三〇代前半の男性の場合、専門職(二七・四%)、熟練工(一四・五%)が主で、同年輩の女性は、事務職(四六・六%)、専門職(一七・六%)が主な職業であったという(Yamato, p. 438)。つまり、一世を中心とする年輩の世代では農業や家事手伝いの比重が高いのに対して、二世を中心とする若い世代では専門職や事務職の比重が高くなっているのである。それは、日系人社会では、元来、子どもに高い学歴をつける傾向が強かったことに加え、強制収容所からの出所で大学進学・転校希望の二世が優先された経緯から、二世世代の学歴が一世に比べて、大幅に上昇したことの反映であった。

このように戦前と戦後の日系人の就業構造を比較すると、戦前の農業中心の構造が、戦後になると都市のホワイト・カラー的な職業中心へと変化したことが明らかであろう。この就業構造の変化を強制収容による「同化」の結果として、強制収容の「効果」を強調する見解があるが、強制収容がなかった中国系の就業構造と比較すると、この見解の誤りが明らかになる。この点については、同じくヤマトが行った、一九六〇年の国勢調査に基づくサンフランシスコ湾岸地域の日系と中国系の就業分布の比較研究の結果が興味深い。それは、日系と中国系との間で就業構造上に大きな差がみられないという指摘である。

例えば、男性の場合、専門職は日系(一九・五%)に対して中国系(一五・五%)、事業主・経営者は日系(九%)に対して中国系(一二・九%)、事務職は日系(一四・八%)に対して中国系(二〇・三%)とほぼ同水準を記録している。唯一大きな差は、サーヴィス労働者の比重が日系(五・九%)に対して中国系(二四%)である点に見られるが、ここには、チャイナタウンにおける飲食店の多さが影響していると思われる。また、女性の場合も、ともに事務職の比重が高く、日系(四二・八%)に対して中国系(四四・八%)を記録している(Yamato, p. 431)。

要するに、一九六〇年の時点では、強制収容のなかった中国系も日系と同じような就業構造を示しているのであり、その背景には、中国系の若い世代における学歴志向の強さが反映していると考えられる。つまり、強制収容で日系が主流社会に「同化」したことでホワイト・カラー的な職種中心に変化したとは言えないのである。むしろ、戦後の米国社会全体における第三次産業比率の高まりに対して、ともに学歴志向の高い日系と中国系が適合的であったとみるべきである。

ただし、全体として、強制収容の体験が日系人をして戦前の中心であった農業部門の比重を低下させ、都市的な職種への移行を余儀なくさせた点は事実であろう。戦前のカリフォルニア州では、日系人が野菜、果物などの労働集約的な農業部門で優位性を発揮し、それらの作物を日系の卸売商や小売商を通じて販売するといった形でエスニック・ネットワークが有効に機能していた。しかし、強制収容によってこのネットワークが破壊され、戦後の再定住過程では戦時転住局が分散的再定住を推進したため、その復活は困難になった。それ故、多くの場合、二世を中心として都市の専門職や事務職といった新しい職種への進出が促進される一方、強制収容によって多くの財産を失った上に、高齢化していた一世の場合は、不熟練で低賃金の職種への就業を余儀なくされたケースが多かったといえるだろう。

「モデル・マイノリティ」という神話

一九六六年一月の『ニューヨーク・タイムズ・マガジン』紙にウィリアム・ピーターセンという学者が、高学歴で低犯罪率を示す日系人が黙々と勤勉に働いた結果、白人並みの高収入を達成したとして、日系人はマイノリティの手本であるとする論考を発表した。この頃は、全米の大都市でアフリカ系による人種暴動が多発しており、この日系人＝「モデル・マイノリティ」とする説は、アフリカ系に対して暴動などに走るのではなく、日系人のように黙々と勤勉に努力するように勧める意味をもっていた③。

確かに、一九六〇年のカリフォルニア州における人種別の年収を比較したハリー・キタノの研究によると、日系男性はマイノリティの中で最も高い年収であったし、日系女性は白人女性を上回る年収を得ていた。具体的には、男性の場合、白人が五一〇九ドル、日系が四三八八ドル、中国系が三八〇三ドル、アフリカ系が三五五三ドルであり、女性の場合は、白人が一八一二ドル、日系が二一四四ドル、中国系が一九九七ドル、アフリカ系が一五九六ドルとなっていた。つまり、一九六〇年のカリフォルニア州では男女の給与格差が極めて大きいばかりか、そこには、人種格差も存在していたのである。人種格差に注目すると、男性の場合、日系人は白人の八六%の年収を得ていたが、女性の場合、日系人は白人の一・二倍の年収を得ていたことになる(キタノ、資料二七頁)。日系女性が白人女性より高収入であった背景には、日系女性が白人女性の平均より高学歴であった影響が作用していると考えられる。

このように一九六〇年代になると、日系人は白人と並ぶような収入を得はじめていた。それは、日系人の場合、学歴志向が高く、遵法精神も高いので、ホワイト・カラー職などで地位上昇を遂げるケースが目立っていたことによるのだろう。それでも一流企業の経営者になるケースは少なく、一流企業では女性と同じく、非白人には「ガラスの天井」があるとも言われている。アジア系が活躍しているのは弁護士、医師などの専門職が多いのであり、就業構造には性差別とともに人種差別があることは明らかである。

それゆえ、「モデル・マイノリティ」説は、実際には就業構造にも人種差別があるのに、日系人などのアジア系に人種意識を希薄化させ、アフリカ系などとの間を分断する機能をもった説と言わざるをえない。また、この神話は、日系人に、現在の地位上昇を強調し、過去の強制立ち退き・収容体験を忘却させる効果も持っていた。つまり、日系人に白人並みの生活に「同化」することを重視させ、アフリカ系などの非白人との連携を軽視する効果をもたらしたのである。

＊＊＊

本章では、戦中に戦時転住局に全面協力したため、会員数の激減に直面した日系市民協会が、戦後になって各種の日系人差別法の撤廃運動に傾注することで、影響力の回復をはかった過程を概観した。とくに、外国人土地法のカリフォルニア州憲法への挿入を図った住民提案が否決されたことは画期的で、それには各種の人種間協調団体の協力があった。また、裁判を通じて外国人土地法が憲法違反であるとの判決を獲得したことも意義があった。他方、短時間での強制立ち退きを余儀なくされたため、二束三文で土地や家屋、家財を処分せざるをえなかったことに対する賠償は、証拠の確保が難しく、極めて不十分に終わった。それでも、一世の長年の悲願であった市民権の獲得は、移民法の改正によって実現したのであった。

このような日系人差別法の撤廃と並行して、戦後の日系人は、戦前の農業中心から都市の事務職や専門職中心の就業構造に変化した。それは、大戦中に軍需工場が拡大した結果、西海岸でも都市化が進行したことで、事務職や専門職の需要が拡大し、高学歴の日系二世が就労していったためであった。そうした地位上昇を根拠に、一九六六年には日系人を「モデル・マイノリティ」と称賛する言説が白人研究者から出されるに至る。しかしそれは、日系人に強制収容の記憶を封印させるとともに、人種意識を希薄化させ、アフリカ系などとの連携を阻害する効果をもった。

次章では、戦後に経済的・社会的な地位を上昇させた日系人が、戦時中の強制立ち退き・収容の記憶とどう向き合ったのかを検証する。その際、日系人の家族や宗教意識の変化に注目するとともに、多くの日系人が封印した強制収容体験について例外的に証言した日系人の作家の意味についても検討しよう。

注

（1） Japanese American National Museum, *Re・gen・er・a・tions*, Vol. 2, p. 344.

（2） U. S. Department of Commerce, Bureau of the Census, *Historical Statistics of the United States, Bicentennial Edition*, Pt. 1, pp. 126–129.

（3） William Petersen は後に自らの主張を単著として出版した。*Japanese Americans: Oppression and Success*, Random House, 1971.

第七章　日系人のアイデンティティ変容と収容体験の封印

一　強制収容は日系人の同化を促進したのか?

開戦直後に設置された集合所では日本語の使用が禁止された。また、その後の転住所では、日本語の禁止が解除されたものの、当初の自治の主体は英語に堪能な二世が中心であった。収容所内に設置された学校では生徒に星条旗への忠誠の誓いが求められ、歴史や社会科の授業では米国憲法やアメリカ史の授業を通じてアメリカ化が促進された。一世も、忠誠登録で「イエス・イエス」と回答した忠誠組は、転住所内で英語の勉強に励んだ。

その上、戦時転住局は、日系人を早期に主流社会に溶け込ませることをめざして、「分散的再定住政策」を推進し、新たに日系人が移住した中西部や東部では、日系人だけで固まって行動するのを避けさせ、白人社会に同化するように促した。西海岸への復帰の場合も、リトル・トウキョウのような「エスニックな孤島(enclave)」の復活は好ましくないと考えられた。

こうして、日系人の再定住によって主流社会への同化が促進され、それが、戦後の社会的な地位上昇をもたらしたというのが、戦時転住局の公式見解とされるようになった。その典型例が、ハート・マウンテン転住所でコミュニティ分析を担当したフォレスト・ラヴァイオレットの解釈である。彼は、シカゴ大学で社会人類学の修士号を取得し、一九三九年に「日本人二世における適合の諸類型」という博士論文を完成させた後、カナダのマギル大学に就職した。日米開戦後は、大学から休暇をとり、ハート・マウンテン転住所に移り、日系人の再定住を支援している。この転住所を「強制収容所」と批判したアラン・ボズワースの本に対する書評(一九六八年)の中で、彼は「苦境があったにもかかわらず、日本人移民の子供たちの同化は、対日戦争によって助長され、加速されたと人は考えるようになるだろう」と書いた。彼は、一九四九年にはトゥレイン大学の社会学・人類学部長になっている(Robinson, 2012, pp. 38–41)。

日系人の知識人の中でも同化を重視する見解を表明する者がいた。大戦中に日系市民協会の機関紙『パシフィック・シティズン』の編集長を務めたラリー・タジリは、『コモン・グラウンド』誌に「リトル・トウキョウよ、さらば」という論文を寄せ、「リトル・トウキョウのようなものは解体したのだから、それらが再び復活することを私は望まない」と書いている。ただし、タジリは、同化を重視しつつも、日系人のマイノリティとしてのエスニック・アイデンティティの保持も重視し、人種差別反対の点でアフリカ系との共闘を進めるように主張した。しかし、日系市民協会の保守的な幹部たちは、そうしたタジリの論調が気に入らず、一九五二年にタジリは『パシフィック・シティズン』の編集長を辞任することになった(Robinson, 2012, pp. 89–93)。

この顚末は、戦後の日系人が同化をめざすとしても、それは主流の白人社会への同化なのか、マイノリティとしての連帯をめざすのか、という違いがあったことを示すものであった。多くの日系人は前者の道を選択していったが、その結果、彼らは、白人が嫌がる収容体験の語りを封印することになった。それでも、エスニック・アイデンティティは、家族や宗教の在り方という日常生活に関わるものであり、同化をめざすと言っても、簡単に宗旨を変えたり、エスニックな行事を止めたりできるものではなかった。

二　宗教意識の変容

キリスト教徒の場合

転住所に収容された日系人の中で、仏教徒の日系人は五五・五%、キリスト教徒は二八・九%であったという(Kashima, 1977, p. 53)。戦時転住局の再定住政策では、キリスト教徒が優先的に出所できたし、再定住に際しても、住居や職の斡旋でキリスト教会が大きな役割を果たしたので、再定住した日系人の中には仏教からキリスト教に改宗した者がでた可能性はある。しかし、出所後の宗教調査はないので、統計的な分析は難しい。また、ロバート・スペンサーがヒラ・リバー転住所で行った調査によると、農村出身者には仏教徒が多く、都市出身者ではキリスト教徒の比重が高まる傾向があったという(Spencer, pp. 135–136)。

すでに述べたように、戦後の日系人は農業より事務職など都市的な職業につく人が増えたので、その点ではキリスト教徒が増える条件があったといえるかもしれない。しかし、長年苦労して蓄えた財産を失い、将来の展望が見えない生活を強いられた強制収容体験の中で、むしろ日系人の宗教志向は強まった。従軍した日系兵の戦死者が増え始めると、仏教式の葬儀が増えていったとも言われており、単純に仏教徒が減り、キリスト教徒が増えたとも言えない状況があった。

その上、戦前のキリスト教会は日系人だけの分離教会形式が主であったが、戦後には日系人以外の信徒と一緒に礼拝する統合教会にするか、分離教会を復活させるかが、大きな争点になったという。その点では、キリスト教化が米国社会での日系人の同化を促進する条件であったとしても、日系人独自のキリスト教会に固執する動きもあったわけで、宗教面での同化はそう単純でないことが分かる。

転住所内では、将来の展望が見えない中でモラルを保つ道としてキリスト教会にゆく人が増加し、YMCAやYWCAもできて、そこで様々なリクリエーションを楽しむ若者も増えた。また、全米の教会からクリスマスに寄せられたプレゼントは、非キリスト教徒にも大きな慰めであったという(Matsumoto, 1946, pp. 34-47)。しかし、再定住先では日系人が地元の統合教会に参加しない事例も発生した。それは、英語による礼拝に抵抗感があったという問題だけでなく、出所後に白人社会で生活する中でストレスを感じていた日系人の多くが、気持ちが落ち着くという理由で、日系人だけの教会を志向したからである。また、強制収容体験の中で白人への不信感を抱いた日系人の場合は、白人と一緒に礼拝することに抵抗感もあったという(Matsumoto, 1946, pp. 97-101)。

にもかかわらず、メソジスト、長老派、バプティストなどからなる主流のプロテスタント教会は、戦後に日系人の「エスニックな孤島」をつくらないために、統合教会を推進する方針を採択した。カトリックやクェーカーはエスニックな結合を容認する方針だったが、日系人クリスチャンの大多数が属する主流プロテスタント教会が統合方針を掲げたことは、大問題になった。一九四三年、主流プロテスタント教会の代表がデンバーに集まり、戦後の日系人教会の在り方を検討した。そこでは、人種統合教会の実現を「真のキリスト教」の在り方として推進する意見がでた一方、日系人牧師が白人の信徒を獲得するのは困難として、統合後に日系人牧師の処遇問題が発生するとの懸念も表明されたという。しかし、デンバー会議の出席者の多数は統合教会方針を支持し、一九四五年一月、日系人の西海岸復帰が決定した後に開かれた会議でも、日系人の白人教会への統合を促進する方針が再確認された(Blankenship, pp. 172–176)。

戦後、西海岸に復帰した日系人は分離教会を訪れるようになる。一九四五年一〇月、シアトルではプレスビテリアン教会で日系人独自の礼拝が始まり、エピスコパル教会では日系人向けの日曜学校が開催された。シアトルの日系バプティスト教会の牧師だったエメリー・アンドリュースは、上層部に次のような手紙を送ったという。「(日系教会を)今開く必要がある。……キャンプにいた人々は、多くの人々、つまり、政府や戦時転住局の一部のスタッフ、彼らの財産の保管を約束しながら、それらを盗んだいわゆる友人たちに裏切られてきた。彼らにとっては、唯一日系教会だけが彼らの希望を保つ場であった」と(Blankenship, pp. 196–198)。

つまり、西海岸に復帰した日系人にとって、白人教会にゆくことは、単に人種の違いによる文化の壁の問題だけではなく、強制収容の体験による白人不信からの抵抗感でもあったのである。転住所には白人牧師もいたものの、多くは日系人信徒だけの教会で礼拝していたのであるから、出所して急に白人教会にゆくように命じられても、それに抵抗感を抱いたのは当然であった。結局、西海岸では、シアトル以外でも、日系人による分離教会が復活していったのであり、信仰のように心の奥深いところでの「同化」はそう簡単には進まないことが示された。

仏教の場合

開戦直後には多くの仏僧がＦＢＩに逮捕され、司法省の拘留所に入れられた。それは、米国政府が、仏教と日本の軍国主義を一体のものと認識していた表れであった。また、日系人の信徒の側でも、ＦＢＩの逮捕を恐れて、仏壇などを破壊した者さえでた。しかし、それでも戦時転住局は転住所内で葬儀を仏式で行うことを禁止できなかったし、盆踊りも復活した。さらに、二世による仏教会の「アメリカ化」が始まったという(Spencer, pp. 165-178)。

米国の仏教会は、移民一世の人口が増えるとともに、日本の仏教会から派遣された仏僧が始めたケースがほとんどで、その派遣仏僧は日本語で説教などを行っており、「北米仏教徒ミッション(Buddhist Mission of North America, 以下、ＢＭＮＡと略)」を組織していた。しかし、開戦後、ほとんどの仏僧が逮捕されたため、ＢＭＮＡは機能マヒに陥る。そのため、「仏教青年会(Young Buddhist Associations)」に結集していた二世の仏僧が中心となり、一九四二年二月に組織の名称を「アメリカ仏教会(Buddhist Churches of America)」に改称する(Williams, pp. 61-62)とともに、仏教会の「アメリカ化」を推進していった。具体的には、キリスト教会のようにピアノやオルガンで讃美歌を演奏する方式を取り入れたり、リクリエーション活動としてフォークダンスを実施した。また戦前には、仏教会の代表は日本の本願寺が指名していたが、戦後には、一世の仏僧の反対を抑えて、二世僧が中心となって選挙によって選出する方式を導入したという(Spencer, pp. 184, 198–199)。

このように、米国の仏教会は「アメリカ化」=日本離れを進めることによって生き残りを図ったのであるが、それは、戦後も多くの日系人が、米国の主流社会への同化を求めつつも、先祖の供養につながる仏教信仰を捨てられなかったからであった。また、ローズ・ホンダの証言にあるように、ロサンゼルスでは戦後、戦前ほどの規模ではないにしても日本語学校が復活し、そこで柔道教室も開かれたという(Japanese American National Museum, Vol. 2, p. 78)。つまり、母文化を継承することで成り立っている移民コミュニティが完全にホスト社会に同化することはありえないのである。世代が変わっても、食習慣や先祖慰霊、年中行事などの面で、母文化は何らかの形で「サブカルチャー」として継承されるのである。

このような日系人の宗教意識の変化は、すでに第三章で触れたように、ホレース・カレンやランドルフ・ボーンが東欧系や南欧系移民を念頭に主張した「文化多元主義」に関連する問題であるが、日系移民の場合、非白人差別という人種の壁の存在が障害となり「多元性」の承認は容易ではなかった。この点については、強制収容がその壁の高さを最も露骨に象徴している。戦後の多くの日系人はその記憶を封印して、米国の白人社会に同化しようとしていたのであるから、日系人の場合、「文化多元主義」が実現したとは言えなかっただろう。むしろ、後に論じるように、ブラック・パワー運動のように、一九六〇年代末以降、非白人の独自文化の主張などで形成された「多文化主義(Multiculturalism)」の台頭の中で、日系人は収容体験の証言を通じて、自身の独自文化への誇りを回復していったのではないだろうか[1]。

三　家族形態の変容と二世女性の「解放」

一世父親の権威低下

強制収容は、日系人の家族形態にも大きな変化を及ぼした。ベストセラーとなった『マンザナールよさらば』を書いたジャンヌ・ワカツキ・ヒューストンは、次のように証言している。「マンザナールに収容されるまでは、食事はわたしたち家族の団欒の時間だった。……パパが上座に腰掛け、その横にママがすわって給仕し、残ったわたしたちは年令順に左右にテーブルを囲む。……ところが共同食堂で食事をするようになってから二、三週間もすると、わたしたちは一家族としてまとまって食べるのをやめてしまった」と(ヒューストン、四〇―四一頁)。

ヒューストンはここで、転住所では共同食堂で食事をとることになったので、子どもたちは同年齢の友達と食事をとるようになり、父親を中心とした家族のまとまりがなくなっていったと指摘している。それはワカツキ家だけの特殊な状況ではなく、多くの日系人家族に共通した特徴で、戦時転住所当局も家族単位での食事を奨励したが、実現しなかったという。

ヒューストンはこうも言っている。「パパはマンザナールで死んだわけではないけれど、パパにとってすべてはそこで終わったのだ。それに反して、マンザナールはわたしにとって、いわば生まれ故郷のようなものだ。収容所は、わたしたち家族のそれぞれにとって、生と死の交差点だった」(ヒューストン、五二頁)。ヒューストンの父親は、開戦直後に逮捕され、司法省の抑留所に入れられ、厳しい尋問を受けてから、家族のいるマンザナール転住所に合流した。その時には憔悴していて、怒った時には家族を杖で殴りつけるようになったという。

多くの一世男性は、明治期の家父長主義的な教育を受けて育ったため、米国に移住してからも、家長としての権威を保つことに固執した者が多かった。しかし、米国での移民家族は、日本のような大家族ではなかったし、英語でのコミュニケーションは米国生まれの二世に依存せざるをえなかったので、その権威は徐々に揺らいでいった。

その上、転住所では、一世の妻が炊事や家事から解放され、転住所内での労働で少ないながら、夫と同程度の給与を得ることになり、生まれて初めて転住所内の趣味のサークルで生け花、短歌、俳句などを楽しむ時間ももてるようになった。そのため、一世男性についていえば、妻との関係でも、その権威は揺らぐようになった。また、その揺らいだ権威を暴力で維持しようとする者もいたので、一層、妻や子供たちは父親から離れるようになったのであった。

日系女性の「解放」

転住所に入るまでの一世の母親は、家事・育児に追われた上に、農業や自営業などの家業の手伝いをさせられることが多く、「母の休んでいる姿を目にしたことなどありませんから、昼間食卓の脇の木の長椅子にうつぶせになっているのを見たときは、死んでしまったのかと思いました。実は、母は身ごもっていたのです」(ナカノ、二九頁)といった証言がでるほどであった。そのような重労働を強いられた上に、夫から暴力を受けたり、夫が酒やギャンブルにうつつをぬかしても、子どものために離婚をせず、「仕方がない」と自分に言い聞かせて生きて来た例も多かった。

二世の娘の場合は、一世の親から「いい子になさい、お行儀よくなさい、でないと私たちが笑われます」と教えられる一方、家庭内では男の兄弟が大学に進学しても、娘にはそのような機会が与えられないことへの不満を感じて成長した者が多かった。米国の公立学校で米国社会の自由な理念を教育され、機会の平等に憧れを抱いた者が多かっただけになおさらだった。しかし、その米国社会からは差別されたため、差別には家族ぐるみや日系人社会ぐるみで抵抗せざるをえない心境にもなり、性差別よりも人種差別への抵抗を優先せざるをえなかったのも事実だった(ナカノ、九二、九四頁)。

このような人種と性の二重の差別を受けて育った二世の女性にとって、強制収容の結果、家父長的な父親の支配が崩壊したことは、自由な生き方を選択できるチャンスの到来でもあったのである。

しかし、二世女性が転住所から出て、中西部や東部の大学や職場に単身で移ることには一世の親から強い反対があった。それは、二世の息子が従軍する場合も同じだった。二世単身の従軍や再定住は家族の対立を激化させ、場合によっては、親の反対を振り切って出所する場合もあった。それだけに、ナカノによると、「不慣れな環境に身を投じ、後ろ盾となる地域の庇護のもとを離れ、慰めとなる家族も友もいない外の世界で身の処し方を学び、ほとんどの女性がたくましくなっていった。しかもどんなに活動が制限されようとも、抑留生活から抜け出してアメリカ社会の本流に飛び込んだことを、後悔する者は一人もいなかった」という(ナカノ、一七四―一七五頁)。

そのような気概をもって転住所をでた二世であったが、白人社会の中では収容体験を封印したという。ヒューストンはこう語っている。「マンザナールがいったいどういうところだったのかを理解できるようになるにつれて、自分が当然あんな扱いを受けるだけの、なにかたいへんな罪を犯した人間であるかのような羞恥心でいっぱいになっていった。わたしを非難する人びとに喜ばれようとして、わたしは自由の身になってからの数年間というもの、彼らに受け入れてもらえるような存在になろうと努力した」と(ヒューストン、一八六頁)。ナカノは、二世女性にとっての強制収容の体験は「レイプ体験」のようなもので、自分には全く罪はないのに罪悪感にとらわれ、結果として彼女たちは沈黙してしまったのだという(ナカノ、一七九頁)。

このように、日系二世の女性にとって、強制収容によって家父長制が弱体化したことは強権的な父親からの「解放」であった。しかし、それは、ほかならぬ強制収容によってもたらされたものであったので、その体験は「トラウマ」となり、他人には語れない秘密となっていったため、この解放はカッコつきの「解放」であった。ゼロからスタートした戦後の日系人は、必死に働き、白人の主流社会に「同化」するべく努力した結果、一九六〇年代になると、白人から「モデル・マイノリティ」とおだてられるまでになったが、心の中では強制収容体験という「トラウマ」をずっと引きずっていたのであった。

四　収容体験を語った少数者

公的記憶の定着

多くの日系人が強制収容体験を封印する一方、収容を主流社会に日系人が同化するための「一時避難所」とする戦時転住局の公式見解が戦後初期には定着していった。この公式見解は、一一冊にのぼる戦時転住局の報告書や、類似の見解を提示したカリフォルニア大学のドロシー・トーマスを中心とした「日系アメリカ人立ち退き・再定住研究プロジェクト（ＪＥＲＳ）」の三冊などによって補強されてゆく。その上、戦時転住局の公式見解は、戦後の日系人社会を代表する唯一の団体となった日系市民協会によっても支持されたので、日系人社会の中でも大きな影響力をもった。

一般的に、ある体験が「記憶」として定着する過程には、公的機関によって「創られた」側面が存在する。その点はベネディクト・アンダーソンの『想像の共同体』やエリック・ホブズボーム、テレンス・レンジャー編の『創られた伝統』（ともに原書は一九八三年刊）が解明した点である。特定の記憶が定着する過程では、公的機関の報告書、研究書の他、記念碑や記念日の設定、新聞、雑誌、写真、絵画、映画、博物館の展示など様々な媒体による情報の選択・発信が作用する。日系人の強制収容体験の場合は、「一時避難所」という公的記憶が、一九七〇年代になって、当事者の「証言」や「オーラル・ヒストリー」によって修正されることになるのである。

写真の中の収容所

日系人の立ち退き・収容体験の場合、まず注目されたのはアンセル・アダムズによる写真であった。一九四三年秋にマンザナール転住所を訪問したアダムズは、所長のメリットが友人であった関係で、鉄条網・兵士・監視塔以外の場所は自由に撮影してよいという許可をもらっていた。この時に撮影した写真にコメントをつけて、一九四四年に出版したのが『自由と平等に生まれて』と題した写真集であった。この本でアダムズは、収容された日系人が米国に忠誠を誓う市民であることを白人の読者に印象付けようとした。そのため、とくに笑顔の少女を好んで撮影したという。また、ヨセミテ国立公園の写真などで知られたアダムズだけに、シエラネヴァダ山脈などの雄大な自然を背景に、荒地に水を引き、野菜を育てる日系人の姿が強調されていた(Creef, pp. 19-36)。

その結果、アダムズの写真集では、ノー・ノー組のような抵抗派の日系人が無視されただけでなく、収容された日系人の悲惨な様子も写されることはなかった。それに対して、ドロシア・ラングの場合は、立ち退き・収容を日系人が被った悲劇として映し出す努力が貫かれていた。彼女が撮った写真には、赤ん坊を抱えた母親や子ども、高齢者に焦点を合わせたものが多い。認証票を胸から下げて当惑した姉妹の写真や、イチゴ畑で並んだ一世の母親と二世の兵士の息子の写真などが有名である。ラングはいつも人間の表情や動きにこだわった。当時、彼女は、戦時転住局に雇われた唯一の女性写真家であり、立ち退きから収容まで約七〇〇枚の写真を撮ったという。戦時転住局全体では一万二五〇〇枚もの写真が撮られたというから、戦時転住局がいかに宣伝を重視していたかが分かるだろう。彼女が撮った写真の中には、一九四二年九月号の『サーヴェイ・グラフィック』誌の表紙をかざったものもあった。

すでに大恐慌下で南部から西部に移住を余儀なくされた貧しい移住労働者の母の写真などで有名になっていた彼女は、苦難に直面した一般民衆の素顔を写すことを信条としていた。彼女自身が子供のころに小児麻痺にかかり、右足が不自由であったため、悲惨な状態にある人々に寄り添う写真を重視したからであった。また、夫であったポール・S・テイラーはカリフォルニア大学バークリー校で教えていた進歩的な農業経済学者で、日系人の強制立ち退き・収容に反対する立場にいたため、日系人が置かれた状況に同情を感じていたことも、撮影の際に作用したと思われる。そのため、彼女の写真は、戦時民間人管理局の反発を受け、終戦まで非公開の処置がとられた。ただし、立ち退きのバスを待つ日系人が微笑んでいる写真は、戦時転住局によって、立ち退きは日系人のために行われたとの宣伝に使われたという(Creef, pp. 38–53)。

強制立ち退き・収容された日系人は、カメラの使用を禁止されていたが、例外的にカメラを転住所内に持ち込み、日系人の日常生活を撮影していた者がいた。トヨ・ミヤタケというロサンゼルスの写真家である。マンザナール転住所にこっそりカメラを持ち込んでいたミヤタケは、メリット所長に特別に許されて、撮影を続けた。彼は、白人の写真家では撮れない日系人の日常生活、出征兵士の出所やクリスマス、新年の餅つき、葬式など、同じ日系人というインサイダーだからこそ撮れた写真を残している。彼はまた、『マンザナールよさらば』にも登場している(Creef, pp. 57–59)。

画集の刊行

しかし、これらの写真は、すべて戦時転住局などの許可をえて撮影されていたものであり、転住所内での日系人の悲惨な生活状態などは撮影されていなかった。他方、一九四六年にコロンビア大学出版部からでたミネ・オークボの解説つき画集『市民一三六六〇号』は、トパーズ転住所での彼女の体験が率直に語られている。市民でありながら、入所時に「一三六六〇」という番号を与えられ、氏名でなく番号で処理されたこと、転住所のバラックでは隣の声が聞こえ、プライバシーが保たれない上、トイレに仕切りがなく、悪臭がひどかったなど悲惨な状況が描かれていた。その一方で、アメリカ同化講座が開設されたこと、彼女が出所を決意した時、「人とうまく付き合う法」や「世間に出る際の行動上の注意」の講習を受けたことなども指摘されていた(オークボ、一九、六八—七五、一六三、二〇二頁)。

彼女は、開戦直前までヨーロッパに留学していた画学生であった。トパーズ転住所に入れられてからも、サンフランシスコの美術館で作品が展示され、一九四三年三月二一日号の『サンフラシスコ・クロニクル』紙の日曜版にも作品が掲載されている。マイヤー長官はサンフランシスコのコモンウエルズ・クラブの演説で彼女の作品に言及し、彼女を主流社会に同化可能な日系人の代表として評価した。その結果、彼女は、一九四四年一月には出所が許され、ニューヨークで働くことになる。その後、一九四四年四月号の『フォーチュン』誌の日本特集号に、ヤスオ・クニヨシやタロー・ヤシマの作品とともに彼女の作品が掲載された。コロンビア大学出版部から彼女の画集が出版されたのも『フォーチュン』誌の編集者の働きかけによるものであり、マイヤー長官が本の宣伝文を書いたという。

このように、ミネ・オークボは、当時の日系人としては異例の厚遇を受けた人物であり、戦時転住局も日系人の再定住のモデルとして評価していたのであった。先述のように、彼女も転住所での悲惨な生活を描いたが、そのタッチは「ユーモラスな」描き方であり、センターを西部の開拓にたとえるなど、戦時転住局を表立って批判することはなかった(Robinson, 2012, pp. 69-80)。

日系人作家の収容小説

次に、リドレス運動が始まる一九六〇年代末までに発表された、収容体験を素材にした小説を取り上げよう。日系人による収容体験に関する小説は、フィクションの要素も含むが、多くが体験に基づく自伝的性格を持っていた。仮にフィクションの部分があったとしても、発表されて読まれることで収容体験の記憶形成に影響をあたえたので、それらを歴史的な文脈に位置付けることは重要であろう。とくに、一九六〇年代末までは多くの日系人が収容体験を封印していたのであったからなおさらである。カシマ・テツゼンはそれを「社会的記憶喪失」(Kashima, p. 219)と呼んでいるが、そのような状況下で一部の日系人作家が収容体験を作品化して、発信した意味を考える必要がある。彼らは、少数の勇気ある人々であったのだろうか。

米国における日系文学は、山元麻子、佐々木ささぶねなどの一世文学から始まる。彼らは転住所内で発行された新聞や文芸誌に作品を発表していたが、日本語で発表したため、米国における収容体験の記憶形成への影響は限られていた(アジア系アメリカ文学研究会編、七三—九〇頁)。それゆえ、ここでは、英語で収容体験を作品化した二世作家たちで、しかも、一九六〇年代末までに発表していた、トシオ・モリ(一九一〇—一九八〇年)、ヒサエ・ヤマモト(一九二一—二〇一一年)、モニカ・ソネ(一九一九—二〇一一年)、ジョン・オカダ(一九二三—一九七一年)の四名に絞って検討したい。著名な二世作家には、この他にも、ワカコ・ヤマウチ(一九二四—二〇一八年)がいるが、彼女が収容体験を基にした作品『12—1—A』を発表したのは一九八二年であったのでここでは取り上げない。また、ヨシコ・ウチダ(一九二一—一九九二年)の場合も、収容体験に基づく代表的な作品として『トパーズへの旅』(一九七一年)や『荒野に追われた人々』(一九八二年)があるが、いずれも一九七〇年代以降の作品であるので、ここでは除外する。

ここに列挙した二世作家の収容開始時の年齢は、モリが三二歳、ヤマモトが二一歳、ソネが二三歳、オカダが一九歳、ヤマウチが一八歳、ウチダが二一歳であった。つまり、二世作家は、モリ以外はみな二〇歳前後という多感な青年時代に収容を体験し、まさにその体験を作品化して後に高い評価を得たのであった。

また、ここに挙げた六名の内、四名が女性であることも特徴的である。すでに見たように、収容体験による一世の父親の家父長的な支配からの「解放」が、とくに二世女性に大きな知的影響を与えたと考えられる。作家だけでなく、ベストセラー作品となった『マンザナールよさらば』の著者、ジャンヌ・ワカツキ・ヒューストン(一九三四―)や、日系人収容史の見直しを迫った研究書『屈辱の歳月』の著者ミチコ・ウェグリン(一九二六―一九九九年)、議会が設定した戦時民間人転住・抑留に関する委員会の調査員として活躍したアイコ・ハージッグ・ヨシナガ(一九二四―二〇一八年)をも加えると、日系人収容の記憶形成における日系女性の役割には注目すべきものがあるように思われる。

もう一つ指摘しておくべき事柄がある。それは、ここで取り上げる四名の作家はいずれも、一九七〇年代になってアジア系作家が注目されるようになるまで、ほとんど無名の作家であり、文筆業だけで生活を支えることはできなかった点である。モリは親から継いだ花の栽培業で、ヤマモトはカトリック・ワーカー農場のボランティアなどで、ソネはカトリック・コミュニティ・リーグのカウンセラーで、オカダは大学図書館の司書や飛行機会社のテクニカル・ライターで生活を支えていた。つまり、彼らは、作品の原稿料だけで生活を支えることはできなかったのであり、収容体験に関する彼らの作品は、先駆的ではあるが、その影響は限られていたのであった。

トシオ・モリの場合

まず取り上げるのはトシオ・モリである。彼の代表作『ヨコハマ・カリフォルニア』は一九三二―四一年までに発表した短編をまとめたものである。開戦により刊行が困難となり、開戦後に執筆した二本を追加して、一九四九年に刊行されたので、収容を直接の対象とした作品はない。むしろ、二〇〇〇年に刊行された『未完のメッセージ』の中に戦中や戦争直後の作品が収録されている。モリは「日系アメリカ文学の先駆者」と評価される人物で、開戦後に入れられたトパーズ転住所でその文才を認められ、「センター付き歴史家」に任命され、被収容者が発行した『トパーズ・タイムズ』誌や文芸誌『トレック』などに投稿した。一九四三年に発表した「旅行者たち」では、九人の出所者をゲートで見送る場面が描かれているが、その中にシカゴの会社の事務で働く女性の話が描かれている。高卒の彼女は、収容前は家政婦をしていたが、今やホワイト・カラー職である速記者となり、とても「エキサイティング」だと語っていた(Mori, p. 124)。

また、一九四四年に発表された「ムラタ兄弟」では、徴兵を拒否した兄と徴兵に応じた弟との論争が主題になっている。弟ヒロは「臆病でない限り、二世が国のために戦うのを拒否することは理解できない」と語るが、兄フランクは「主要な民主主義国の国民である我々が何故、鉄条網に囲まれたフェンスの下に置かれるのか」と反論する。それに対して、弟ヒロは、この不当な処置に対しては「戦争が終われば、リドレスがあるだろう」と主張する。二人の母親は、息子の志願で皆との溝が拡大したことを認めるが、「彼はこの国しか知らない」と反論して、弟の従軍を弁護している(Mori, pp. 140–167)。

モリの「旅行者たち」では、戦前には家政婦だった高卒の日系女性が、再定住したシカゴでは事務職につけるようになったと、再定住を評価する主張が展開されている。それに対して、「ムラタ兄弟」では徴兵拒否者の存在も紹介しながら、従軍を評価する母の証言を入れることで、従軍者の方を評価している印象を与えている。このようにこの二作品でみる限り、モリは「鉄条網で囲まれた生活」を非難する言説を紹介しながらも、全体的には収容によって兄弟が対立したり、日系人社会に溝が発生した面に光をあてていて、収容当局への直接的批判を自制している印象が強い。

ヒサエ・ヤマモトの場合

ヒサエ・ヤマモトは、ポストン転住所に入れられ、第四四二連隊に従軍した弟をフランスで亡くしている。戦後は、黒人紙『ロサンゼルス・トリビューン』の記者として、アフリカ系と日系の橋渡しをしつつ、作品を発表、『ヒサエ・ヤマモト作品集』が一九八八年(邦訳は二〇〇八年)に出ている。

収容体験に関わるのは、一九五〇年に発表した「ミス・ササガワラ伝説」である。三九歳の元バレリーナであるミス・ササガワラは、他人に水をかけたり、挨拶されても無視したり、病院から逃げ帰るといった奇行を繰り返す人物だが、クリスマス・パーティで子供たちにメヌエットを指導して踊らせたりもする。このミス・ササガワラの奇行がどこからくるのかは説明されていない。観察する

「私」は、後に入学したフィラデルフィアの大学でミス・ササガワラの長詩が載った雑誌を発見する。その詩は、妻を亡くした男の信心を狂気として描いた作品だったという。ヤマモトはここで、ミス・ササガワラの精神を攪乱させたのが強制収容だったことを暗示しているように思われる(ヤマモト、七八―一〇五頁)。

また、一九六一年に発表した「ラスベガスのチャーリー」では、アリゾナにある転住所を「強制収容所」と呼びながらも、「どうにも耐えきれないものでもなかった」としている。登場人物の中には、イタリアで戦死した者、帰米で日本への送還を希望する者、息子の送還でもう一人の息子が死ぬことはないと安心する父親などが登場する(ヤマモト、一九五―一九八頁)。

このようにヤマモトの作品では、収容生活における日系人の狂気や対立が描かれているが、モリの作品と同様に、戦時転住局を非難する叙述は隠されている。一九六一年に発表した作品でも転住所を「強制収容所」と記述したが、「無料の食事、無料の住居……これ以上のもの手に入らず」とも記述しており、「強制性」の印象が弱められている。

モニカ・ソネの場合

第三に取り上げるのは、モニカ・ソネの代表作となった、一九五三年刊行の『二世娘』である。この本は、米国ではよく知られた出版社であるリトル・ブラウン社から出版された。彼女は、シアトルで育ち、ミニドカ転住所に入れられた。一九四三年には出所し、シカゴの白人の長老派牧師の家に下宿しながら、歯科医院の事務の仕事をした。戦後、一九四九年にケース・ウェスタン・リザーブ大学いう。

で臨床心理学の修士号をとり、カトリックのコミュニティで三八年間、カウンセラーの仕事をしたと

『二世娘』では、収容所での生活が次のように描かれている。「キャンプに設置された監視塔からライトが照らされ、軽機関銃を持った守衛が二四時間監視をしている。鉄条網が我々を囲み、怒りの結び目が我々の胸を締めつけたのを覚えている。……たぶん、私はもはやアメリカ人とは考えられていないのだろう」。兄ヘンリーが志願を表明した時に、母は顔面蒼白となったが、父は日本にいても徴兵はあったと、母を諭す場面もみられる。そして、「二世戦闘部隊の誕生は、我々の立ち退き生活のクライマックスであり、転換点である。それは我々の正当な場に戻る道だ」と記した。つまり、ソネは、二世の従軍によってアメリカ人としての権利が回復されると期待したのであった。また、中西部や東部への再定住が決まった時、ソネはそれを「興奮するほどのチャレンジ」と受け止めた。そして、「私は、私のハイフン付きのアメリカニズムが、分解するのではなく、力を注入されるようなアメリカの別な面を知ることになるかもしれないと期待した」。

さらに、クリスマス休暇で転住所の両親を訪問したソネは、別れを告げた時、こう感じたという。「私は、主流社会に戻ろうとしている。まだ東洋的な眼差しをしているが、全く異なった様相で。何故なら、今や私は悲しくも分裂したパーソナリティの代わりに、全的な個人のように感じたから。私の中の日本人部分とアメリカ人部分は今や混ざり合って、一つになった」と(Sone, pp. 177, 200–201, 216, 238)。これが『二世娘』の最後を飾る言葉となっている。

つまり、ソネの作品は、立ち退き・収容を非難しつつも、戦時転住局が推進した再定住政策によっ

て主流社会に統合されることを高く評価する立場をとっているのである。それこそが、米国の大手出版社から彼女の本が出版された理由であろう。このように、モリやソネは再定住を評価する叙述をしているし、ヤマモトを入れた三者とも、立ち退き・収容を進めた米国政府を明確に批判することは自制している。

一九六〇年代末にリドレス運動が起こるまでの日系人作家の間には、戦時転住局が推進した再定住政策を明示的には非難しにくい、どこか遠慮するような雰囲気があったのだろう。しかし、立ち退き・収容下の生活の中で発生した日系人社会の世代間対立とか、母と娘の間の確執とか、二世の心の中でのアイデンティティ・クライシス、白人社会に同化しようとすると、どうしても身体的な違いが目立ち、自己嫌悪に陥るという矛盾などが詳細に描かれているので、強制立ち退き・収容体験を封印していた多くの日系人にとっては、記憶の扉を少しでも開く効果ももったのだろう。

ジョン・オカダの場合

最後に、ジョン・オカダが一九五七年に出版した『ノー・ノー・ボーイ』を検討しよう。オカダ自身は、ミニドカ転住所から従軍して、太平洋戦線で日本軍の交信の解読にあたった「イエス・イエス組」であり、終戦後は五カ月間、日本の占領にも関係した。しかし、オカダが作品化したのは米国への従軍や忠誠を拒否した「ノー・ノー組」であった。

主人公イチローは、徴兵を拒否したため、二年間の転住所生活の後、さらに二年間刑務所に入れられる。戦後に故郷のシアトルに帰るが、従軍した友人からは「くそ、役立たず」とつばをはきかけられる。逆に、終戦後も日本の勝利を信じる母親は、米軍への従軍を拒否した息子のことを、「日本のために生命を失ったのと同じくらい立派」と称賛していた。しかし、周囲から白い目でみられたイチローは「おれには、二度とふたたびアメリカ人である感覚をもつことはできないのか」と苦しむことになる。また、入院中の友人、ケンジを見舞った時に、「この世からジャップもチンク(注・中国人の蔑称)もジュー(注・ユダヤ人の蔑称)もポール(注・ポーランド人の蔑称)もニガーもなくして、人だけにしてくれ」と語りかけた(オカダ、二四、五一、一一七、二一一頁)。

オカダは、米国への忠誠を拒否したため、社会から孤立した「ノー・ノー・ボーイ」の想いの根底に米国社会の人種差別への抗議があったことを示唆したかったのだろう。しかし、戦時転住局の政策では、「ノー・ノー・ボーイ」は「親日の厄介者」と規定され無視されてきたので、その存在に光をあてることは、結果的に米国政府の強制立ち退き・収容政策を原理的に批判することを意味した。その結果、この本は米国内で出版社を見つけることはできず、日本で翻訳出版の仲介をしていたタトル商会が英語版を出版するという異例の展開となり、当時の米国社会ではほとんど注目されることがなかった。

そのため、オカダは文筆で生活を支えることはできず、大学図書館の司書や飛行機会社のテクニカル・ライターをしながら、細々と創作活動を続けていかざるをえなかった。次作は一世に関するもので、原稿も出来上がっていたというが、一九七一年、その出版を実現できずに、彼は四七歳の若さで亡くなった。しかも、この遺稿は、大学のアジア系研究センターなどでも引き取ってもらえず、妻は焼却してしまったという(Abe/Robinson/Cheung, pp. 85-86, 113)。

しかし、皮肉なことに、『ノー・ノー・ボーイ』はオカダの死の数週間後に、丁度、先駆的なアジア系作家の作品集の出版を計画していたフランク・チンらのグループによってサンフランシスコの古本屋で発見される。その後、一九七四年に刊行されたアジア系作家の作品集である『アイイイー!』に収録され、一躍注目を浴びることになった同作品は、一九七六年にワシントン大学出版部から復刻版が出版された後、二一刷、総計二〇万部ものベストセラー本となった(Abe/Robinson/Cheung, pp. 8-9)。こうして、オカダは、一九六〇年代末からのアジア系運動の台頭や日系人のリドレス運動の発生の中で、「抵抗の作家」として再評価され、その結果、「ノー・ノー・ボーイ」の見直しも進むことになったのである。

＊＊＊

本章では、戦後の日系人が強制立ち退き・収容により多くの財産を失い、ゼロからの再出発をする中で、白人の主流社会への同化が進むとともに、強制収容体験を封印することでトラウマが蓄積された過程を検討した。

まず、宗教意識の面では、収容体験でキリスト教化が進み、各宗派の教会本部は白人との統合教会を推し進めたが、日系人は、日系人だけの分離教会を強く望んでいた。仏教の場合は、開戦と同時に一世の仏僧が逮捕された関係で、二世を中心に仏教会の「アメリカ化」を促進する形で生き残りが図られた。それは、日系人の多くが米国社会への同化を希望したといっても、先祖の慰霊や年中行事では仏教由来のものを放棄できなかったからであり、文化面では戦後も独自の母文化を維持するという文化多元主義的傾向がみられたからである。

また、家族形態では、強制収容によって一世の父親の家父長的な権威が失墜した上、戦後は、二世の女性も就労して家計を支える必要があったので、二世女性の「解放」が進展した。ただし、収容体験を「恥」として封印しながらの社会進出であったので、各自にはトラウマが蓄積した。そのような屈折した心理が作用して、文学でも収容体験の研究でも、二世女性の主導性が目立ったのであった。

加えて、多くの日系人が収容体験を封印する中で、例外的に、戦後初期にその体験を作品化した作家がいた。彼らの筆致は、収容所の悲惨さを描きつつも、そこから出所して米国社会に同化してゆくことに希望を見出す基調で、米国政府への正面からの批判は避けていた。例外は、『ノー・ノー・ボーイ』を書いたジョン・オカダであったが、その本は米国の出版社からは出版されず、米国ではほとんど黙殺されたが、彼の死後に、リドレス運動やアジア系アメリカ人運動が発生する中で再発見されたのであった。

次章では、一九六〇年代末以降に日系人の立ち退き・収容を「不法」として謝罪と補償を要求する運動が発生し、その過程で多くの体験者が封印を解いて体験を語ることで「自己回復」をとげていった過程を検討する。

注

（1） 多文化主義に関しては、油井／遠藤編、一九九九を参照。主として東欧系や南欧系の移民の統合をめざして提唱された「文化多元主義」の場合は、西洋文明を共通文化としていたが、非白人の独自文化の尊重を要求する「多文化主義」の場合は、アフリカや中南米、アジアといった非西洋的な文化と西洋文化との共存を視野にいれた統合がめざされるだけに、ヨーロッパ系移民からの反発も強く、米国では「文化戦争」と呼ばれる激しい対立が発生した。しかし、二一世紀の半ばには白人人口が過半数を割ることが予想されるだけに、いずれ「多文化主義」による国民統合は不可避になると思われる。日系人の強制収容批判＝リドレス運動も、そのような米国における「多文化主義」台頭の一貫としても解釈できると考える。

第八章　収容体験の語りだしとリドレスの実現

一　アジア系運動の始まりと三世の登場

アジア系の連帯意識の芽生え

三世の多くは第二次世界大戦直後に生まれた「ベビー・ブーマー」であり、一九六〇年代に大学に進学した。そのため、彼らは、この時代の米国で活性化したアフリカ系の公民権運動、ベトナム反戦運動、ブラック・パワー運動などの影響を強く受けることになった。特に、ベトナム戦争は、米国政府によるアジアへの侵略戦争として認識されたので、日系や中国系などが出身国の違いを超えて「アジア系」として連携する契機となった。また、米国に渡ったアジア系移民は、似たような排斥運動に直面したり、一世の帰化権を否定する法的差別を受けたりした点で問題意識を共有していたものの、一世の時代は言語や文化の差異などが影響して結束することはなかった。しかし、三世以降の世代になると、英語が母語となり、共通する差別体験から連帯する動きを示したのであった。

特に、一九六〇年代末になると、「ブラック・パワー」運動で提唱された「ブラック・イズ・ビューティフル」などのスローガンに象徴されるように、マイノリティの自尊心回復が求められ始め、その影響はアジア系にも及んでいった。また、アフリカ系の運動と警察との衝突が激化したのに伴い、一九五〇年の国内治安法第二項にある緊急拘禁法に基づき、アフリカ系が強制収容される危険が高まっていったため、かつて強制収容された日系人の間では、この法律の撤廃を求める運動が始まった。

きっかけを作ったレイモンド・オカムラ(一九三三―二〇一二年)は、一九六七年七月に日系市民協会の指導部にあてた、緊急拘禁法の撤廃に取り組むように求める手紙を、機関紙『パシフィック・シティズン』に投稿した。それに対して、日系市民協会の長老であるマイク・マサオカは、まず日系市民協会に入会して主張すべきと反論したため、オカムラは入会し、翌六八年の日系市民協会のサンノゼ大会でこの提案を出した。その際、日系人収容に協力したマサオカは猛反対したが、三世の間では好意的な反応が見られた。そこで、ジェリー・エノモト会長は、オカムラとエディソン・ウノ(一九二九―一九七六年)を共同議長とする特別委員会を設置して検討することにした(和泉、二〇〇九―二三一頁)。エノモト会長は、カリフォルニア州のアジア系初の矯正長官(犯罪者の管理と改心を担当する機関の長)になった人物で、アフリカ系の妻とともに、公民権擁護の活動に長年携わってきた人物であった(Densho Encyclopedia による)。そうした人物が、一九六六年から一九七〇年まで二期にわたり日系市民協会の会長を務めたことが、緊急拘禁法の撤廃運動には幸いした。

また、オカムラとともに特別委員会の議長に就任したエディソン・ウノは、長兄が日本軍に協力したため、父親は一九四七年九月まで司法省の拘留所に留め置かれた。しかし、彼自身は早くから日系市民協会に加入し、一九五〇年には最年少の支部長にも就任した。「大勢順応を拒否する革新派二世」

を自称(Densho Encyclopediaによる)し、一九六九年四月には、アール・ウォーレン元最高裁判所長官のカリフォルニア大学バークリー校での講演に際して、カリフォルニア州の司法長官として日系人の強制立ち退き・収容に賛成したことへの謝罪を求める行動を単独で起こしている。結局、ウォーレンは謝罪しなかったが、エノモト会長に対して緊急拘禁法撤廃を支持する書簡を送ったという(和泉、二四四―二四五頁)。その後、日系市民協会のロビー活動やマスコミへの働きかけも功を奏して、一九七一年九月にニクソン大統領が廃止法に署名することで、緊急拘禁法の撤廃は実現した(和泉、二九八―二九九頁)。この緊急拘禁法の撤廃は明らかに、リドレス法成立への前哨戦の意味をもった。

一方、一九六八年、カリフォルニア大学バークリー校の大学院生であったユージ・イチオカ(一九三六―二〇〇二年)を中心に、ベトナム反戦やアフリカ系との連帯を掲げて、「アジア系アメリカ人政治連盟(Asian American Political Alliance)」が結成された。この組織は、東部ではコロンビア大学、ニューヨーク市立大学で結成され、中西部ではミシガン大学アナーバー校にも拡大した。「アジア系」としてのまとまりを主張した最初の団体と言われたこの団体が、緊急拘禁法の撤廃運動にも加わっていったのである。また、コロンビア大学のグループは、その後ベトナム反戦組織として「行動するアジア系アメリカ人(Asian Americans for Action)」を結成した(Wei, pp. 19–25)。

ニューヨークには、当時、マルコム・Xなどと交流して、アフリカ系の解放運動に協力していたユリ・コチヤマがいた。彼女は回想録でこう述べている。「カズ・イイジマに誘われてアジア系アメリカ人の運動に引き込まれた。闘争が問題にしたのは人権とさまざまな社会正義の侵害だったので、それは私にとって賢い選択だと思われた。カズはミン・マツダやメアリー・イケダとともに「行動するアジア系アメリカ人」(トリプルA)という名のすべてのアジア系を網羅したグループを創った。これは一九六八年ころ、サンフランシスコ州立大学のストが始まったころだった」(コチヤマ、二三九頁)。

ここで名前が挙がっているカズ・イイジマは、戦時中にニューヨークで活動していた「民主主義を求める日系アメリカ人委員会」のメンバーであった。彼は、戦後、一九四八年の大統領選挙でヘンリー・ウォーレスを支持した後、「革新的二世の会」を結成したが、このグループは、マッカーシズムの赤狩りで解散を余儀なくされたのであった(Robinson, 2012, p. 191)。

この「行動するアジア系アメリカ人」の結成の背景には、一九五〇年代に吹き荒れた赤狩りによって一時逼塞を余儀なくされていた「オールド・レフト」が復活し、一九六〇年代に学生だった若い世代の「ニュー・レフト」と共闘する過程が存在した。それは、西海岸でも見られた現象であった。その際、「オールド・レフト」は共産党などマルクス主義の影響が強かったが、「ニュー・レフト」はマルクス主義だけでなく、実存主義やプラグマティズムなど多様な思想が合流し、左翼思想一般の復興という特徴をもった。

また、ここで指摘されたサンフランシスコ州立大学でのストライキもアジア系運動に大きな影響を与えた出来事であった。一九六八年一一月から翌年三月まで続いたこのストは、ベトナム戦争に反対して第三世界との連帯を表明するとともに、「アジア系アメリカ人研究コース」の開設など、カリキュラム改革を要求するなかで発生した。様々なエスニック集団を糾合した「第三世界解放戦線(Third World Liberation Front)」が結成され、そこにはアジア系アメリカ人政治連盟も参加している。このストは、カリフォルニア大学バークリー校にも波及し、一九六九年一月から三月まで行われた。そこでは西洋中心的なカリキュラムが批判され、マイノリティを中心とする「エスニック・スタディーズ」講座の開設が要求され、実現した(Wei, pp. 18–22)。

図9はサンフランシスコ湾岸地域の略図であるが、サンフランシスコの対岸の大陸側には、ブラック・パンサー党などアフリカ系の運動が活発なオークランド市があった。また、その北にはカリフォルニア大学バークリー校を擁するバークリー市があり、この湾岸地域は様々なエスニック運動が活発に交流する地域となっていた。しかも、これらの運動は、自分たちのエスニックなアイデンティティを強く主張したので、同化主義は批判され、各エスニック集団の自立性が強調されるようになる。その影響を、当時多くが学生だった日系三世も強く受けることになった。

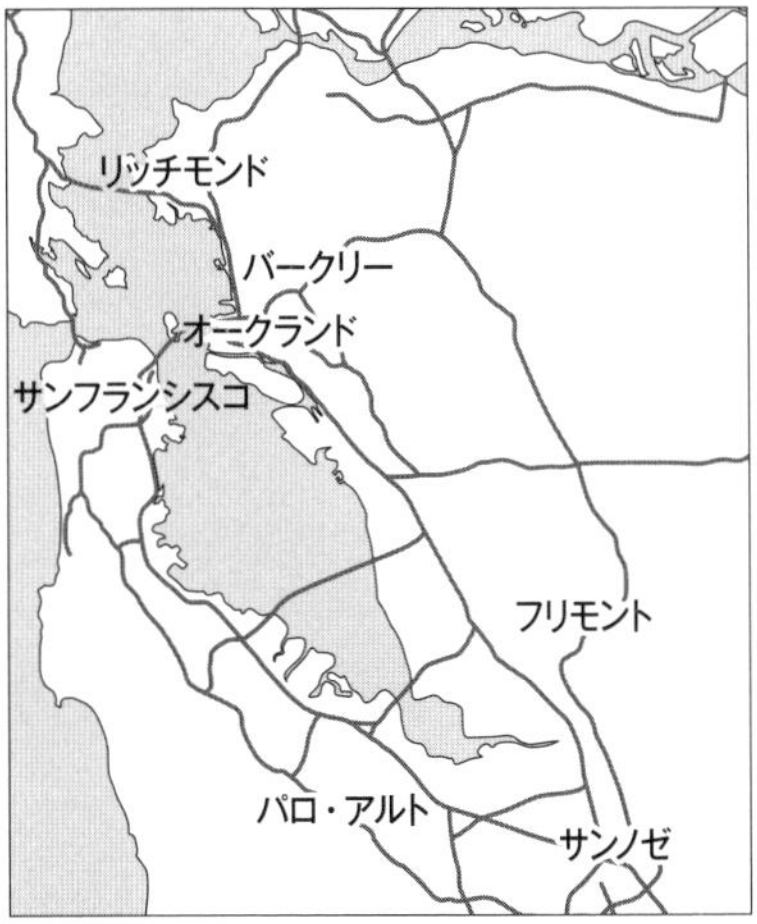

図9　サンフランシスコ湾岸の諸都市

また、一九六九年一月にはカリフォルニア大学バークリー校で「アメリカにおけるアジア系アメリカ人の経験――イェロー・パワーのアイデンティティ」と題する会合が開かれ、日系二世学生クラブや中国系学生クラブなどの学生、九〇〇人が結集した。会合では、主催団体間の意見対立が表面化し、混乱もあったが、全体としてアジア系意識の高まりを象徴する会合になった。つまり、「イェロー・パワー」意識の強調は、ヨーロッパ系中心の社会に同化することで地位上昇を図ろうとした日系人社会の主流派の考え方を批判し、日系人の自尊心の回復や日系文化の独自性への自覚を促すものだったのである。結果として、アジア系アメリカ人政治連盟の第二回会合では、中国系のメンバーから日系メンバーに対して、なぜ強制収容への抗議をしないのか、という疑問が投げかけられたという(Wei, p. 21)。この日系学生におけるアイデンティティの変容は、特に三世の間で顕著にみられるものであった。

三世意識の特徴

二世の親が収容体験を封印してきたことは三世にどのような影響を与えたのか、その心理学的な研究をミシガン大学のD・ナガタが一九九三年に発表している。ナガタは一九八七年に「三世調査プロジェクト」をスタートさせ、日系人七〇〇人に質問表を配布、四〇人に面接調査を実施した。一九八〇年センサスにおける日系人人口は七一万六〇〇〇人で、日系市民協会会員はその四%以下だが、調査対象の五五%は日系市民協会の会員だったというので、回答は日系市民協会系に偏ったものと注意すべきであろう(Nagata, pp. 18, 56–59)。ともあれ、この調査の結果、二世には強制収容体験を「恥」と受け止め、三世には負担をかけたくないとの思いから沈黙する傾向があったことが判明した。それは、ホロコーストを体験した親に類似した反応という。しかし、三世の側は親の沈黙で守られたとは考えておらず、沈黙は否定的で不快な対応と受けとめられ、三世のアイデンティティ形成を阻害したと指摘されている(Nagata, pp. 39, 100)。

ナガタの研究が明らかにしたことは、戦後に生まれ、強制収容体験をもたないはずの三世にも、親や祖父母が強制収容を「恥」として秘匿することで、収容体験が「トラウマ」として継承されていたという事実である。日系市民協会の指導部は、白人主流社会に同化すべく、戦時中は戦時転住局に協力し、戦後は収容体験を封印して同化に努力してきた。その日系市民協会会員の比重が高い調査でもトラウマの継承が確認されたことの意味は重い。多くの日系人は、強制収容によって心の深いところで白人不信を抱いたが、しかし、その白人社会に同化する努力を必死になって実行してきたのだから、それが深いトラウマとなったことは想像に難くない。そのような二世の身近で成長を遂げた三世にとっても、親の沈黙の重さが心理的負担となっていたことは容易に想像できる。

そのような日系人の屈折した心理を、三世作家のデイヴィッド・ムラが『肉体が記憶と出会う場所』(原著一九九六年、邦訳二〇〇六年)で分析している。一九五二年生まれの三世で、シカゴ郊外のユダヤ人地区で育ったムラは、当初、日系人＝モデル・マイノリティ説を受け入れてきたという。そうした中で、父方の祖父が、転住所内でキリスト教に改宗し名前もアメリカ人風に改名した息子(父)に激高したことを知る。その上、祖父が「虚しくも　哀しき盆栽　われのごと」という俳句を詠んでいたことを知り、「父方の祖父を詩ったこの詩には何かがあった。両親が話したがらなかった過去とぼくをつなぎ合わせたばかりでなく、ぼくの父親以外の男性像――中産階級の仲間入りをするアメリカンドリームを追いかけ、成功を目指してがむしゃらに働く人間とは異なる姿――を示したのだ。家族のあいだで伝わっている祖父は、やくざ者で、賭博や酒に大金を浪費し、芸術を愛した。ハイクを嗜み、日本古来の弦楽器であるビワを弾いた」と述べている。そして、ムラは、そのような祖父をテーマにした小説を書くことで、自らのルーツを明らかにしようと試み、一九八四年に訪日するのである(ムラ、二三六―二三九頁)。

三世は、一九六〇年代のエスニック意識の再生の影響を受けて、二世の親が忘却してきた日系文化に関心を寄せるようになったというが、ムラの訪日にもそのような意味が込められていたのだろう。この日系独自の文化への関心が、強制収容所で抵抗した「ノー・ノー組」への関心にもつながってゆくのである。

転住所跡地への巡礼の始まり

一九六七年、強制立ち退きを命じた行政命令発布二五周年を記念して、カリフォルニア大学ロサンゼルス校で強制収容に関するシンポジウムが開催され、ロジャー・ダニエルズやハリー・キタノなどが報告した。日系人収容に関する戦後初めての学術的会合であったが、報告者は誰もリドレス(謝罪や補償)には言及しなかった。マスコミが大きく取り上げたため、日系人社会でも話題となったが、その多くが「寝た子を起こすな」といった抗議であったという(Maki/Kitano/Berthold, p. 6)。

つまり、日系人収容が「強制収容」であったという議論どころか、日系人収容を取り上げること自体をタブー視する風潮が、日系人社会では一九六〇年代末になってもはびこっていたのである。白人の主流社会に受け入れられるために、収容体験を一切封印するという日系人の思いは長く続いていたのであった。

そうした重い口を開かせたきっかけとなったのは、一九六九年一二月二七日に開催されたマンザナール転住所跡地への「巡礼」であった。この企画は、ベトナム反戦運動で知り合った四世のウォーレン・フルタニ(一九四七年—)と、三世のヴィクター・シバタ(一九四五—二〇一二年、当時カリフォルニア大学ロサンゼルス校学生)が緊急拘禁法の撤廃に結びつけて考え付いたものである。「巡礼(Pilgrimage)」という表現は、メキシコ系の農業労働者の保護立法の成立を目指してセザーレ・チャベスがおこなった「サクラメント行進」からヒントをえたものであった。しかし、二人とも収容所の体験はなく、アラン・ボズワースの『アメリカの強制収容所』(一九六七年)を読んだ程度であった。そのため、マンザナール転住所に収容された経験のある二世のスエ・クニトミ・エンブリーに協力をあおいだ。すでに述べたように、エンブリーは、一九四八年の大統領選挙でヘンリー・ウォーレスを支持したグループに属し、その選挙後に「革新的二世の会」に参加していた「オールド・レフト」であった(Bahr, pp. 117–119)。すなわち、ここでも「オールド・レフト」と「ニュー・レフト」の邂逅があったのである。

転住所にはそこで亡くなった人の墓地があり、牧師や僧侶は以前から墓参りをしていた。しかし、一般の日系人の訪問は出所後初めてのことであった。当日は二五〇名もの参加があった。その中には、米国共産党のメンバーであるカール・ヨネダとユダヤ系の妻エレインの姿もあったが、多くは三世の若者であり、寒風のなか、ぼろぼろになった遺物を集め、親たちの苦労をしのんだという。『ラフ・シンポウ(羅府新報)』紙に参加記を書いたエディソン・ウノは、巡礼を企画した三世に感謝を表明している。スエは『パシフィック・シティズン』紙で世代間ギャップを埋める対話を呼びかけた(Murray, pp. 208–211)。このマンザナール巡礼には三大ネットワークのテレビも同行したので、一躍マンザナール巡礼は人々の知るところとなる。この成功を受けて、巡礼は以後、毎年開催されることになる。さらに、マンザナール転住所の跡地をカリフォルニア州の史跡に指定する運動も兼ねて、マンザナール委員会が結成されることになった(Harth, ed., pp. 177–178)。

巡礼の中で最も困難だったのは、「ノー・ノー組」の隔離転住所となったツールレイク巡礼だった。ツールレイク転住所の出身者は戦後の日系人社会で「つまはじき」にされていたからである。その後、「ノー・ノー組」が強制収容への「抵抗者」だったとの見直しが進んだ一九七〇年代末になってようやく巡礼が始まった。ここには、一九七九年にカリフォルニア州の公園・リクリエーション局が、日系市民協会の北カリフォルニア・西ネヴァダ支部の協力を得て記念碑を建てている。その銘文には「これらのキャンプは、いかに人種主義や経済的・政治的な搾取と便乗が米国市民や外国人の憲法上の保護を掘り崩すかを思い起こさせる」と書かれていた(Tule Lake Committee, p. 74)。また、シアトルでは一九七八年の感謝祭の週末に二〇〇〇人を超える人々が集まり、強制立ち退き・収容を思い出す「追憶の日(Day of Remembrance)」を過ごしたのをきっかけとして、この行事は西海岸の諸都市に広がっていった(竹沢、一九九四年、二一―六頁)。

二　日系人社会におけるリドレス論争の始まり

リドレス提案の波紋

一九七〇年、シカゴで開かれた日系市民協会の大会で、エディソン・ウノとレイモンド・オカムラは、第二次世界大戦中に日系人が受けた「誤りを正す(リドレス)」ことを求める決議案を提案したが、そこでは、多くの異論も出た。結局、「立ち退き・収容という誤った行為に対する補償を求めるという考えを原則として採用する」と決議されたが、連邦議会への提案は執行部が「適当と考える時期」

に行うとされた(*Pacific Citizen*, July 31, 1970)。しかし、この決議はすぐには実行に移されなかった。

他方、当時の日系市民協会では、一九六九年に行った調査で会員の九〇%以上が三〇歳以上であることが判明し、若者の参加が必要との認識が高まっていた。また、一九六〇年代の公民権運動に日系市民協会が熱心に参加してこなかったことが、若者を離反させている原因であるとの認識も出ていた(L. Kurashige, p. 159)。三世の参加が促進された結果、日系市民協会の保守的で年輩の旧指導部と、革新的な若い二世・三世の対立が表面化することになった。ウノは収容開始時には一三歳、オカムラは九歳で、若い二世に属し、旧指導部のように、自分から収容に協力する態度をとったことがなかったので、比較的自由な立場で収容批判を展開できたのであった。この世代対立は、これ以降、リドレス案の採択や実現方法をめぐって絶えず問題となる。事実、一九七二年の大会でもウノ等の提案が繰り返されたが、行動には移されず、一九七四年の大会でようやく優先的議題となり、全国補償委員会の設置が決まったのであった。

この間、マンザナールで始まった巡礼運動は他の転住所跡地にも広がっていき、一九七六年にはミチコ・ウェグリンが多数の公文書を駆使して『屈辱の歳月』を刊行し、日系市民協会で二年ごとの大会時に表彰される日系人の一人に選ばれた。また、市民権放棄者の市民権回復や日本への送還阻止に尽力したが、日系市民協会とは対立してきた弁護士のウェイン・コリンズが一九七六年に死去した折には、エディソン・ウノが『パシフィック・シティズン』紙の担当コラムで感謝と追悼の意を表明している(*Pacific Citizen*, July 23, 1976)。さらに、同年八月二〇日に開催された「海外戦争帰還兵の会(Veterans of Foreign Wars)」の大会では、日系人団体以外では初めて、日系人に対する補償を支持する決議が採択された(*Pacific Citizen*, September 10, 1976)。

このように日系人に対する補償を支持する内外の声の高まりを受けて、一九七六年七月にサクラメントで開催された日系市民協会の大会では、全会一致で金銭補償を要求することが決定された。ただし、翌年二月二五日号の『パシフィック・シティズン』紙の社説では、議会が補償を可決する見込みは「わずか(slim)」であり、補償運動の意義は戦争中の日系人が不当な違憲の措置を受けたことを広く米国民に知らせる教育的効果にある、という主張が展開されていた(*Pacific Citizen*, February 25, 1977)。

加えて、日系市民協会の大会で補償要求が正式に決議されたため、反対派の主張も強まることになる。例えば、日系市民協会の「正史」の執筆者として有名なビル・ホソカワは、『パシフィック・シティズン』紙の担当コラムでこう指摘している。「私の良き友であるマイク・マサオカでさえ、真正な日系アメリカ人の英雄の殿堂における彼の地位を危険にしてまで、補償法案に向けた人騒がせな立場をとろうとしている。もちろん、彼は、このキャンペーンがひどい失敗に終わったら、……彼の名声に泥を塗ることになるのは分かっている。……以前に語ったように、私は、補償運動は無能な人間の考え(bum idea)であると考えている」(*Pacific Citizen*, August 13, 1976)。

その他の主な反対論は、補償要求による日系人排斥感情の復活を恐れる気持ち、とくに、一九七〇年代は日米間で貿易摩擦が目立つようになっていたため、再び日本人と日系人が混同されて排斥される恐れがあると主張するものであった。また、独力で生活再建に取り組んできた戦後の日系人にとって、金銭補償の要求は自らの「品位を下げる」ことになるとの意見や、自由や人権に値段をつけることはできないという意見もみられた。これに対するリドレス推進派の反論は、日系人の強制収容は憲法違反という米国市民の政治原則に関わる問題であること、二度と再び同じような過ちが繰り返されない歯止めをつくる必要性があること、米国社会では不正が行われた場合、金銭による損害賠償が一般的であることなどであった(Tateishi, 2020, pp. 26–27, 44)。

日系市民協会の内部では、補償をめぐって支部ごとにアンケート調査が行われた。太平洋岸南西部支部が一九七七年初めに行った調査では、補償を支持する意見が四〇一名中三七六名で、九四%もの高率を示した(*Pacific Citizen*, April 1, 1977)。北カリフォルニア・西ネヴァダ支部が秋に行った調査でも、一六〇〇人の回答中、補償に賛成した者は九五%に及んだという(*Pacific Citizen*, November 25, 1977)。

リドレス運動の本格化

一九七六年一二月、エディソン・ウノが四七歳の若さで亡くなり、日系市民協会の全国補償委員会の暫定委員長にクリフォード・ウエダが就任することになった。ウエダの両親はツールレイク転住所に送られたが、ニューオリーンズの医学校に通っていたウエダ自身は、収容を免れた。それゆえ、強制収容を比較的自由に批判できる立場にあった。また、一九七三年には、戦時中に日本に残留して米兵の戦意低下を狙ったラジオ放送を行ったとして投獄されていた、二世女性のトウキョウ・ローズ(本名、イヴァ・トグリ)の恩赦を求める運動に従事していたが、日系市民協会がこの運動に冷淡だったことから、ウエダは日系市民協会に批判的な立場にたっていた(Densho Encyclopedia による)。しかし、補償運動には情熱を感じており、彼の委員会で一九七七年春に『日系アメリカ人収容――リドレスのための一事例(The Japanese American Incarceration: A Case for Redress)』と題したパンフレットを発行している。以来、補償運動はリドレス運動と呼ばれるようになった(Tateishi, 2020, p. 65)。

ウエダは、リドレス運動を推進するため、一九七八年の日系市民協会で自ら会長に立候補し、これに当選している。同年の大会では一人二万五〇〇〇ドルの補償と教育基金の設立を要求する案が可決されたので、ウエダは会長としてこの案の実現を推進することになった(Tateishi, 2020, pp. 75–78)。つまり、日系市民協会は、戦時立ち退き・収容に協力した旧指導部とは断絶した新指導部を選ぶことで、リドレス運動を推進する体制を整えたのであった。

ウエダ会長は、全国補償委員会の委員長に、弱冠三九歳の三世であるジョン・タテイシを指名した。タテイシは、カリフォルニア大学バークリー校でフリースピーチ運動[1]を経験した上、帰米の父親が日系市民協会に強く反発していた関係で、日系市民協会の旧指導部には批判的立場にあった。しかし、彼は、戦後の日系人社会の再建に果たした日系市民協会の功績を評価した上で、リドレスの実現を強く願い、ウエダ会長の要請を受け入れたという(Tateishi, 2020, pp. 18–23)。

当時の日系市民協会では、リドレス推進派の内部でも運動の進め方について意見の対立があった。ミノル・ヤスイなどは個人補償でなく、日系人社会全体への基金支給を主張したし、「追憶の日」を主導したシアトル・グループは、当時の連邦政府の財政難を考慮して、金銭補償でなく、免税措置で対応する案を主張していた(Tateishi, 2020, pp. 70, 78–79)。

また、当時の日系市民協会の会員は日系人人口の五%程度にとどまり、リドレスの要求を日系人全体の要求とする努力も必要になった。それには、戦時中の忠誠登録で「イエス・イエス組」と「ノー・ノー組」に分かれて対立した溝の修復が必要になり、戦時中の日系市民協会の指導方針の再検討も避けられない動きとなった。つまり、リドレス運動は日系人社会における「和解」をめざす運動ともなったのである。

同時に、一般のアメリカ人のほとんどは第二次世界大戦中に日系人の立ち退き・収容が行われたことを知らないので、連邦議会でリドレス法を可決させるには、マスメディアによる報道が不可欠であった。そこで、タテイシは一九七八年九月に、マスコミと接点の多い劇作家のフランク・チンを招き、メディア戦略を検討した。アジア系文学の作品集『アイイイー!』の出版で知られた中国系作家のフランク・チンは、日系市民協会への厳しい批判者でもあったが、タテイシはあえてチンに協力をもとめたのであった(Tateishi, 2020, pp. 100–101)。

また、一九七九年一月には連邦議会の日系議員に協力を求める会合が開かれた。議員側の出席者は、第四四二連隊での戦闘で右腕を失ったダニエル・イノウエ上院議員(ハワイ選出)、同じく第四四二連隊出身のスパーク・マツナガ上院議員(ハワイ選出)、ハート・マウンテン転住所に入れられ、戦後サンノゼ市長からカリフォルニア選出の連邦下院議員となったノーマン・ミネタ、新しくカリフォルニア州から選出され、ツールレイク転住所に入った経験のあるロバート・マツイの四人であった。日系市民協会からはウエダ会長のほか、タテイシも出席している。議員には他に、民主党から共和党に鞍替えしてカリフォルニア州から選出されたS・I・ハヤカワ上院議員がいた。彼はカナダ生まれの言語学者で、収容体験はないものの、サンフランシスコ州立大学で発生した学生ストライキ時の学長としてタカ派的態度で接したことが評価され、上院議員に選出された人物であった。リドレス要求には反対で、一九七八年の日系市民協会大会で講演した折、金銭補償の要求について「不合理でばかげている」と発言し、マスコミに注目された人物であり、この会合には欠席している(Tateishi, 2020, pp. 94, 113)。

この会合で、日系市民協会側は、謝罪と金銭補償案を議会で可決するように求めたが、イノウエ議員は、リドレスの実現には米国世論の支持が不可欠で、世論の支持を取り付けるには、まず議会に調査委員会(Commission)を設立し、その報告書を受けてから立法化する方がよいとの意見を表明し、日系市民協会側で検討するように促した。これに対し、タテイシらは、調査委員会方式を受け入れれば、リドレスの実現がさらに先延ばしとなるので、「臆病者」と非難されるのは必定と予想して苦慮したが、立法化には議員側の協力が不可欠として、調査委員会方式を受け入れた(Tateishi, 2020, pp. 116–120)。

「強制収容」説の普及

確かに連邦議会でリドレス法を可決させるには、多数の世論の支持が不可欠であった。日米貿易摩擦が激化し、石油危機以来の不況下で財政赤字が拡大する中、一九八〇年の大統領選挙では共和党のロナルド・レーガンが当選し、「小さな政府」政策の実施が予想されたので、ますます世論の動向が重要となった。しかも、リドレス法が成立するためには、日系人収容が憲法に違反する「強制収容」であったという認識が多くの国民に共有される必要があった。その点では、一九六〇年代半ばから七〇年代にかけて、日系人収容を「強制収容」と結論する学術書の出版が続出した影響は無視できない。ロビンソンによると、一九五四―六七年にかけては、日系人収容に関する書物がほとんど出版されていないという(Robinson, 2009, p. 290)。それは、戦時転住局による多数の報告書や、ドロシー・トーマス等の日系アメリカ人立ち退き・再定住研究プロジェクト(JERS)の三巻本の成果が出て以来、収容所は「一時避難所」とか、米国の主流社会への同化のための「通過点」といった、いわば「正史的な」解釈が定着していったからだと思われる。

この状態に異論を唱えるには、一九六〇年代の公民権運動やベトナム反戦運動などの高揚で、政府見解への根底的な(radical)批判の必要性が痛感される状況を待たねばならなかった。その口火を切ったのが、アラン・ボズワースであった。彼は強制収容所(Concentration Camps)をタイトルにした初めての本を一九六七年(邦訳は一九七二年)に出版している。ボズワースは、元来はジャーナリストだったが、戦時中は海軍大佐として海軍情報部に勤務していた人物だったので、戦時転住局の再定住政策には好意的な評価を下している。マイヤー長官に関しては、「二世の一指導者からは「りっぱで信頼できる」人だといわれており、一般からも非常に尊敬されていた。……戦時転住局は、抑留者をよく待遇したいという希望と、彼らの自発的な出所運動を妨げるくらい転住所生活を魅力的にすることをさける必要との板ばさみになっていた」と述べた(ボズワース、一九八頁)。

このように、ボズワースの強制収容論は、当初のデウィット西部防衛司令官らの人種差別派が主導した日系人立ち退き・収容を「強制収容」とする一方で、マイヤー戦時転住局長官は日系人に好意的だったと解釈するものであった。それに対して、ロジャー・ダニエルズの『米国の強制収容所』(一九七一年)では、転住所は開設から閉鎖までの全期間を通して「強制収容所」と把握されている(Daniels, 1971, pp. xiv, 95)。それは、戦時転住局が西海岸以外への再定住に際して、日系人に日系人だけで固まらず、日本語の使用も控えるように指導したように、同化を「強制」した面があるからであり、その上、ノー・ノー組に対しては「親日の厄介者」と見なして、強制送還の方向に導いたからである。

このような初期の「強制収容」説は学術の世界に限られていたが、一九七三年にヒューストン夫妻が出した『マンザナールよさらば』はベストセラーになり、テレビドラマ化もされたので、「強制収容」説の大衆化に大きな役割を果たすことになる。続いて一九七六年には、ミチコ・ウェグリンが一次史料を駆使した『屈辱の歳月』(邦訳『アメリカ強制収容所』は一九七三年)を刊行し、「強制収容」説の定着に実証的に貢献した。

また、「強制収容」説が定着してゆく過程は同時に、忠誠登録で「ノー・ノー」と回答し、ツールレイクの隔離転住所に入れられた人々を、米国市民としての権利に基づく「抵抗者」として再評価する流れを生み出した。ゲイリー・オキヒロが『アメラシア・ジャーナル』一九七三年秋号に発表した「アメリカの強制収容所における日系人のレジスタンス——再評価」はその先駆であり、以後、多くのノー・ノー組へのオーラル・ヒストリーなどが出版されていった。加えて、アーサー・ハンセンらのカリフォルニア大学フラートン校のグループは、日系人収容のオーラル・ヒストリーを精力的に実施し、一九七四年には『長く沈黙していた声』を、一九八六年にはマンザナール暴動の首謀者とされたハリー・ウエノにインタビューした『マンザナールの殉教者』を出版した。

アーサー・ハンセンのグループによる『第二次世界大戦立ち退きに関するオーラル・ヒストリー』

は五巻本で、第一巻は被収容者、第二巻は管理者、第三巻は分析家、第四巻は「抵抗者」、第五巻は守衛と町の人々を対象とすることで、日系人収容の全体に関わるオーラル・ヒストリーを実現した。その中には、ハリー・ウエノへのインタビューも収録されている。既にみたように、ウエノは料理人組合の委員長として食材の横流しを追求している中、一九四二年一二月に日系市民協会の幹部フレッド・タヤマへの暴行事件が起こり、その容疑者として逮捕された。しかし、ウエノは関与を否定し、料理人組合の幹部やジョセフ・クリハラが中心となってウエノらの釈放を要求する過程で当局との衝突が発生し、その後、怒った群衆による抵抗が暴動に発展したとウエノは証言している。その上、日系市民協会が自分たちの大会だけで日系志願兵部隊の創設の請願を決めたため、当時のマンザナール転住所では反市民協会的な雰囲気が発生しており、ウエノは日系市民協会の幹部を「君たちはキャンプの多数派ではない」と非難していたという。

　つまり、二世の従軍という重大な問題を日系市民協会だけで決定し、米国政府に実現を請願するという非民主的なやり方がタヤマ暴行事件の背景にあったこと、さらに、食材の横流しをめぐる当局と組合の対立も関係していたことを、ウエノは三四年後に証言したのであった(Hansen, ed., Vol. 4, pp. 21-31)。このように、収容所の運営に関する日常的な不満から発生した騒動すらも「親日の厄介者」によるものと断定した戦時転住局の偏見が、今日では明らかになっているのである。また、マンザナール暴動のもう一人の指導者であるジョセフ・クリハラの伝記も、アイリーン・タムラが『正義を擁護して』と題して二〇一三年に出版している。

　このように、日系人収容における「ノー・ノー組」は市民の権利に基づく「抵抗者」であったという認識が広がるにつれ、日系人収容が「強制収容」であったという認識もまた普及していったのである。その際、議会が設置することになる調査委員会でそのような認識の転換が進むのかどうかが注目点であった。

リドレス運動団体の多様化

しかし、日系市民協会が調査委員会方式を受け入れたとのニュースは、それに反発した人々に別組織の結成を促すことになる。まず、シカゴのメソディスト連合のメンバーであるウィリアム・ホーリ(一九二七―二〇一〇年)は、シアトルの日系グループと連合して、一九七九年五月に「リドレスを求める日系アメリカ人全国評議会(以下、NCJARと略)」を結成した。ホーリは、収容を体験した一世や二世がすでに高齢に達しているため、さらに調査を行う時間的余裕はないと考え、ワシントン州選出の下院議員マイク・ローリーの協力をえて、一九七九年一一月、一人一万五〇〇〇ドルと収容日数一日につき一五ドルを加算した補償を求めるローリー法案を提出した(Hohri, p. 53)。

他方、シアトルでは、一九七三年に免税方式で補償の実現を図るシアトル・プランが提案されていたし、一九七五年にはボーイング社のシステム・エンジニアであったヘンリー・ミヤタケなどを中心に「シアトル立ち退きリドレス委員会」も発足していた。一九七八年には「追憶の日」を組織して、収容体験者の記憶の再生を促している。早くからリドレス運動に従事していた彼らも、日系市民協会が採用した調査委員会方式は時間がかかり過ぎるとして不満を抱いており、シカゴ・グループとともに、NCJARを結成したのであった(Hohri, pp. 39–41)。

ホーリは、マンザナール転住所に入れられ、転住所内の高校を卒業した後、シカゴ大学を卒業、シカゴでコンピュータのプログラマーをしながら、公民権運動やベトナム反戦運動に従事していた。一九七〇年代にはトウキョウ・ローズの恩赦運動に従事し、一九七七年に恩赦が実現した後、リドレス運動に邁進してゆくことになる。日系市民協会が調査委員会方式を採用したことに反発して、シアトル・グループと一緒にNCJARを立ち上げた後は、ローリー法案(HR5977)の実現に傾注したが、連邦議会の日系議員は皆、調査委員会設置法案を支持したので、ローリー法案は行詰っていった。

そのため、連邦議会が設置した「戦時民間人転住・抑留に関する委員会(以下、調査委員会かCWRICと略)」が、全米各地で開催した公聴会で多くの日系人が証言できるように組織する一方、NCJARは、司法の場で損害賠償を実現すべく、一九八三年三月から集団訴訟を提起した(Hohri, pp. 185-226)。この訴訟準備の過程で、アイコ・ハージッグ・ヨシナガが重要な新資料を発見し、再審裁判の開始にも大きな影響をあたえた。戦時中の裁判は、日系人立ち退き・収容が「軍事的に必要」とする根拠として、デウィット西部防衛司令官が提出した『最終報告』に多くを依拠していた。しかし、ハージッグ・ヨシナガなどの調査でこの報告書に改竄があったことが判明した(Hohri, p. 219)。

結局、ホーリたちの損害賠償を求める集団訴訟は一九八八年一〇月に技術的な理由で敗訴した(Densho Encyclopedia による)。しかし、その二カ月前に議会レベルでリドレスを実現した市民的自由法が成立していたので、裁判過程での審議を通じて、運動としては一定の効果をもったと評価できるだろう。訴訟としては、一九八〇年代に戦時中の裁判で敗訴した三人の再審請求が展開するが、それは後で触れることにする。

リドレス運動を担った第三のグループは、三世が中心になって一九八〇年七月に組織された「リドレス・賠償を求める全国連合(以下、NCRRと略)」である。このグループは、リトル・トウキョウの再開発で元々の住民が立ち退きを迫られるのに反対した若者や、ベトナム戦争に反対して、第三世界との連帯を志向した革新的な若者に起源をもち、マンザナール巡礼を組織したジム・マツモトなどの三世が中心となって組織された。メンバーの一人であるリチャード・カツダは、スタンフォード大学の学生時代にエディソン・ウノの授業を受け、日系人の強制収容に関心を抱くようになった。彼はまた、ツールレイク転住所への巡礼を組織したツールレイク委員会に参加し、リドレス運動に関心をもっていったという。このグループは、日系市民協会が選択した調査委員会方式には当初批判的であったが、その設置が決まると、むしろ草の根の証言運動を組織していった(Murray, pp. 313-315)。

このNCRRのリーダーの一人であったキャシー・マサオカ(一九四八年生まれの三世)の証言について、土田久美子が『日系アメリカ人とリドレス運動』(二〇二一年)で詳しく記録している。彼女の父親は帰米二世で、戦争中は陸軍日本語学校の教官を務めた後、戦後はロサンゼルスの青果市場で販売や事務の仕事をしていた。母親はロサンゼルスの縫製工場などで働いたが、娘にはしきりに「白人になりなさい」と教えたという。その結果、キャシーは白人中心の高校に入学したが、「白人」にはなれないと実感するに至る。カリフォルニア大学バークリー校に入学後、一年間日本に留学したが、今度は「日本人にもなれない」と実感したという。このようなアイデンティティ・クライシスに直面したキャシーは、一九六九年に開設された「アジア系アメリカ人研究コース」を受講し、初めて「日系アメリカ人」としての自己確認ができ、以後、リトル・トウキョウなどでコミュニティ活動をするようになったという(土田、四八―五五頁)。

このようにしてリドレス運動は、日系市民協会が連邦議会に対するロビー活動に、NCJARが裁判闘争に、NCRRが公聴会への証言の組織化に重点を置く活動を展開してゆく。各組織は相互に批判しつつも、全体としてリドレス運動を盛り上げる効果をもっていた。

三　調査委員会の設置からリドレスの実現まで

日系人の証言の波

連邦議会では、一九七九年八月に調査委員会設置の提案が上院でなされたが、提案者の中にはイノウエとマツナガの他、S・I・ハヤカワも含まれていた。翌月には下院でも提案され、提案者にはミネタ、マツイの他、多数党である民主党のリーダーのジム・ライトも含まれていた。上下両院での公聴会を経て、第二次世界大戦中に強制退去を迫られたアリューシャン列島民の問題も含める案に修正されて、両院で可決された後、一九八〇年七月三一日、カーター大統領の署名を得て、この法案は成立した(Tateishi, 2020, pp. 173–211)。

調査委員会(CWRIC)は九人の委員で構成された。委員長には保健省の元顧問で、弁護士のジョアン・Z・バーンスタイン、副委員長にはダニエル・E・ラングレン下院議員が就任した。委員には、元最高裁判事で元国連大使のアーサー・J・ゴールドバーク、カトリック神父のロバート・F・ドリナン、元上院議員のエドワード・W・ブルーク、公民権委員会委員長のアーサー・S・フレミング、アラスカ在住の神父イシュマエル・V・グロモフ、元上院議員のヒュー・B・ミチェル、そして唯一の日系委員として、判事のウィリアム・M・マルタニが任命された。この調査委員会では、戦時中の立ち退き・収容に関する公文書調査を実施し、その調査員にはアイコ・ハージッグ・ヨシナガが任命された。

また、公聴会は首都ワシントン、ロサンゼルス、サンフランシスコ、シカゴ、シアトル、ニューヨーク、マサチューセッツ州ケンブリッジ、アラスカ州などで開催された。全体で七五〇人が証言し、その半分以上は日系人であった(Daniels/Taylor/Kitano eds., pp. 193–194)。マスコミの注目は絶大で、テレビの三大ネットワークの他、『ニューヨーク・タイムズ』、『ワシントン・ポスト』、『ロサンゼルス・タイムズ』、『サンフランシスコ・クロニクル』などの各紙も詳しく報道した。日系市民協会は各支部に証言者の選定を依頼したが、タテイシによると、「反応は圧倒的だった。証言した人々は、忍耐強く、丁寧で、協調的という日系人のステレオタイプを否定した」という(Tateishi, 2020, pp. 242–245)。

首都で一九八一年一一月初めに開催された公聴会では、日系人の立ち退き・収容決定に関わったカール・R・ベンデツェンやジョン・J・マクロイ陸軍次官補が証言した。ベンデツェンは、日系人立ち退き・収容が「軍事的に必要だった」と強調し、命令に従っただけで、後悔はないと証言している。また、マクロイは、日系人の立ち退き・収容を日本によるパールハーバー攻撃に対する「報復」と説明するとともに、日系人の収容は誤りではないし、「強制収容」ではなく、「一時的滞在」だったと主張した。(2) その証言を聞いたマルタニ委員は、後日の回想で、マクロイが日本軍に対する「報復」として日系人の立ち退き・収容を肯定したことについて、彼は四〇年近くたっても日本人と日系人の区別ができていないと批判した(Maki/Kitano/Berthold, p. 102)。

日系人の証言者の中には、ハート・マウンテン転住所で徴兵を拒否したジャック・トマもいた。「我々が望んだすべてのこととは、我々の生得の権利の回復だった。……我々の家族がかつて持っていた正常な生活に戻すことでした。唯一その後であれば、我々は民主主義を守るこの国のために武器をとっただろう」と彼は述べている(CWRIC Hearings, November 23, 1981, pp. 67–68)。つまり、彼は、米国市民としての権利が奪われたため、徴兵を拒否したと証言したのだった。

また、子どもの頃にハート・マウンテン転住所に入れられたエイミー・イワサキ・マースは、涙ながらにこう証言している。「真実は、我々が信頼した政府、我々が愛した国、我々が忠誠を誓った国が我々を裏切り、我々に背を向けたということです」と(CWRIC Hearings, August 6, 1981, p. 52)。

アジア系運動の創始者のひとりであるユージ・イチオカは八歳のときに収容されたが、こう証言した。「私にとって、この公聴会は集団的なカタルシスです。……我々は、根本的に白人に従属することに疲れています。我々は、長すぎる間、過大な服従を、過大な尊敬を示してきました。……我々はもはやこれ以上我慢はしません」と(CWRIC Hearings, August 6, 1981, pp. 219–220)。

これらの証言は、日系人にとって強制立ち退き・収容の体験が、米国市民に対する権利の侵害であったにもかかわらず、長い間、抗議ができなかったため、それが「トラウマ」となってきたことを示している。それでも日系人は、長きにわたって、トラウマを抱えながら、白人に遠慮して我慢してきたのである。しかし、もうこれ以上我慢はせず、正当な主張を遠慮なく展開するという宣言がここでなされたのであった。つまり、不当な差別や抑圧を受けても「仕方がない」とあきらめてきた日系文化への決別が、ここに宣言されたのである。

米国の著名な日系詩人、ジャニス・ミリキタニ(一九四一―二〇二一年)は、母親が四〇年間の沈黙を破ってこの公聴会で証言したことを、「沈黙を破る」という詩でこう詠った。

> 私の怒りは閉じ込められた　しかし、私は私の過去を掘り返す　この時を主張するために
> 私の青春はローワーに埋もれている　オバチャンの亡霊はアマチェの門を訪れる
> 私の姪はツールレイクにとりついている　言葉は涙より良い　だから私は言葉を発する
> 私はこれ、沈黙を殺す……(Mirikitani, p. 35)

ジャニスは長年、母親が収容体験について沈黙してきたことに怒りを覚えてきた。そのため、この公聴会で母親が勇気を奮って証言したことは母と娘の和解ともなった。日系人社会は、戦後の長きにわたって、強制立ち退き・収容の体験を封印してきたが、その封印がリドレス運動を通じて解かれ、日系人はようやく沈殿してきたトラウマから解放されたのであった。つまり、リドレス運動は、強制立ち退き・収容に対する謝罪・補償を求める運動であったとともに、日系人が長年のトラウマから解放されるカタルシス効果をもつものでもあったのだ。

既に指摘したとおり、このようなトラウマは、収容体験のない三世にも及ぶものであった。それはある三世の公聴会での次の証言からも読み取れる。「他の日系人と関わることは暗に危険だと(すら)

いわれ、合衆国の意図的な政策によって(日系人は)本質的に、ルーツ、歴史およびアイデンティティを否定されました。(収容政策によって)移住を迫られた移住者にとって、この政策の影響はなんだったのでしょうか？　……二〇〇%アメリカニズム(を強いる)同化政策は、実際に影響を及ぼしました。一つの例としては、三世にとってのアイデンティティの損失です。三世は、私たちの誇らしい、かつ苦労の多い(先代の)歴史を知ることなく育ちました。私たちは日本語を話すこともできなければ、日本の文化を振興することもできません」(土田、一〇九頁)。三世はリドレス運動を通じて、このようなトラウマから解放されていったのだった。

調査委員会の報告とリドレス法の成立

調査委員会は、このような公聴会と徹底した調査に基づいて、一九八三年二月二四日に調査報告書『拒否された個人の正義』を発表した。その中ではこう書かれている。「行政命令九〇六六の発布は軍事的必要によって正当化できるものではない。その発布に続く決定、つまり、収容、収容の終了、排除の終了は、軍事情勢の分析から導かれたものではなかった。これらの決定を形成した広範な歴史的原因は、人種偏見、戦時ヒステリー、政治指導の誤りだった③」。

つまり、議会が設置した調査委員会(CWRIC)は、戦時中の政府が「軍事的に必要な措置」として肯定した日系人の立ち退き・収容を「人種偏見、戦時ヒステリー、政治指導の誤り」の結果と認めたのである。このような判断に基づいて、一九八三年六月には補償に関する委員会の勧告として、謝罪の表明、一人二万ドルの補償、日系人の福祉と国民教育のための基金の設立が提案された。ただし、調査委員会副委員長の共和党のラングレン下院議員は基金の設立に反対を表明した（戦時民間人再定住・抑留に関する委員会、二八九—二九一頁）。

連邦議会の調査と並行して、戦時中の裁判で有罪となった日系人の再審が進行していた。その再審請求は、アジア系法律家コーカスという組織に結集した若い弁護士たちによって進められた。その際戦時中の裁判では隠されていた新資料が発見され、再審裁判の開廷が決定された。まず一九八三年一一月にフレッド・コレマツ事件の再審が決定するとともに、戦時中の有罪判決は取り消された。また、ミノル・ヤスイの再審も一九八四年一月に認められたが、一九八六年にヤスイが死去したため、再審も停止となった。ゴードン・ヒラバヤシの場合は、一九八七年九月に再審が決定し、戦時の有罪判決が取り消されている。これらの裁判も連邦議会がリドレス法を成立させるための圧力となった。

同様に、スミソニアン協会のアメリカ史博物館が一九八七年の憲法制定二〇〇年を記念して、日系人の立ち退き・収容の展示を「より完全な統一——日系アメリカ人と憲法」と題して企画したことも世論の変化を後押しした。当初、アメリカ史博物館側は、第四四二連隊の帰還兵など、命がけで米国に忠誠をつくした日系人の功績を中心とする展示を計画した。しかし、リドレス運動を推進していた活動家や歴史家からは、立ち退き・収容が憲法に違反した不法行為であり、転住所を「強制収容所」と表現すべきとの批判がでた。その結果、博物館側は、従軍兵の功績をたたえる展示以外に、立ち退き・収容の違憲性や人種差別性を示す展示や徴兵拒否者の展示を加えることでバランスをとった。一九八七年に公開されたこの展示は、好評を博した結果、全国各地で展示された上、展示期間も予定以上に長期化されたという（Murray, pp. 384-396）。

このように、議会の調査委員会の報告に後押しされて、謝罪と補償を求める法案は、一九八三年一〇月に提出されることになる。しかし、当時の米国政府は深刻な財政赤字を抱えており、巨額の補償には抵抗を示す議員も多く、法案の審議には時間がかかった(Tateishi, 2020, pp. 307–326)。ようやく下院で可決されたのは一九八七年九月であった。賛成二四三、反対一四一で可決したが、共和党では、六三対九八で反対の方が多かった。上院では翌年四月に発議され、賛成六九、反対二七で可決したが、共和党では賛成二、反対二〇で、反対の方が多かった。こうして日系人の立ち退き・収容に対する謝罪と補償を求める一九八八年市民的自由法は、このように圧倒的な差で成立したのであった(Daniels/Taylor/Kitano eds., p. 221)。

しかし、「小さな政府」を提唱するレーガン大統領が署名を拒否する危険があった。そのため、リドレスの推進者は、第四四二連隊の戦死者、カズオ・マスダにスティルウエル将軍が勲章を授与した儀式に、若きレーガンが同席していた過去を思い出すように、レーガンに働きかけたという(Tateishi, 2020, p. 337)。こうして、一九七〇年から始まったリドレス運動は、様々な運動主体を糾合する形で、リドレスを実現するとともに日系人社会のトラウマの解消という大きな課題を実現したのであった。

＊＊＊

本章ではまず、若い二世や収容体験を持たない三世を中心にリドレス運動が始まった背景には、一九六〇年代におけるアフリカ系の運動やベトナム反戦運動の影響を受けたアジア系運動の始まりがあったことを指摘した。その上で、リドレス運動の開始が日系市民協会の大会で決議されるには、戦時転住局に協力した旧指導部に代わって、一九六〇年代の社会運動の影響を受けた若い新指導部の登場が必要であったこと、また、議会に調査委員会が設置され、全国で公聴会が開催される中で、それまで沈黙していた日系人が「仕方がない」という「諦めの文化」から決別して、証言を通して自らのトラウマから解放されるという「カタルシス」効果を追求したこと、さらに、「ノー・ノー組」の名誉回復が進むことで、立ち退き・収容の評価をめぐって長年対立してきた日系人間の溝の修復も進んだことを指摘した。このような長い道のりを経て、リドレスは実現したのであった。

最後に「エピローグ」で、このようなリドレス実現の世界史的意義を指摘して、結びとしたい。

注

（1） 一九六四年九月にカリフォルニア大学バークリー校の学生がアフリカ系の公民権運動への支援を訴える活動をしたところ、大学当局がそれを「政治活動」とみなして禁止したため、何千人もの学生が抗議した結果、一九六五年一月、大学当局にキャンパス内での政治的な言論を認めさせることに成功した運動。

（2） 調査委員会の調査記録は、*Papers of the U. S. Commission on Wartime Relocation and Internment of Civilians*, Part 1 Numerical File Archive(35 reels)でみられる。公聴会の議事録については、プロローグ注(5)を参照のこと。また、報告書は、*Personal Justice Denied: Report of the Commission on Wartime Relocation and Internment of Civilians*, GPO, 1983(読売新聞社外報部訳編『拒否された個人の正義』三省堂、一九八三年)である。

（3） CWRIC, Report, *Personal Justice Denied*, Summary, p. 18. この引用部分は邦訳では除外されている。

エピローグ——リドレス運動の勝因と世界史的意義

リドレス運動の発生原因

本書では、第二次世界大戦中に立ち退き・収容を強制された日系人の出所＝再定住からリドレス実現までの過程を振りかえってきた。日系人転住所が「強制収容所」であったか否かは、現在でも論争的な問題である。

戦時転住局の長官であったマイヤーは、一九八一年八月四日にロサンゼルスで開催された「戦時民間人転住・抑留に関する委員会」の公聴会で、体調を崩していたため、リリアン・ベイカーというリドレス反対派の女性に声明の代読を依頼した。ベイカーは、夫が日本軍の捕虜となり死亡した経緯から、リドレス運動に対して強い反発を示していた。マイヤーはそのような人物に自分のメッセージを託したのであった。マイヤーはそのメッセージで、「戦時転住局の機能の一つは、我々の転住所にいたすべての被収容者を正常なコミュニティに導くことであった」と述べている。それ故、転住所を「強制収容所」と呼ぶ人に対しては強い反発を示し、「この言葉を使用したがる人々は争いを好む者である」と非難したのであった。(1)

確かに、戦時転住所は、ナチスの「デス・キャンプ」のように被収容者の集団殺戮を目的としたものではなかった。また、マイヤーは米国市民である二世の収容には「違憲」の恐れがあると気づき、早期に日系人の出所＝再定住を支援し、米国の主流社会への「同化」を促進したので、彼自身、日系人から感謝されたと考えていたことは事実である。

実際、戦時中の日系市民協会は、マイヤーの意図に協力し、転住所から従軍することによって、米国への忠誠を証明し、西海岸以外の土地に再定住して、主流社会への「同化」に努力したのであった。このような戦時転住局と日系市民協会の協力による再定住解釈が、戦後長きにわたって定着してきた。そして、ゼロから再出発した日系人は、一九六〇年代には白人研究者から「モデル・マイノリティ」と称賛されるまでに、地位上昇を遂げたのであった。

しかし、このような戦時転住局と日系市民協会を中心とした再定住解釈では、一九七〇年代に入って、日系人の間から戦時中の立ち退き・収容が不当であり、謝罪と補償を要求するというリドレス運動は起こりようがなかった。なぜなら、収容所から出所＝再定住する過程で、日系市民協会や多くの日系人は、白人主流社会に「同化」するため、立ち退き・収容の記憶を封印したからである。

その封印を解く契機は、一九六〇年代の激動期に学生時代を過ごした三世や若い二世から与えられたのであり、彼らは収容体験のある二世の親たちと転住所跡地に巡礼し、重い口を開かせていく。その過程で、少数ながら収容に抵抗した「ノー・ノー組」の存在が発見され、戦時中には「親日の厄介者」と切り捨てられた人々の再評価が始まった。それらのことを通して、日系人の収容は不当な「強制収容」であったとの認識が広まり、リドレス運動に発展していったのであった。

要するに、日系人の再定住からリドレスへの過程には、立ち退き・収容体験の封印によるトラウマの形成という過程が潜在しており、日系人にとってのリドレス運動は、このトラウマからの解放過程でもあった。また、再定住過程では、人権擁護派の白人からの支援や、アフリカ系、他のアジア系などとの協力もあった。本書はその多人種・多エスニック集団関係にも注目したのであった。

リドレス運動の勝因

次に、なぜリドレス運動が成功したのか、についても考察する必要がある。プロローグでも指摘した通り、世界各地では、多くのマイノリティが不当な差別や抑圧を受けている事例が多数あるが、その不当性を政府に認めさせ、謝罪と補償を実現した例は極めて稀である。その点で、日系人が第二次世界大戦中の強制立ち退き・収容に関して、政府に謝罪と補償を行わせたのは画期的な先例となる。それだけになぜそれが可能になったのか、その原因を改めて整理しておく必要があろう。

米国における日系人の人口は一九八〇年の時点で七一万六〇〇〇人で、全米人口の〇・三%強にすぎなかった。それがなぜリドレス法を勝ち取ることができたのだろうか。

第一の要因としては、日系人のリドレスを支持する広範な連合が形成された点があげられる。ユダヤ系団体は早くから支持を表明していたが、他にもアジア・太平洋系、メキシコ系団体が支持した。公民権団体では、アメリカ自由人権協会や連邦公民権委員会の各州顧問、職業団体ではアメリカ法律家協会、全国教育協会、AFL-CIO、チームスター(トラック運転手)組合、国際沖仲士・倉庫組合、宗教団体ではアメリカ・フレンド・サーヴィス委員会(クェーカー)、バプティスト、エピスコパル、プレスビテリアン、メソディスト連合などの主要な団体が支持を表明した。政党レベルでは民主党や共和党が綱領に支持を明記したし、知識人団体では「民主的行動を求めるアメリカ人の会(ADA)」が、議員では、黒人議員コーカスやヒスパニック議員コーカスが支持を表明した。また、西海岸の各州・市町村の議会からも支持が表明された。中でも、第二次世界大戦中は日系人排斥の中心であった在郷軍人会の大会、海外戦争帰還兵の会の大会が支持を表明した(Hatamiya, pp. 199-293)。

このように、多様で、広範な団体が日系人のリドレス運動を支持したのは、日系諸団体がリドレスを要求する根拠として、憲法で保障された人権侵害の事例と位置づけたこと、そして、その再発防止を主張したためだったと考えられる。また、第二次世界大戦における第四四二連隊の活躍といった愛国的論理も駆使され、これが帰還兵など保守的団体へのアピールになったことも確かだろう。

第二の要因は、リドレス運動が日系人にとって、第二次世界大戦中の収容下で発生した日系人内部における深刻な亀裂を修復する「和解」の運動となったことである。戦時中の日系市民協会は戦時転住局による強制収容に協力し、戦後はひたすら収容の記憶を封印して、白人社会に同化する道に邁進していった。この同化路線からは、日系人の立ち退き・収容を不当としてリドレスを求める運動は発生しようがなかった。しかし、一九六〇年代になると、アフリカ系による公民権運動やベトナム反戦運動、ブラック・パワー運動の影響を受けた革新的な三世や若い二世が、「ノー・ノー組」を「抵抗者」として位置づけ直し、リドレス運動を構築してゆくことになる。その過程で、日系市民協会の旧指導部も、自分たちが戦時中にとった、戦時転住局への協力路線や、「ノー・ノー組」を排斥した路線の再検討を迫られたのである。

事実、一九八八年に開かれた日系市民協会の大会では、戦時中の方針の見直しが決定され、弁護士でサンフランシスコ州立大学講師であったデボラ・リムに調査が委嘱された。日系市民協会の一九九〇年大会に提出された報告書では、日米開戦直後に日系市民協会幹部がＦＢＩに反米的な日系人に関する情報提供を行い、それに基づいて多くの一世指導者の逮捕が行われたこと、また、日系市民協会のメンバーが帰米を危険視し、その情報を戦時転住局などに提供したことが指摘され、日系市民協会幹部とＦＢＩなどの間に癒着があったと認定されている(Lim, p. 28)。

この報告書は、日系市民協会内部での配布は認められたものの、協会の正式文書には認定されなかった。それでも、日系市民協会は二〇〇〇年大会において、収容所で「抵抗」をした人々の権利を認めなかったことに謝罪する決議を行っている(Harth, p. 10)。つまり、リドレス運動を通じて日系人社会の和解が進行したことで、日系人社会のまとまりが回復していったのである。

第三に、リドレス運動が、日系人に米国社会におけるマイノリティとしての自覚を強めさせ、他のマイノリティとの連帯でリドレスを実現したことも重要である。戦争直後の日系市民協会は、アフリカ系などとの連携に熱心だったが、地位上昇を遂げ、「モデル・マイノリティ」と称賛されるにつれて、アフリカ系の公民権運動などへの支援には消極的になっていった。しかし、一九六〇年代に学生時代を過ごし、ベトナム反戦運動などを通じて、第三世界との連帯意識を強くした若い二世や三世が日系市民協会内部で影響力を増すにつれて、日系人は「豊かになっても、皮膚の色の差別」を受けるマイノリティであるとの自覚を強めていった。その結果、同化主義から離れ、日系としてのエスニック意識を回復するとともに、日本への関心を回復してゆく三世が増加していったのである。それに伴い、彼らは他のマイノリティとの連携も重視するようになった。

たとえば、二〇〇一年九月一一日の同時多発テロ事件直後に米国社会で発生した、アラブ系やムスリム系を排斥する「ヘイト・クライム」の動きに対して、日系市民協会会長のフロイド・モリは「無実のアメリカ市民に対して、そのエスニックな起源ゆえに、怒りをぶつけるのはやめよう」と呼び掛けている(*Pacific Citizen*, September 21–October 4, 2001)。日系市民協会の中でアラブ系やムスリム系の人々の擁護をいち早く主張したのは、リドレス運動を主導したジョン・タテイシであったという(ナイワート、三二九頁)。

また、二〇二〇年春に新型コロナウイルス感染症の被害が蔓延する中で、トランプ大統領が米国民の反中国感情に結びつけてそれを「チャイナ・ウイルス」と表現した結果、米国内で中国系やアジア系へのヘイト・クライムが増加したときにも、日系市民協会は、つぎのように警告している。「最近の事態は、日系人社会にとっては、反中国人レトリックがあまりに身近な状態にまで再生している」のだと。(2)

リドレス運動勝利の世界史的意義

最後に、リドレス運動勝利の世界史的意義の確認をしておきたい。第一の意義は、この運動によって、政府が誤りを犯した場合、それを憲法の規定を活かして是正する力がアメリカ国民にはあるという信念を、米国民が再確認したことにある。つまり、憲法で保証された「アメリカ国民」の権利回復の物語として解釈されるとともに、「市民ナショナリズム」の成功物語として語られる可能性がある。

事実、二〇〇〇年に連邦議会の議事堂付近に設置された「日系アメリカ人記念碑」では、鉄条網で巻かれた鶴が自由を目指して羽ばたく姿(図10)が描かれ、石碑にはマイク・マサオカの次の言葉が刻印されている。「私は日本人を祖先とするアメリカ人であることを誇りに思う。私はこの国の制度、理想、伝統を信じる。私はこの国の遺産を讃える。私はこの国の歴史を自慢する。私はこの国の未来を信じる」。この言葉は、第二次世界大戦中に日系人が強制立ち退き・収容された状況下で書かれたために、碑文としては不適当だという批判が日系人の歴史家から寄せられた。この碑の建設は、文面からも分かる通り、マイク・マサオカが提案し、日系人部隊の帰還兵組織である「Go for Broke Foundation(当たって砕けろ基金)」が推進したもので、リドレスの実現を「愛国的」文脈で祝うものであった。それに対して、日系人の歴史家などは、マイク・マサオカの言葉の削除を国立公園局に要求したが、碑を管理する国立公園局は歴史家たちの批判を受け入れなかったという(Murray, pp. 421–425)。

図10　日系アメリカ人記念碑(筆者撮影)

このような「愛国的言説」は、連邦議会の保守的政治家にリドレス法を支持させるには有効であっただろう。しかし、すでに説明したように、日系人の中では「愛国派」は当初リドレスに反対し、むしろ、強制立ち退きや収容が違憲の不法行為だと主張する「抵抗派」がリドレス運動を主導したのであった。そうした経緯を考えるならば、「愛国派」は政府への忠誠を優先させて、自らの人権侵害に鈍感であったのに対して、人権侵害を憲法違反と認識する「抵抗派」がリドレス運動を主導したとみるべきであろう。

もちろん、人権擁護の言説であっても、その人権を米国民の範囲にとどめるのであれば、やはり「市民ナショナリズム」にとどまることになる。しかし、リドレス運動の過程で、日系人は「アジア系」として自己意識を拡大し、アフリカ系など他の「非白人マイノリティ」と連帯する中でリドレスを実現させたのである。そこには、米国における人種差別に向き合う姿勢の堅持を読み取ることができるわけで、この運動が、簡単に人種の差を無視する「カラーブラインド」な「市民ナショナリズム」に回収されるとは思われない。それは、先述したように、日系市民協会が、同時多発テロ事件直後にアラブ系やムスリム系の人々に対するヘイト・クライムに素早く反対したことにも表れていると言えるだろう。

さらに、リドレス法による謝罪と補償の対象となった人々には、市民権をもつ二世だけでなく、当時は外国籍であった一世も含まれていた。一世は米国に永住する意思があったにもかかわらず、米国政府側の差別的な帰化法によって市民権が取れなかった。そのことを踏まえ、「準市民」との扱いをして一世もリドレスの対象に含めたのだろう。それでも、法理論的には、外国籍の人間でも人権侵害があれば補償をするという前例が作られたことになる。

今日でも、米国には入国許可書を持たない「不法移民」が多数存在するが、彼らにも「人権」があり、米国政府には外国人の人権も尊重することが求められている。これまでの「アメリカ民主主義」は、愛国心の旺盛な「国民民主制」という制約をもっており、その制約はトランプ政権の誕生以来一層強まる傾向にある。しかし、グローバル化が進行する二一世紀にあっては、権利の主体を「国民」ではなく、普遍的な「民衆」に帰し、外国人であってもその人権を尊重する姿勢を確立することが求められており、リドレス運動は「トランスボーダー」な人権感覚の広がりを示唆している。

また、リドレス運動の勝利が日本に及ぼす影響についても考える必要がある。第二次世界大戦の戦勝国であった米国でさえ、戦時中に政府が行った不正に対して謝罪と補償を行ったのだから、敗戦国である日本は一層、外国人の戦争被害者に対する謝罪と補償に前向きになるべきだと考えるのは自然なことだろう。戦争被害者の国籍によって補償の有無を判断するという考えは、「国民民主制」の狭い考えにとどまったものであることを、私たちは自覚すべきである。それは、二一世紀のグローバル化時代に進行する「脱国民国家」的な新しい人権感覚とは言えないだろう。今年は戦後八〇年にあたる。日本が近隣諸国から尊敬される国になるためにも、この脱国民的な人権感覚を身に付け、外国人の戦争被害者に対する「リドレス」を実施する必要があるのではないだろうか。

注

（1）　CWRIC, Testimony of Lillian Baker for Dillon Myer, *Public Hearings*, August 4, 1981, Los Angels: Drinnon, p. 253.

（2）　JACL Denounces Rising Anti-Chinese Rhetoric and Actions, February 28, 2023 (https://jacl.org/statements/jacl-denounces-rising-anti-chinese-rhetoric-and-actions, access on June 21, 2024).

文献リスト

日本語文献

アジア系アメリカ文学研究会編『アジア系アメリカ文学——記憶と想像』大阪教育図書、二〇〇一年。

アダミック、ルイス『日本人の顔をした若いアメリカ人』田原正三訳、PMC出版、一九九〇年。

石井紀子「太平洋戦争と来日アメリカ宣教師——シャーロット・B・デフォレストとマンザナー日系人収容所の場合」『大妻比較文化』第一〇号、二〇〇九年。

石井紀子・今野裕子編著『「法—文化圏」とアメリカ——20世紀トランスナショナル・ヒストリーの新視角』上智大学出版、二〇二二年。

石郷、エステル『ローン・ハート・マウンテン——日系人強制収容所の日々』古川暢朗訳、石風社、一九九二年(Ishigo, Estelle, *Lone Heart Mountain* s. n. 1972)。

和泉真澄『日系アメリカ人強制収容と緊急拘禁法——人種・治安・自由をめぐる記憶と葛藤』明石書店、二〇〇九年。

イノウエ、ダニエル『上院議員ダニエル・イノウエ自伝——ワシントンへの道』森田幸夫訳、彩流社、一九八九年(Inouye, Daniel, *Journey to Washington*, Prentice-Hall, 1967)。

移民研究会編『戦争と日本人移民』東洋書林、一九九七年。

ウィルソン、ロバート/ビル・ホソカワ『ジャパニーズ・アメリカン——日系米人・苦難の歴史』猿谷要監訳、有斐閣、一九八二年(Wilson, Robert/Bill Hosokawa, *East to America: A History of the Japanese in the United States*, W. Morrow, 1980)。

植木照代/ゲイル・K・佐藤編『日系アメリカ文学——三世代の軌跡を読む』創元社、一九九七年。

ウェグリン、ミチコ『アメリカ強制収容所——屈辱に耐えた日系人』山岡清二訳、政治広報センター、一九七三年(Weglyn, Michi, *Years of Infamy: The Untold Story of America's Concentration Camps*, William Morrow,

1976)。

上杉忍『二次大戦下の「アメリカ民主主義」――総力戦の中の自由』講談社、二〇〇〇年。

ウチダ、ヨシコ『荒野に追われた人々――戦時下日系米人家族の記録』波多野和夫訳、岩波書店、一九八五年(Uchida, Yoshiko, *Desert Exile: The Uprooting of a Japanese American Family*, University of Washington Press, 1982)。

大谷勲『ジャパン・ボーイ――日系アメリカ人たちの太平洋戦争』角川書店、一九八三年。

オカダ、ジョン『ノー・ノー・ボーイ』中山容訳、晶文社、一九七九年(Okada, John, *No-No Boy*, C. E. Tuttle, 1957)。

沖本、ダニエル『日系二世に生まれて――仮面のアメリカ人』山岡清二訳、サイマル出版会、一九八四年(初版一九七一年)。

オークボ、ミネ『市民一三六六〇号――日系女性画家による戦時強制収容所の記録』前山隆訳、御茶の水書房、一九八四年(Okubo, Mine, *Citizen 13660*, Columbia University Press, 1946)。

加藤新一『アメリカ移民百年史』上中下、時事通信社、一九六二年。

神長百合子『法の象徴的機能と社会変革――日系アメリカ人の再審請求運動』勁草書房、一九九六年。

川手晴雄『NO-NO BOY――日系人強制収容と闘った父の記録』角川書店、二〇一八年。

川原謙一『アメリカ移民法』信山社、一九九〇年。

キタノ、ハリー・H・L『アメリカのなかの日本人――一世から三世までの生活と文化』内崎以佐味訳、東洋経済新報社、一九七四年(Kitano, Harry H. L., *Japanese Americans: The Evolution of a Subculture*, Prentice-Hall, 1976)。

貴堂嘉之『移民国家アメリカの歴史』岩波新書、二〇一八年。

清田実『日系反逆児――アメリカにおける民権蹂躙と迫害の記録』日本販売、一九九〇年。

コガワ、ジョイ『失われた祖国』長岡沙里訳、二見書房、一九八三年(Kogawa, Joy, *Obasan*, Lester and Orpen Dennys Ltd, 1983)。

コチヤマ、ユリ『ユリ・コチヤマ回顧録――日系アメリカ女性　人種・差別・連帯を語り継ぐ』篠田左多江・増

田直子・森田幸夫訳、彩流社、二〇一〇年(Kochiyama, Yuri, *Passing it on: a Memoir*, University of California, Los Angels, Asian American Studies Center Press, 2004)。

小檜山ルイ『帝国の福音――ルーシィ・ピーボディとアメリカの海外伝道』東京大学出版会、二〇一九年。

古森義久『遥かなニッポン』講談社、一九八七年。

ザンズ、オリヴィエ『アメリカの世紀――それはいかにして創られたか?』有賀貞・西崎文子訳、刀水書房、二〇〇五年(Zunz, Olivier, *Why The American Century?*, University of Chicago Press, 1998)。

島田法子『日系アメリカ人の太平洋戦争』リーベル出版、一九九五年。

島田法子『戦争と移民の社会史――ハワイ日系アメリカ人の太平洋戦争』現代史料出版、二〇〇四年。

白井昇『カリフォルニア日系人強制収容所』河出書房新社、一九八一年。

新日米新聞社編『米國日系人百年史――在米日系人発展人士録』新日米新聞社、一九六一年。

戦時民間人再定住・抑留に関する委員会『拒否された個人の正義――日系米人強制収容の記録』読売新聞社外報部訳編、三省堂、一九八三年(Commission on Wartime Relocation and Internment of Civilians, *Personal Justice Denied*, GPO, 1982)。

竹沢泰子『日系アメリカ人のエスニシティ――強制収容と補償運動による変遷』東京大学出版会、一九九四年(新装版二〇一七年)。

竹沢泰子『アメリカの人種主義――カテゴリー/アイデンティティの形成と転換』名古屋大学出版会、二〇二三年。

タケシタ、トマス・K、猿谷要『大和魂と星条旗――日系アメリカ人の市民権闘争史』朝日新聞社、一九八三年。

ダニエルズ、ロジャー『罪なき囚人たち――第二次大戦下の日系アメリカ人』川口博久訳、南雲堂、一九九七年(Roger Daniels, *Prisoners Without Trial: Japanese Americans in World War II*, Hill & Wang, 1993)。

チューマン、フランク・F『バンブー・ピープル――日系アメリカ人試練の一〇〇年』上下、小川洋訳、サイマル出版会、一九七八年(Chuman, Frank F., *The Bamboo People: The Law and Japanese Americans*, 1976)。

土田久美子『日系アメリカ人とリドレス運動――記憶と集合的アイデンティティをめぐる社会運動のダイナミクス』日本能率協会マネジメントセンター、二〇二一年。

土屋和代／井坂理穂編『インターセクショナリティ——現代世界を織りなす力学』東京大学出版会、二〇二四年。

デイ多佳子『日本の兵隊を撃つことはできない——日系人強制収容の裏面史』芙蓉書房出版、二〇〇〇年。

トーピー、ジョン『歴史的賠償と「記憶」の解剖——ホロコースト・日系人強制収容・奴隷制・アパルトヘイト』藤川隆男・酒井一臣・津田博司訳、法政大学出版局、二〇一三年。

ナイワート、デヴィッド・A『ストロベリー・デイズ——日系アメリカ人強制収容の記憶』ラッセル秀子訳、みすず書房、二〇一三年(Neiwert, David A., *Strawberry Days: How Internment Destroyed a Japanese American Community*, Palgrave Macmillan, 2005)。

永田陽一『日系人戦時収容所のベースボール——ハーブ栗間の輝いた日々』刀水書房、二〇一八年。

ナカノ、メイ・T『日系アメリカ女性——三世代の一〇〇年』サイマル・アカデミー翻訳科訳、サイマル出版会、一九九二年(Nakano, Mei T., *Japanese American Women: Three Generations, 1890–1990*, Mina Press, 1990)。

中村里香『アジア系アメリカと戦争記憶——原爆・「慰安婦」・強制収容』青弓社、二〇一七年。

ニコルソン、ハーバート&マデリン・ニコルソン『悲しむ人たちをなぐさめよ——ハーバード／マデリン・ニコルソン夫妻の生涯』木村寛訳、日光留存刊行会、二〇〇〇年(Nicholson, Herbert & Madeline Nicholson/Margaret Wilke, *Comfort All Who Mourn: the Life Story of Herbert and Madeline Nicholson*, Bookmate International, 1982)。

西山千『真珠湾と日系人——日米・友好と平等への道』サイマル出版会、一九九一年。

野崎京子『強制収容とアイデンティティ・シフト——日系二世・三世の「日本」と「アメリカ」』世界思想社、二〇〇七年。

パーク、ロバート・E『実験室としての都市——パーク社会学論文選』町村敬志・好井裕明編訳、御茶の水書房、一九八六年。

橋本明『棄民たちの戦場——米軍日系人部隊の悲劇』新潮社、二〇〇九年。

ヒューストン、ジャンヌ・ワカツキ／ジェイムズ・D・ヒューストン『マンザナールよさらば——強制収容された日系少女の心の記憶』権寧訳、現代史出版社、一九七五年(Houston, Jeanne Wakatsuki & James D. Houston, *Farewell to Manzanar*, Houghton Mifflin Co. 1973)。

フジタニ、タカシ『共振する帝国――朝鮮人皇軍兵士と日系人米軍兵士』板垣竜太、中村里香、米山リサ、李孝徳訳、岩波書店、二〇二一年(Fujitani, Takashi, *Race for Empire: Koreans as Japanese and Japanese as Americans during World War II*, University of California Press, 2011)。

ボズワース、アラン『新版　アメリカの強制収容所――戦時下日系米人の悲劇』森田幸夫訳、新泉社、一九八三年(日本語訳旧版は一九七二年刊)(Bosworth, Allan F., *America's Concentration Camps*, Norton, 1967)。

ホソカワ、ビル『二世――このおとなしいアメリカ人』井上勇訳、時事通信社、一九七一年(Hosokawa, Bill, *Nisei: the Quiet Americas*, University Press of Colorado, 1992)。

ホソカワ、ビル『一二〇%の忠誠――日系二世・この勇気ある人びとの記憶』飯野正子ほか訳、有斐閣、一九八四年(Hosokawa, Bill, *JACL in Quest for Justice*, W. Morrow, 1982)。

マイヤー、ディロン・S『屈辱の季節――根こそぎにされた日系人』森田幸夫訳、新泉社、一九七八年(Myer, Dillon S., *Uprooted Americans: The Japanese Americans and the War Relocation Authority during World War II*, University of Arizona Press, 1971)。

牧野理英『抵抗と日系文学――日系収容と日本の敗北をめぐって』三修社、二〇二二年。

正岡、マイク/ビル・細川『モーゼと呼ばれた男　マイク・正岡』塩田紘訳、TBSブリタニカ、一九八八年(Hosokawa, Mike/Bill Hosokawa, *They Call Me Moses Masaoka*, William Morrow & Co., 1987)。

増田直子「アメリカ世論と日系アメリカ人の再定住政策――『コモン・グラウンド』誌を一例として」『移民研究年報』第五号、一九九八年一二月。

増田直子「収容所から「再定住」への決意――第二次世界大戦末期における日系アメリカ人の社会復帰」『欧米文化研究』第一八号、二〇〇〇年一〇月。

増田直子「帰還後の日系社会――コラムニスト、メアリー・オーヤマの目を通して」『史境』第四三号、二〇〇一年九月。

増田直子「再定住期リトル・トーキョーにおける人種関係――「ピルグリム・ハウス」の活動を中心に」『アメリカ・カナダ研究』第二二号、二〇〇四年。

増田直子「日系アメリカ人の再定住政策――第二次世界大戦中のアメリカ化と日系アイデンティティ保持の相克

についての一考察」『聖学院大学総合研究所紀要』第三五号、二〇〇六年三月。

増田直子「日系アメリカ人収容所の外から見た再定住――チャールズ・キクチの日記を中心に」『津田塾大学紀要』第五一号、二〇一九年。

マックウィリアムス、ケアリー『アメリカの人種的偏見――日系米人の悲劇』鈴木二郎・小野瀬嘉慈訳、新泉社、一九七〇年(McWilliams, Carey, *Prejudice: Japanese Americans: Symbol of Racial Intolerance*, Little Brown and Co., 1944)。

松本悠子『創られるアメリカ国民と「他者」――「アメリカ化」時代のシティズンシップ』東京大学出版会、二〇〇七年。

水野剛也『日系アメリカ人強制収容とジャーナリズム――リベラル派雑誌と日本語新聞の第二次世界大戦』春風社、二〇〇五年。

水野剛也『有刺鉄線内の市民的自由――日系人戦時集合所と言論・報道統制』法政大学出版局、二〇一九年。

南川文里『「日系アメリカ人」の歴史社会学――エスニシティ、人種、ナショナリズム』彩流社、二〇〇七年。

ミューラー、エリック・L『祖国のために死ぬ自由――徴兵拒否の日系アメリカ人たち』飯野正子監訳、刀水書房、二〇〇四年(Muller, Eric L., *Free to Die for Their Country: The Story of the Japanese American Draft Resisters in World War II*, University of Chicago Press, 2001)。

ミューラー、エリック・L編『コダクロームフィルムで見るハートマウンテン日系人強制収容所』岡村ひとみ訳、紀伊國屋書店、二〇一四年(Muller, Eric L. ed., *From Colors of Confinement: Rare Kodachrome Photographs of Japanese American Incarceration in World War II*, University of North Carolina Press, 2012)。

ムラ、デイヴィッド『肉体が記憶と出会う場所――人種、性、アイデンティティをめぐる漂泊』山中朝晶訳、柏艪舎、二〇〇六年(Mura, David, *Where the Body Meets Memory: an Odyssey of Race, Sexuality, and Identity*, 1996)。

村川庸子『境界線上の市民権――日米戦争と日系アメリカ人』御茶の水書房、二〇〇七年。

村川庸子・粂井輝子『日米戦時交換船・戦時送還船「帰国」者に関する基礎的研究――日系アメリカ人の歴史の視点から』トヨタ財団、一九九二年。

森田幸夫『アメリカ日系二世の徴兵忌避――不条理な強制収容に抗した群像』彩流社、二〇〇七年。

柳田由紀子『二世兵士 激戦の記録――日系アメリカ人の第二次大戦』新潮新書、二〇一二年。

ヤマウチ、ワカコ(Wakako Yamauchi)、「そして魂は踊る」(大西永利子訳)、中山容・新井弘泰編訳『日系アメリカ・カナダ詩集』土曜美術社、一九八五年、Yamauchi, Wakako, "And the Soul Shall Dance", Frank Chin, et al. eds., *Aiiieeeee!: An Anthology of Asian-American Writers*, Temple University Press, 1993.

山倉明弘『市民的自由――アメリカ日系人戦時強制収容のリーガル・ヒストリー』彩流社、二〇一一年。

山城正雄『帰米二世――解体していく「日本人」』五月書房、一九九五年。

ヤマモト、ヒサエ『ヒサエ・ヤマモト作品集――「十七文字」ほか十八編』山本岩夫・檜原美恵訳、南雲堂フェニックス、二〇〇八年(Yamamoto, Hisaye, *Seventeen Syllables and Other Stories*, Rutgers University Press, 1988)。

油井大三郎・遠藤泰生編『多文化主義のアメリカ――揺らぐナショナル・アイデンティティ』東京大学出版会、一九九九年。

吉田亮『アメリカ日本人移民とキリスト教社会――カリフォルニア日本人移民の排斥・同化とE・A・ストージ』日本図書センター、一九九五年。

吉田亮編著『変容する「二世」の越境性――一九四〇年代日米布伯の日系人と教育』現代史料出版、二〇二〇年。

吉田亮『アメリカ日本人移民キリスト教と人種主義――サンフランシスコ湾岸日本人プロテスタントと多元主義・越境主義、一八七七―一九五〇年を中心に』教文館、二〇二二年。

ヨネダ、カール『がんばって――日系米人革命家六〇年の軌跡』田中美智子・田中礼蔵訳、大月書店、一九八四年(Yoneda, Karl G., *Ganbatte: Sixty-Year Struggle of a Kibei Worker*, Asian American Studies Center, University of California, Los Angeles, 1983)。

米山リサ『暴力・戦争・リドレス――多文化主義のポリティクス』岩波書店、二〇〇三年。

リーヴス、リチャード『アメリカの汚名――第二次世界大戦下の日系人強制収容所』園部哲訳、白水社、二〇一七年(Reeves, Richard, *Infamy: The Shocking Story of the Japanese American Internment in World War II*, Henry Holt and Co., 2015)。

英語文献

Abe, Frank/Greg Robinson/Floyd Cheung, *John Okada: The Life & Rediscovered Work of the Author of No-No Boy*, University of Washington Press, 2018.

Austin, Allan W., *From Concentration Camp to Campus: Japanese American Students and World War II*, University of Illinois Press, 2004.

Azuma, Eiichiro, *Between Two Empires: Race, History, and Transnationalism in Japanese America*, Oxford University Press, 2005.

Bahr, Diana Meyers, *The Unquiet Nisei: An Oral History of The Life of Sue Kunitomi Embrey*, Palgrave MacMillan, 2007.

Blankenship, Anne M., *Christianity, Social Justice, and the Japanese American Incarceration during World War II*, University of North Carolina Press, 2016.

Bogardus, Emory S., "Resettlement Problems of Japanese Americans", *Sociology and Social Research* 29-3 (January-February 1945).

Bogardus, Emory S., "The Japanese Return to the West Coast", *Sociology and Social Research*, 31-3 (January-February 1947).

Brilliant, Mark, *The Color of America Has Changed: How Racial Diversity Shaped Civil Rights Reform in California, 1941-1978*, Oxford University Press, 2012.

Briones, Matthew M., *Jim and Crow: A Cultural History of 1940s Interracial America*, Princeton University Press, 2012.

Broussard, Albert S., *Black San Francisco: The Struggle for Racial Equality in the West, 1900-1953*, University Press of Kansas, 1993.

Chang, Gordon H., *Morning Glory, Evening Shadow: Yamato Ichihashi and His Internment Writings, 1942-1945*, Stanford University Press, 1997.

Chan, Sucheng, *Asian Californians*, MTL/Boyd & Fraser, 1991.
Chin, Frank/Jeffery Paul Chan/Lawson Fusao Inada/Shawn Wong eds., *Aiiieeeee!: An Anthology of Asian American Writers*, Howard University Press, 1974.
Collins, Donald E., *Native American Aliens: Disloyalty and the Renunciation of Citizenship by Japanese Americans During World War II*, Greenwood Press, 1985.
Commission on Wartime Relocation and Internment of Civilians, *Public Hearings of Commission on Wartime Relocation and Internment of Civilians*, National Archives, 6 rolls, 1983.
Commission on Wartime Relocation and Internment of Civilians, *Papers of the U. S. Commission on Wartime Relocation and Internment of Civilians, Reel 35*, University Publication of America. 1984.
Conrat, Maisie & Richard, *Executive Order 9066: The Internment of 110,000Japanese Americans, Asian American Studies Center*, University of California, Los Angeles, 1992.
Creef, Elena Tajima, *Imaging Japanese America: The Visual Construction of Citizenship, Nation, and the Body*, New York University Press, 2004.
Daniels, Roger, *Concentration Camps: USA*, Dryden Oress, 1971.
Daniels, Roger, Book Review on Views from Within, *Journal of American History* 77-3(Dec. 1990).
Daniels, Roger/Sandra C. Taylor/Harry H. L. Kitano eds., *Japanese Americans: From Relocation to Redress*, University of Washington Press, 1986, Revised Ed. 1991.
Dempster, Brian Komei, ed., *Making Home from War: Stories of Japanese American Exile and Resettlement*, Heyday, 2011.
De Nevers, Klancy Clark, *The Colonel and the Pacifist: Karl Bendetsen, Perry Saito, and the Incarceration of Japanese Americans during World War II*, University of Utah Press, 2004.
Drinnon, Richard, *Keeper of Concentration Camps: Dillon S. Myer and American Racism*, University of California Press, 1987.
Elleman, Bruce, *Japanese-American Civilian Prisoner Exchanges and Detention Camps, 1941-1945*, Routledge,

2006.

Girdner, Audrie/Anne Loftis, *The Great Betrayal*, MacMillan Co., 1969.

Grodzins, Morton, *Americans Betrayed: Politics and the Japanese Evacuation*, University of Chicago Press, 1949.

Hall, Patricia Wong/Victor M. Hwang, *Anti-Asian Violence in North America*, Rowman and Littlefield Publishers, 2001.

Hansen, Arthur A., ed., *Japanese American World War II Evacuation Oral History Project*, California State University, Fullerton, Meckler, 1991–1992. Part 1: Internees, Part 2: Administrators, Part 3: Analysts, Part4: Resisters, Part5: Guards and Townspeople.

Hansen, Arthur A/Betty E. Mitson, eds., *Voices Long Silent: An Oral History into the Japanese American Evacuation*, California State University, Fullerton, 1974.

Harth, Erica, ed., *Last Witnesses: Reflections on the Wartime Internment of Japanese Americans*, Palgrave, 2001.

Hatamiya, Leslie T., *Righting a Wrong: Japanese Americans and the Passage of the Civil Liberties Act of 1988*, Stanford University Press, 1993.

Hayashi, Brian Masaru, *Democratizing the Enemy: The Japanese American Internment*, Princeton University Press, 2004.

Hing, Bill Ong, *Making and Remaking Asian America Through Immigration Policy, 1850–1990*, Stanford University Press, 1993.

Hirabayashi, Lane Ryo, *The Politics of Fieldwork: Research in an American Concentration Camp*, University of Arizona Press, 1999.

Hohri, William Minoru, *Repairing America: An Account of the Movement for Japanese American Redress*, Washington State University Press, 1984.

Hutchinson, V. P., *Legislative History of American Immigration Policy, 1798–1965*, University of Pennsylvania Press, 1981.

Ichioka, Yuji, ed., *Views from Within: the Japanese American Evacuation and Resettlement Study*, Asian American Studies Center, University of California, Los Angels, 1989.
Irish, Donald P., "Reactions of Caucasian Residents to Japanese-American Neighbors", *Journal of Social Issues* 8-1(1952).
Irons, Peter, *Justice at War: The Story of the Japanese American Internment Cases*, University of California Press, 1983.
James, Thomas, *Exile Within: The Schooling of Japanese Americans, 1942-1945*, Harvard University Press, 1987.
Japanese American National Museum, *Re・gen・er・a・tions: Oral History Project: Rebuilding Japanese American Families, Communities, and Civil Rights in the Resettlement Era*, Japanese American National Museum, 2000, Part1: Chicago, Part2: Los Angeles, Part3: San Diego, Part4: San Jose.
Johnson, Marilynn S., *The Second Gold Rush: Oakland and the East Bay in World War II*, University of California Press, 1993.
Kashima, Tetsuden, *Buddhism in America: The Social Organization of an Ethnic Religious Institution*, Greenwood Press, 1977.
Kashima, Tetsuden, "Japanese American Internees Return, 1945 to 1955: Readjustment and Social Amnesia", *Phylon*, XLI-2, Summer 1980.
Kashima, Tetsuden, *Judgement without Trial: Japanese American Imprisonment during World War II*, University of Washington Press, 2003.
Kim, Hyung-chan, ed., *Asian Americans and the Supreme Court: A Documentary History*, Greenwood Press, 1992.
Kim, Hyung-chan, *A Legal History of Asian Americans, 1790-1990*, Greenwood Press, 1994.
Konvitz, Milton R., *The Alien and the Asiatic in American Law*, Cornell University Press, 1946.
Kung, S. W., *Chinese in American Life*, University of Washington Press, 1962.
Kurashige, Lon, *Japanese American Celebration and Conflict: A History of Ethnic Identity and Festival in Los*

Angeles, 1934–1990, University of California Press, 2002.

Kurashige, Scott, *The Shifting Grounds of Race: Black and Japanese Americans in the Making of Multiethnic Los Angeles*, Princeton University Press, 2008.

Le Espiritu, Yen, *Asian American Panethnicity: Bridging Institutions and Identities*, Temple University Press, 1992.

Leighton, Alexander H., *The Governing of Men: General Principles and Recommendations Based on Experience at a Japanese Relocation Camp*, Princeton University Press, 1945.

Lien, Pei-te, *The Making of Asian America through Political Participation*, Temple University Press, 2002.

Lim, Deborah K., *The Lim Report: A Research Report of Japanese Americans in American Concentration Camps during World War II*, Morris Publishing, 2002.

Maki, Mitchell T./Harry H. L. Kitano/S. Megan Berthold, *Achieving the Impossible Dream: How Japanese Americans Obtained Redress*, University of Illinois Press, 1999.

Masuda, Naoko, "Race Relations in Little Tokyo during the Postwar Period",『アメリカ・カナダ研究』第二二号、二〇〇四年。

Matsumoto, Toru, *Beyond Prejudice: A Study of the Church and Japanese Americans*, Friendship Press, 1946.

Matsumoto, Valerie J., *Farming the Home Place: A Japanese American Community in California, 1919–1982*, Cornell University Press, 1993.

McClain, Charles, ed., *The Mass Internment of Japanese Americans and the Quest for Legal Redress*, Garland Publisher, 1994.

McWilliams, Carey, *Brothers Under the Skin*, Little Brown and Co., 1942, Revised Edition 1964.

Mirikitani, Janice, *Shedding Silence*, Celestial Arts, 1987.

Miyagawa, E. T., *Tule Lake*, Sea Publishing Co. 2002.

Mori, Toshio, *Unfinished Message: Selected Works of Toshio Mori*, Heyday Books, 2000.

Murray, Alice Yang, *Historical Memories of the Japanese American Internment and the Struggle for Redress*,

Stanford University Press, 2008.
Nagata, Donna K., *Legacy of Injustice: Exploring the Cross-Generational Impact of the Japanese American Internment*, Plenum Press, 1993.
Nash, Gerald D., *The American West Transformed: The Impact of the Second World War*, University of Nebraska Press, 1985.
O'Brien, Robert W., *The College Nisei*, Pacific Books, 1949.
Oda, James, *Heroic Struggles of Japanese Americans: Partisan Fighters from America's Concentration Camps*, 1981.
Okihiro, Gary Y., "Japanese Resistance in America's Concentration Camps: A Re-evaluation", *Amerasia Journal*, 2-2(1974).
Osako, Masako, "Japanese Americans: Melting into the All American Melting Pot", Melvin G. Holli/Peter d'A. Jones eds., *Ethnic Chicago: A Multicultural Portrait*, William B. Eerdmans Publishing Co., 1977.
Oyagi, Go, "Over the Pacific: Post World War II Asian American Internationalism", Ph. D. Dissertation, University of Southern California, 2013.
Petersen, William, *Japanese Americans: Oppression and Success*, Random House, 1971.
Price, David H., *Anthropological Intelligence: The Development and Neglect of American Anthropology in the Second World War*, Duke University Press, 2008.
Pulido, Laura, *Black Brown, Yellow & Left: Radical Activism in Los Angeles*, University of California Press, 2006.
Riggs, Fred W., *Pressure on Congress: A Study of the Repeal of Chinese Exclusion*, King's Crown Press, 1950.
Robinson, Greg, *A Tragedy of Democracy: Japanese Confinement in North America*, Columbia University Press, 2009.
Robinson, Greg, *After Camp: Portraits in Midcentury Japanese American Life and Politics*, University of California Press, 2012.

Seigel, Shizue, *In Good Conscience: Supporting Japanese Americans during the Internment*, AACP, Inc., 2006.
Shallit, Barney, *Song of Anger: Tales of Tule Lake*, California State University, Fullerton, 2001.
Shimabukuro, Mira, *Relocating Authority: Japanese Americans Writing to Redress Mass Incarceration*, University Press of Colorado, 2015.
Sone, Monica, *Nisei Daughter*, Little Brown, 1953, University of Washington Press, 1979.
Spencer, Robert F., *Japanese Buddhism in the United States, 1940–1946: A Study in Acculturation*, Ph. D. Dissertation, University of California, Berkeley, 1946.
Spicer, Edward H., "The Use of Social Scientists by the War Relocation Authority", *Applied Anthropology*, Spring 1946.
Spicer, Edward H./Asael T. Hansen/Katherine Luomala/Marvin K. Opler, *Impounded People: Japanese-Americans in the Relocation Centers*, University of Arizona Press, 1969.
Stern, Orin, "Engineering Internment: Anthropologists and the War Relocation Authority", *American Ethnologist* 13-4(1986).
Suzuki, Peter T., "Anthropologists in the Wartime Camps for Japanese Americans: A Documentary Study", *Dialectical Anthropology* 6(1981).
Takahashi, Jere, *Nisei/Sansei: Shifting Japanese American Identities and Politics*, Temple University Press, 1997.
Takezawa, Yasuko, *Breaking the Silence: Redress and Japanese American Ethnicity*, Cornell University Press, 1995.
Takezawa, Yasuko/Gary Y. Okihiro eds., *Trans-Pacific Japanese American Studies: Conversations on Race and Racializations*, University of Hawaii Press, 2016.
Tamura, Eileen H., *In Defense of Justice: Joseph Kurihara and the Japanese American Struggle for Equality*, University of Illinois Press, 2013.
Tateishi, John, *And Justice for All: An Oral History of the Japanese American Detention Camps*, Random House, 1984.

Tateishi, John, *Redress: The Inside Story of the Successful Campaign for Japanese American Reparations*, Heyday, 2020.

Taylor, Sandra C., *Jewel of the Desert: Japanese American Internment at Topaz*, University of California Press, 1993.

tenBroek, Jacobus/Edward N. Barnhart/Floyd W. Matson, *Prejudice, War and the Constitution: Causes and Consequences of the Evacuation of the Japanese Americans in World War II*, University of California Press, 1954.

Thomas, Dorothy S., *The Salvage*, University of California Press, 1952.

Thomas, Dorothy S./Richard S. Nishimura, *The Spoilage*, University of California Press, 1946.

Tule Lake Committee, *Kinenhi: Reflection on Tule Lake*, 1994.

Walker, Samuel, *In Defense of American Liberties: A History of the American Civil Liberties Union*, Oxford University Press, 1990.

Wallinger, Michael John, *Dispersal of the Japanese Americans: Rhetorical Strategies of the War Relocation Authority, 1942–1945*, Ph. D. Dissertation, University of Oregon, 1975, University Microfilm.

War Relocation Authority, *A Story of Human Conservation*, Government Printing Office, 1946A (AMS Press, 1975).

War Relocation Authority, *The Evacuated People: A Quantitative Description*, Government Printing Office, 1946B (AMS Press, 1975).

War Relocation Authority, *People in Motion: The Postwar Adjustment of the Evacuated Japanese Americans*, Government Printing Office, 1947 (AMS Press, 1975).

Wei, William, *The Asian American Movement*, Temple University Press, 1993.

Williams, Duncan Ryūken, *American Sutra: A Story of Faith and Freedom in the Second World War*, Belknap Press, 2019.

Wollenberg, Charles, *Photographing the Second Gold Rush: Dorothea Lange and the Bay Area at War*,

1941–1945, Heyday Books, 1995.

Wu, Ellen D., *The Color of Success: Asian Americans and the Origins of the Model Minority*, Princeton University Press, 2014.

Yamato, Alexander Y., *Socioeconomic Change among Japanese Americans in the San Francisco Bay Area*, Ph. D. Dissertation, University of California, Berkeley, 1986, University Microfilm International 1986.

Yoo, David K., *Growing Up Nisei: Race, Generation, and Culture among Japanese Americans of California, 1924–1949*, University of Illinois Press, 2000.

あとがき

三〇年来の宿題をようやく提出できてホッとしている。本書のテーマに取り組み始めたのは、一九九五年後半にカリフォルニア大学バークリー校に在外研究で滞在した時だから、丁度三〇年が経過したことになる。この間、様々な共同研究や所属大学の研究センターの維持・強化などに追われて、折角収集した資料はずっと眠らせた状態にあった。

大学を定年退職して、研究時間が持てるようになったが、今度は、持久力や記憶力の減退との闘いが待っていた。その上、米国では、「アメリカ・ファースト」を公言してはばからないトランプ大統領の登場で、日系人のリドレス運動の勝利が象徴するような「人権尊重の先進国・米国」というイメージはすっかり地に落ちてしまった。

しかし、翻って考えてみれば、第二次世界大戦中に日系人の強制収容を後押ししたのは、敵国日本に対する敵愾心だけでなく、「白人至上主義」的な世論だった。それが戦後八〇年を経ても、米国社会に潜在するどころか、二〇四〇年代に予想される白人人口の過半数割れを前にバックラッシュのように噴火してきた。それがトランプ現象であろう。そうした状態にあるからこそ、かつて人種の壁を越えた「人権」尊重の潮流が米国社会の中にあったこと、否、今でも厳然と存在することに眼をむける必要がある。本書がそのような気づきに少しでも役立つことを願っている。

本書のタイトルを『日系アメリカ人 強制収容からの〈帰還〉――人種と世代を超えた戦後補償運動《リドレス》』

としたのも、そうした想いに関係している。極少のマイノリティである日系アメリカ人がなぜ、強制収容に対する謝罪と補償を連邦議会で可決させられたのか。そこには、日系人部隊の活躍という「愛国的な言説」の影響だけでなく、人種の差を超えた「トランスボーダーな人権感覚」の広がりがあった。また、強制収容を「仕方がない」とあきらめ、収容体験を封印させていた一世・二世に対して、戦後生まれの三世や若い二世が日系人の尊厳回復をめざして対話を続けた地道な努力があった。つまり、リドレス運動はそのような人種や世代を超えた広がりを持つものであった。その結果、リドレス運動は日系人にとって、収容所から元の家に「帰還」するという意味だけでなく、「自己の尊厳回復」の意味も持ったのであった。〈帰還〉との表現にはそのような想いを込めたつもりである。

三〇年の間に本書に関係した論考を若干は発表した。第五章四節に関連しては、"From Exclusion to Integration: Asian Americans' Experiences in World War II", *Hitotsubashi Journal of Social Studies*, 24-2(December 1992)がある。また、第五章一節と第六章に関連しては、「日系アメリカ人の再定住とカリフォルニア社会――統計的特徴を中心として」五十嵐武士編『アメリカの多民族体制――「民族」の創出』東京大学出版会、二〇〇〇年がある。本書には改稿して収録した。

本書の完成までには、多くの方々に支援していただいた。一九九五年後半の在外研究は「安倍フェローシップ」の助成で可能になった。記して感謝する次第である。カリフォルニア大学バークリー校での受け入れに際してはロナルド・タカキさんのお世話になった。日系移民史全般やカリフォルニア大学ロサンゼルス校のアジア系アメリカ研究センターでの調査にあたっては、ユージ・イチオカさんやエマ・ギーさんに助けていただいた。資料収集面では、ケント・ホールダンさん、東栄一郎さんにお世話になった。米国の仏教会に関しては大谷光真さんから貴重な助言をえた。さらに、増田直子さんや吉田亮さんには関連文献を送っていただいた。その他、いちいちお名前を挙げるのは避けるが、日本における日系アメリカ人研究者の皆さんには、様々な機会に貴重な助言や資料提供などでお世話になった。資料面では、カリフォルニア大学バークリー校のバンクロフト図書館や東京大学のアメリカ太平洋地域研究センター図書館などにお世話になった。記して感謝する次第である。

出版にあたっては、岩波書店編集部の吉田浩一さん、渡邉京一郎さんに大変お世話になった。とくに、入社後の初仕事になった渡邉さんには「編集者は最初の読者」の精神から拙稿に対して数多くの疑問点を出していただき、本書を少しでも読みやすいものにしてくださったと感謝している。

本書の刊行は、二〇二五年二月一九日を予定している。八三年前、ローズヴェルト大統領が米国西海岸からの日系人の強制立ち退きを命令する大統領令第九〇六六号を発布した日にあたる。また、二〇二五年は日本の敗戦から八〇年の節目の年にもあたる。現在の日本は「新しい戦前」状態にあるとの警告が発せられているが、それを「新しい戦中」にさせない努力が切実に求められている。戦争には必ず大規模な「人権侵害」を伴うことを示した本書が、少しでもそうした努力の後押しになれば幸いである。

油井大三郎

二〇二五年一月

【シリーズ 日本の中の世界史】

平和を我らに
――越境するベトナム反戦の声
油井大三郎
四六判二七六頁
定価二六四〇円

軍事力で平和は守れるのか
――歴史から考える
南塚信吾
油井大三郎
木畑洋一
山田朗
四六判二七八頁
定価二五三〇円

共振する帝国
――朝鮮人皇軍兵士と日系人米軍兵士
T・フジタニ
板垣竜太
中村理香
米山リサ
李孝徳 訳
A5判四八四頁
定価四九五〇円

奴隷制廃止のアメリカ史
紀平英作
四六判四〇六頁
定価五九四〇円

〈黒人自由闘争〉のアメリカ史
――公民権運動とブラック・パワーの相剋
藤永康政
四六判四三八頁
定価四六二〇円

キング牧師――人種の平等と人間愛を求めて
辻内鏡人
中條献
岩波ジュニア新書
定価 九四六円

岩波書店刊
定価は消費税10%込です
2025年2月現在

油井大三郎
1945年生．東京大学大学院社会学研究科博士課程単位取得退学．社会学博士(一橋大学)．1984-86年カリフォルニア大学バークリー校客員研究員．アメリカ現代史・国際関係史．
現在，一橋大学・東京大学名誉教授．
著書に，『戦後世界秩序の形成――アメリカ資本主義と東地中海地域 1944-1947』，『未完の占領改革――アメリカ知識人と捨てられた日本民主化構想』(以上，東京大学出版会)，『なぜ戦争観は衝突するか――日本とアメリカ』(岩波現代文庫)，『好戦の共和国 アメリカ――戦争の記憶をたどる』(岩波新書)，『越境する一九六〇年代――米国・日本・西欧の国際比較』(編著，彩流社)，『ベトナム戦争に抗した人々(世界史リブレット)』(山川出版社)，『平和を我らに――越境するベトナム反戦の声』(岩波書店)，『避けられた戦争――一九二〇年代・日本の選択』(ちくま新書)，『軍事力で平和は守れるのか――歴史から考える』(共著，岩波書店)など．

日系アメリカ人 強制収容からの〈帰還〉
――人種と世代を超えた戦後補償《リドレス》運動

2025年2月19日　第1刷発行

著　者　油井大三郎《ゆいだいざぶろう》

発行者　坂本政謙

発行所　株式会社 岩波書店
〒101-8002 東京都千代田区一ツ橋 2-5-5
電話案内 03-5210-4000
https://www.iwanami.co.jp/

印刷・三陽社　カバー・半七印刷　製本・松岳社

ISBN 978-4-00-061682-9　Printed in Japan

索　引

【欧文・数字】

【あ 行】

【か 行】

【さ 行】

【た 行】

【な 行】

【は 行】

【ま 行】

【わ 行】